Consejería Bíblica 6

# Respuestas Bíblicas a Cuestiones Espirituales

June Hunt

ESPERANZA
*para el Corazón*

CLC
EDITORIAL

CENTRO DE LITERATURA CRISTIANA

**CENTRO DE LITERATURA CRISTIANA**
**en otros países de habla hispana**

| | |
|---|---|
| Colombia: | **Centro de Literatura Cristiana**<br>ventasint@clccolombia.com<br>editorial@clccolombia.com<br>Bogotá, D.C. |
| Chile: | **Cruzada de Literatura Cristiana**<br>amunategui@clcchile.com<br>eduardomorenoclc@gmail.com<br>Santiago de Chile |
| Ecuador: | **Centro de Literatura Cristiana**<br>ventasbodega@clcecuador.com<br>Quito |
| España: | **Centro de Literatura Cristiana**<br>pedidos@clclibros.org<br>Madrid |
| Panamá: | **Centro de Literatura Cristiana**<br>director@clcpanama.net<br>Panamá |
| Uruguay: | **Centro de Literatura Cristiana**<br>libros@clcuruguay.com<br>Montevideo |
| USA: | **CLC Ministries International**<br>orders@clcpublications.com<br>churd@clcpublications.com<br>Fort Washington, PA |
| Venezuela: | **Centro de Literatura Cristiana**<br>distribucion@clcvenezuela.com<br>Valencia |

**EDITORIAL CLC**

Diagonal 61D Bis No. 24-50

Bogotá, D.C., Colombia

www.clccolombia.com

**ISBN: 978-958-8691-04-6**

**CONSEJERÍA BIBLICA 6**
**RESPUESTAS BÍBLICAS A CUESTIONES ESPIRITUALES por June Hunt**



Edición y Diseño Técnico: Editorial CLC

Traducción: Elizabeth Cantú de Márquez, Puebla, México.

Impreso en Colombia

Printed in Colombia

*Somos miembros de la Red Letraviva: www.letraviva.com*

# Contenido



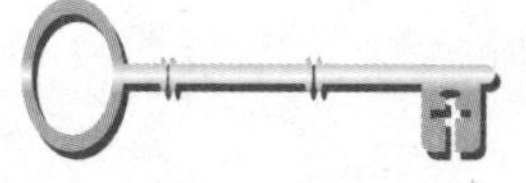

# La Biblia: ¿Es confiable?
## La verdad puesta a prueba

"La Biblia es la suprema y singular
fuente de revelación acerca del
significado de la vida".


Woodrow Wilson,
28° Presidente de Estados Unidos


## DEFINICIONES

### EL LIBRO

La Biblia ha sido leída por más gente, publicada en mayor número de idiomas, y traducida y parafraseada más que cualquier otro libro que haya existido.

- La palabra Biblia proviene de la palabra *biblos*, que significa "libros".

  — **Título:** Se llama "El libro de libros"
  — **Estructura:** Es un libro que consta de 66 libros
  — **Revelación:** Es la voluntad escrita de Dios

*"Así será mi palabra que sale de mi boca;*
*no volverá a mí vacía, sino que hará lo que yo quiero,*
*y será prosperada en aquello para que la envié".*
*(Isaías 55:11)*

*"Antes bien, como está escrito:*
*Cosas que ojo no vio, ni oído oyó, ni han subido en corazón de hombre,*
*son las que Dios ha preparado para los que le aman.*
*Pero Dios nos las reveló a nosotros por el Espíritu;*
*porque el Espíritu todo lo escudriña, aun lo profundo de Dios".*
*(1ª Corintios 2:9-10)*

— **Autor:** Dios

> *"Toda la Escritura es inspirada por Dios,*
> *y útil para enseñar, para redargüir,*
> *para corregir, para instruir en justicia".*
> *(2ª Timoteo 3:16)*

— **Escritores:** Más de 40 hombres que fueron inspirados por el Espíritu de Dios

— **Tiempo:** Abarca 1.600 años

— **Tema central:** La salvación por medio de Jesucristo

— **Antiguo Testamento:** La fe que mira hacia la cruz

> *"He aquí que aquel cuya alma no es recta,*
> *se enorgullece; mas el justo por su fe vivirá".*
> *(Habacuc 2:4)*

— **Nuevo Testamento:** La fe que mira atrás, a la cruz

> *"Porque en el evangelio la justicia de Dios*
> *se revela por fe y para fe, como está escrito:*
> *Mas el justo por la fe vivirá".*
> *(Romanos 1:17)*

- La palabra Escrituras proviene de la palabra griega *graphe*, que significa "escrito".[1]

  — Escrito sagrado.

  — Se refiere a un versículo, un pasaje o a la Biblia completa.

  — Citar las Escrituras equivale a citar la Palabra de Dios.

> *"Toda la Escritura es inspirada por Dios, y útil para enseñar,*
> *para redargüir, para corregir, para instruir en justicia".*
> *(2ª Timoteo 3:16)*

  — Las Escrituras del Nuevo Testamento tienen la misma credibilidad que las del Antiguo Testamento.

> *"Y tened entendido que la paciencia de nuestro Señor es para salvación;*
> *como también nuestro amado hermano Pablo,*
> *según la sabiduría que le ha sido dada, os ha escrito,*
> *casi en todas sus epístolas, hablando en ellas de estas cosas;*
> *entre las cuales hay algunas difíciles de entender, las cuales los indoctos*
> *e inconstantes tuercen, como también las otras Escrituras,*
> *para su propia perdición".*
> *(2ª Pedro 3:15-16)*

- La palabra *canon* procede del término griego *kanon*, que significa "vara" y de la palabra inglesa *cane*, que significa "caña o vara".[2]

  — Es un estándar o caña para medir

  — Son los libros de la Biblia que han sido oficialmente aceptados porque cumplieron la prueba de tener tanto la autoridad como la inspiración divina.[3]

## SU AUTORIDAD

La Biblia es prueba del poder que exige obediencia y la última y concluyente Palabra de Dios porque es...[4]

- **Inspirada**

  — La palabra inspirada viene del término griego *theopneustos*, que significa: "exhalada por Dios".[5]

  — Dios comunicó el mensaje exacto que quería registrar.

  — Puesto que Dios controló la escritura del mensaje, éste es exactamente lo que Él quería decir.

  — Los autores humanos fueron inspirados para escribir las palabras exactas de Dios.[6]

- **Infalible**

  — La Biblia no tiene ningún engaño (es enteramente confiable).

  — La Biblia nunca desencamina, ni miente, ni decepciona a nadie.[7]

  > *"La ley de Jehová es perfecta, que convierte el alma;*
  > *el testimonio de Jehová es fiel, que hace sabio al sencillo".*
  > (Salmo 19:7)

- **Inerrante**

  — La Palabra de Dios no tiene errores.

  — La Biblia no tiene ningún error o falsedad.[8]

  > *"Toda Palabra de Dios es limpia; Él es escudo a los que en Él esperan".*
  > (Proverbios 30:5)

  > *"Las palabras de Jehová son palabras limpias,*
  > *como plata refinada en horno de tierra, purificada siete veces".*
  > (Salmo 12:6)

- **Inclusiva** [9]

— La Palabra de Dios incluye todo y contiene todo lo que es necesario saber.

— Es suficiente para:

### — Nuestra salvación

*"Porque todo el que quiera salvar su vida, la perderá;*
*y todo el que pierda su vida por causa de mí, la hallará".*
*(Mateo 16:25)*

### — Nuestra instrucción

*"Toda la Escritura es inspirada por Dios, y útil para enseñar,*
*para redargüir, para corregir, para instruir en justicia"*
*(2ª Timoteo 3:16)*

### — Nuestra esperanza

*"Porque las cosas que se escribieron antes, para nuestra*
*enseñanza se escribieron, a fin de que por la paciencia*
*y la consolación de las Escrituras, tengamos esperanza".*
*(Romanos 15:4)*

### — Nuestra felicidad

*"Mas el que mira atentamente en la perfecta ley,*
*la de la libertad, y persevera en ella, no siendo oidor olvidadizo,*
*sino hacedor de la obra, éste será bienaventurado en lo que hace"*
*(Santiago 1:25)*

*"Toda la Escritura es inspirada por Dios, y útil para enseñar,*
*para redargüir, para corregir, para instruir en justicia".*
*(2ª Timoteo 3:16-17)*

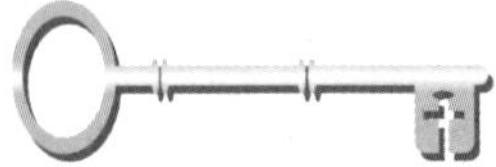

# CARACTERÍSTICAS DE LA PALABRA DE DIOS[10]

## Inspirada y Autoritativa

La revelación divina es esencial si queremos saber algo acerca del carácter de Dios y la ley moral. A pesar de que el Señor ha puesto en el corazón de cada persona la conciencia de que Él existe y que tiene atributos sobrenaturales *(Romanos 1:18-20)*, las Escrituras son útiles para conocer y entender el Evangelio, para mantener una vida espiritual dinámica, para entender los designios divinos para la Iglesia, y para conocer la voluntad de Dios.

La mayoría de los cristianos reconocen que la Biblia está llena de "buenos consejos", pero no responden a la pregunta en cuanto a si tiene la autoridad inherente que debe tener para ser verdaderamente obedientes a Dios. Si creemos que la Biblia es algo más que un conjunto de "buenos consejos" y que en efecto es la palabra inspirada por Dios, entonces "todas las palabras de las Escrituras son las palabras de Dios, y si no creemos en alguna de ellas equivale a dudar o desobedecer a Dios."[11]

## Comprensible y confiable

Si las Escrituras son convenientes para nosotros, entonces deben ser comprensibles y confiables. Y puesto que Dios mismo es el autor de ellas, deben ser suficientemente comprensibles como para comunicarnos los propósitos divinos. Dios no reveló Su Palabra a los escritores de la Biblia ¡para que no pudiéramos entenderla! De hecho, *Deuteronomio 6:6-7* declara: *"Y estas palabras que yo te mando hoy, estarán sobre tu corazón; y las repetirás a tus hijos, y hablarás de ellas estando en tu casa, y andando por el camino, y al acostarte, y cuando te levantes"*. La claridad y confiabilidad de las Escrituras deben conducirnos a:

- Reconocer nuestra responsabilidad individual de escudriñarlas y descubrir por nosotros mismos lo que Dios desea y requiere.

- Recurrir a ellas en cualquier circunstancia aunque nuestro conocimiento y comprensión no sean siempre completos.

- Continuar estudiándolas para mejorar nuestro conocimiento y entendimiento.

## Necesaria y suficiente

La revelación divina es esencial, no opcional. Necesitamos que la verdad de Dios se nos revele, porque no podemos descubrirla por nosotros mismos. Sólo a través de la revelación que Él hace de sí mismo podemos pasar de la fe emocional, intelectual o volitiva, al cumplimiento decidido del mayor mandamiento expresado por Jesucristo en *Mateo 22:37*: *"Jesús le dijo: Amarás al Señor tu Dios con todo tu corazón, y con toda tu alma, y con toda tu mente"*. Necesitamos que Dios nos revele su verdad y debemos usar nuestra mente junto con nuestras emociones y corazón, para entender, interpretar y aplicar correctamente esa revelación a nuestra vida.

Y si la revelación divina es esencial, entonces por necesidad debe ser suficiente. La verdad que se presenta en las Escrituras contiene "todas las palabras de Dios que Él quería que tuviera su pueblo en cada una de las etapas de la historia redentora".[12] Asimismo, contiene todo lo que necesitamos saber, entender y creer para la salvación, para agradarle a Él y para dar gloria a Su nombre.

## Útil y Práctica

- **Útil para la doctrina**

Existen innumerables puntos de vista en el mundo en cuanto a quién es Dios y cómo es. Es esencial enseñar una perspectiva correcta de Dios y la única fuente que tenemos para ello es Su revelación personal, que es la Palabra inspirada de Dios que conocemos como Biblia.

- **Útil para reprender**[13]

— El 81% de los norteamericanos creen que la Biblia enseña que Dios ayuda a los que se ayudan a sí mismos.

— El 72% cree que Dios bendice a las personas para que puedan disfrutar de la vida lo más que puedan.

— El 55% cree que si una persona es buena y hace bien a otros durante su vida, se ganará un lugar en el cielo.

**Estas declaraciones se refutan en:**
*Salmo 37:29-30; Génesis 12:1-3,*
*Romanos 3:10, Mateo 19:16-30, Hechos 4:12*

- **Útil para corregir**

— Las Escritures son útiles para mostrarnos "lo que debemos corregir en nuestra vida y hacer los cambios necesarios".

— ";Alguna vez ha entrado en un cuarto que aparentemente estaba limpio, pero cuando aumenta la luz observa que hay imperfecciones y suciedad que no había visto antes? Esto es lo que sucede cuando ponemos nuestra vida bajo la luz de la Palabra de Dios. Nos empieza a mostrar los pecados que debemos eliminar de nuestra vida".

- **Útil para instruirnos en justicia**

— La palabra griega que se traduce como instruir es *paideia*. Ese mismo término se utiliza en *Efesios 6:4* donde presenta la figura de un padre que procura desarrollar el carácter cristiano en su hijo. Nosotros debemos procurar lo siguiente:

## — Escucharla

*"Así que la fe es por el oír, y el oír, por la Palabra de Dios".*
*(Romanos 10:17)*

*"Y os daré pastores según mi corazón,*
*que os apacienten con ciencia y con inteligencia".*
*(Jeremías 3:15)*

## — Leerla

*"Bienaventurado el que lee, y los que oyen las palabras de esta profecía,*
*y guardan las cosas en ella escritas; porque el tiempo está cerca".*
*(Apocalipsis 1:3)*

*"Y lo tendrá consigo, y leerá en él todos los días de su vida, para que aprenda*
*a temer a Jehová su Dios, para guardar todas las palabras de esta ley*
*y estos estatutos, para ponerlos por obra"*
*(Deuteronomio 17:19)*

## — Estudiarla

*"Y éstos eran más nobles que los que estaban en Tesalónica,*
*pues recibieron la palabra con toda solicitud, escudriñando*
*cada día las Escrituras para ver si estas cosas eran así".*
*(Hechos 17:11)*

*"Procura con diligencia presentarte a Dios aprobado, como obrero que*
*no tiene de qué avergonzarse, que usa bien la palabra de verdad".*
*(2ª Timoteo 2:15)*

## — Meditarla

*"Sino que en la ley de Jehová está su delicia, y en su ley medita de día y de noche.*
*Será como árbol plantado junto a corrientes de aguas, que da su fruto*
*en su tiempo, su hoja no cae; y todo lo que hace, prosperará"*
*(Salmo 1:2-3)*

*"En tus mandamientos meditaré; consideraré tus caminos.*
*Me regocijaré en tus estatutos; no me olvidaré de tus palabras"*
*(Salmo 119:15-16)*

## — Memorizarla

*"Y estas palabras que yo te mando hoy, estarán sobre tu corazón".*
*(Deuteronomio 6:6)*

*"Hijo mío, guarda mis razones, y atesora contigo mis mandamientos.*
*Guarda mis mandamientos y vivirás, y mi ley como las niñas de tus ojos.*
*Lígalos a tus dedos; escríbelos en la tabla de tu corazón".*
*(Proverbios 7:1-3)*

## — Aplicarla

*"Pero sed hacedores de la palabra, y no tan solamente*
*oidores, engañándoos a vosotros mismos".*
*(Santiago 1:22)*

*"Porque Esdras había preparado su corazón para inquirir la ley de Jehová*
*y para cumplirla, y para enseñar en Israel sus estatutos y decretos".*
*(Esdras 7:10)*

## — Proclamarla

*"Te encarezco delante de Dios y del Señor Jesucristo, que juzgará a los vivos y a los*
*muertos en su manifestación y en su reino, que prediques la palabra; que instes a*
*tiempo y fuera de tiempo; redarguye, reprende, exhorta con toda paciencia y doctrina".*
*(2ª Timoteo 4:1-2)*

*"Lo que has oído de mí ante muchos testigos, esto encarga a hombres*
*fieles que sean idóneos para enseñar también a otros".*
*(2ª Timoteo 2:2)*

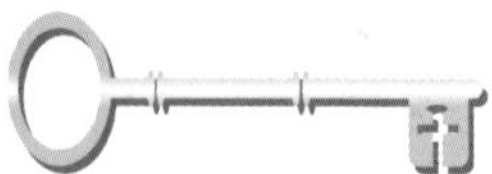

# CAUSAS DE LA INCREDULIDAD

## Causas externas

- **Ignorancia** — por desconocer las Escrituras

*"Entonces respondiendo Jesús, les dijo:*
*Erráis, ignorando las Escrituras y el poder de Dios".*
*(Mateo 22:29)*

- **Insolencia** — orgullo intelectual

*"Porque si creyeseis a Moisés, me creeríais a mí, porque de mí escribió él.*
*Pero si no creéis a sus escritos, ¿cómo creeréis a mis palabras?"*
*(Juan 5:46-47)*

- **Impureza** — amar el pecado y vivir en él

    *"Y esta es la condenación: que la luz vino al mundo, y los hombres amaron*
    *más las tinieblas que la luz, porque sus obras eran malas.*
    *Porque todo aquel que hace lo malo, aborrece la luz y no viene a la luz,*
    *para que sus obras no sean reprendidas".*
    *(Juan 3:19-20)*

- **Indiferencia** — no temer a Dios

    *"El principio de la sabiduría es el temor de Jehová;*
    *los insensatos desprecian la sabiduría y la enseñanza".*
    *(Proverbios 1:7)*

## La raíz del problema

**Creencia falsa:** "Ver para creer. No es correcto confiar en un libro que intelectualmente no puede probar que es perfecto".

*"Teniendo el entendimiento entenebrecido, ajenos de la vida de Dios por*
*la ignorancia que en ellos hay, por la dureza de su corazón".*
*(Efesios 4:18)*

**Creencia correcta:** El hombre natural no puede entender los caminos y palabras de Dios, pero sí puede confiar en las profecías bíblicas que se cumplieron en la historia secular para verificar la exactitud de las Sagradas Escrituras. Mientras tanto, si es usted cristiano, el Espíritu de verdad que mora en usted le confirmará la verdad de las Escrituras.

*"Porque ¿quién conoció la mente del Señor? ¿Quién le instruirá?*
*Mas nosotros tenemos la mente de Cristo".*
*(1ª Corintios 2:16)*

## PASOS QUE CONFIRMAN LA AUTENTICIDAD DE LA BIBLIA

### Versículo clave para memorizar

*"Toda la Escritura es inspirada por Dios, y útil para enseñar,*
*para redargüir, para corregir, para instruir en justicia".*
*(2ª Timoteo 3:16)*

## Pasaje clave para leer y meditar

*"Porque no os hemos dado a conocer el poder y la venida de nuestro Señor Jesucristo siguiendo fábulas artificiosas, sino como habiendo visto con nuestros propios ojos su majestad. Pues cuando él recibió de Dios Padre honra y gloria, le fue enviada desde la magnífica gloria una voz que decía: Este es mi Hijo amado, en el cual tengo complacencia. Y nosotros oímos esta voz enviada del cielo, cuando estábamos con Él en el monte santo. Tenemos también la palabra profética más segura, a la cual hacéis bien en estar atentos como a una antorcha que alumbra en lugar oscuro, hasta que el día esclarezca y el lucero de la mañana salga en vuestros corazones; entendiendo primero esto, que ninguna profecía de la Escritura es de interpretación privada, porque nunca la profecía fue traída por voluntad humana, sino que los santos hombres de Dios hablaron siendo inspirados por el Espíritu Santo".*

*(2ª Pedro 1:16-21)*

## Confiabilidad que se basa en

— Las verdades de la ciencia

— Las realidades de la profecía

— Su influencia universal

— La preservación y unidad de los manuscritos

— Su autenticidad histórica

## Las verdades de la ciencia

• La Biblia dio testimonio de los siguientes hechos antes de que los científicos siquiera los descubrieran.

— La tierra es redonda.[14]

*"Él está sentado sobre el círculo de la tierra, cuyos moradores son como langostas; Él extiende los cielos como una cortina, los despliega como una tienda para morar".*

*(Isaías 40:22)*

— La tierra está suspendida en el espacio.[15]

*"El extiende el norte sobre vacío, cuelga la tierra sobre nada".*

*(Job 26:7)*

— Las estrellas son innumerables.[16]

*"Como no puede ser contado el ejército del cielo, ni la arena del mar se puede medir, así multiplicaré la descendencia de David mi siervo, y los levitas que me sirven".*

*(Jeremías 33:22)*

— Existen montañas y valles debajo del mar.[17]

*"Entonces aparecieron los torrentes [abismos del mar, LBLA) de las aguas,*
*y quedaron al descubierto los cimientos del mundo; a la reprensión*
*de Jehová, por el soplo del aliento de su nariz".*
*(2ª Samuel 22:16)*

*"Descendí a los cimientos de los montes; la tierra echó sus cerrojos sobre mí para*
*siempre; mas tú sacaste mi vida de la sepultura, oh Jehová Dios mío".*
*(Jonás 2:6)*

— Existen corrientes en el océano.[18]

*"Las aves de los cielos y los peces del mar;*
*todo cuanto pasa por los senderos del mar".*
*(Salmo 8:8)*

— Hay corrientes en el aire.[19]

*"El viento tira hacia el sur, y rodea al norte; va girando de continuo, y a sus giros*
*vuelve el viento de nuevo. Los ríos todos van al mar, y el mar no se llena;*
*al lugar de donde los ríos vinieron, allí vuelven para correr de nuevo".*
*(Eclesiastés 1:6-7)*

— Existen ciclos de precipitación y evaporación.[20]

*"El atrae las gotas de las aguas, al transformarse el vapor en lluvia".*
*(Job 36:27)*

— Todos los seres vivos fueron hechos según su especie.[21]

*"Y creó Dios los grandes monstruos marinos,*
*y todo ser viviente que se mueve,*
*que las aguas produjeron según su género,*
*y toda ave alada según su especie. Y vio Dios que era bueno"*
*(Génesis 1:21)*

— La circulación sanguínea es de importancia vital para la fisiología humana.[22]

*"Porque la vida de la carne en la sangre está,*
*y yo os la he dado para hacer expiación sobre el altar por vuestras almas;*
*y la misma sangre hará expiación de la persona".*
*(Levítico 17:11)*

# LA REALIDAD DE LA PROFECÍA

## Profecías acerca de israel como nación... Cumplimiento[23]

- Israel pasaría 400 años en Egipto...1800-1400 a.C.

  *"Entonces Jehová dijo a Abram: Ten por cierto que tu descendencia morará en tierra ajena, y será esclava allí, y será oprimida cuatrocientos años". (Génesis 15:13)*

- Israel pasaría 70 años en Babilonia... 605-536 a.C.

  *"Toda esta tierra será puesta en ruinas y en espanto; y servirán estas naciones al rey de Babilonia setenta años". (Jeremías 25:11)*

- Israel sería esparcido entre las naciones del mundo... 722 a.C. y 605-586 a.C.

  *"Y serás motivo de horror, y servirás de refrán y de burla a todos los pueblos a los cuales te llevará Jehová". (Deuteronomio 28:37)*

- Israel sería aborrecido y perseguido... Siempre ha sido cierto

  *"Y ni aun entre estas naciones descansarás, ni la planta de tu pie tendrá reposo; pues allí te dará Jehová corazón temeroso, y desfallecimiento de ojos, y tristeza de alma". (Deuteronomio 28:65)*

- Israel mantendría su identidad... Actualmente es verdad

  *"Tú, siervo mío Jacob, no temas, dice Jehová, porque yo estoy contigo; porque destruiré a todas las naciones entre las cuales te he dispersado; pero a ti no te destruiré del todo, sino que te castigaré con justicia; de ninguna manera te dejaré sin castigo". (Jeremías 46:28)*

- Israel rechazaría al Mesías...

  *"¿Acaso ha creído en Él alguno de los gobernantes, o de los fariseos?" (Juan 7:48)*

  Lea Isaías capítulo 53.

- Los enemigos de Israel habitarían en su tierra... Actualmente es verdad

  *"Y caerán a filo de espada, y serán llevados cautivos a todas las naciones; y Jerusalén será hollada por los gentiles, hasta que los tiempos de los gentiles se cumplan". (Lucas 21:24)*

- Israel permanecerá para siempre...

  *"Así ha dicho Jehová, que da el sol para luz del día, las leyes de la luna y de las estrellas para luz de la noche, que parte el mar, y braman sus ondas; Jehová de los ejércitos es su nombre: Si faltaren estas leyes delante de mí, dice Jehová, también la descendencia de Israel faltará para no ser nación delante de mí eternamente". (Jeremías 31:35-36)*

## Profecías de ciudades y naciones... Cumplimiento[24]

- Destrucción y reconstrucción de Jericó... 930 a.C.
  Lea el capítulo 6 de Josué.

- Destrucción de la impía ciudad de Nínive... 612 a.C.
  Lea el libro de Nahum.

- Destrucción del gran imperio babilónico... 539 a. C.

  *"He aquí que yo despierto contra ellos a los medos, que no se ocuparán de la plata, ni codiciarán oro. Con arco tirarán a los niños, y no tendrán misericordia del fruto del vientre, ni su ojo perdonará a los hijos. Y Babilonia, hermosura de reinos y ornamento de la grandeza de los caldeos, será como Sodoma y Gomorra, a las que trastornó Dios". (Isaías 13:17-19)*

- Destrucción de la ciudad de Tiro... 332 a.C.

  *"Por tanto, así ha dicho Jehová el Señor: He aquí yo estoy contra ti, oh Tiro, y haré subir contra ti muchas naciones, como el mar hace subir sus olas. Y demolerán los muros de Tiro, y derribarán sus torres; y barreré de ella hasta su polvo, y la dejaré como una peña lisa". (Ezequiel 26:3-4)*

- Destrucción del imperio persa... 331 a. C.

  *"En el año tercero del reinado del rey Belsasar me apareció una visión a mí, Daniel, después de aquella que me había aparecido antes. Vi en visión; y cuando la vi, yo estaba en Susa, que es la capital del reino en la provincia de Elam; vi, pues, en visión, estando junto al río Ulai. Alcé los ojos y miré, y he aquí un carnero que estaba delante del río, y tenía dos cuernos; y aunque los cuernos eran altos, uno era más alto que el otro; y el más alto creció después. Vi que el carnero hería con los cuernos al poniente, al norte y al sur, y que ninguna bestia podía parar delante de él, ni había quien escapase de su poder; y hacía conforme a su voluntad, y se engrandecía. Mientras yo consideraba esto, he aquí un macho cabrío venía del lado del poniente sobre la faz de toda la tierra, sin tocar tierra; y aquel macho cabrío tenía un cuerno notable entre sus ojos. Y vino hasta el carnero de dos cuernos, que yo había visto en la ribera del río, y corrió contra él con la furia de su fuerza. Y lo vi que llegó junto al carnero, y se levantó contra él y lo hirió, y le quebró sus dos cuernos, y el carnero no tenía fuerzas para pararse delante de él; lo derribó, por tanto, en tierra, y lo pisoteó, y no hubo quien librase al carnero de su poder. Y el macho cabrío se engrandeció sobremanera; pero estando en su mayor fuerza, aquel gran cuerno fue quebrado, y en su lugar salieron otros cuatro cuernos notables hacia los cuatro vientos del cielo". (Daniel 8:1-8)*

- Destrucción del imperio griego... 301 a. C.

  *"Después de esto miré, y he aquí otra, semejante a un leopardo, con cuatro alas de ave en sus espaldas; tenía también esta bestia cuatro cabezas; y le fue dado dominio".* *(Daniel 7:6) (Lea el capítulo 7 del libro de Daniel.)*

- Surgimiento del poderoso imperio romano... 168 a. C.

  *"Y el cuarto reino será fuerte como hierro; y como el hierro desmenuza y rompe todas las cosas, desmenuzará y quebrantará todo".* *(Daniel 2:40)*

- Destrucción de Jerusalén... 70 d. C.

  *"Y cuando llegó cerca de la ciudad, al verla, lloró sobre ella, diciendo: ¡Oh, si también tú conocieses, a lo menos en este tu día, lo que es para tu paz! Mas ahora está encubierto de tus ojos. Porque vendrán días sobre ti, cuando tus enemigos te rodearán con vallado, y te sitiarán, y por todas partes te estrecharán, y te derribarán a tierra, y a tus hijos dentro de ti, y no dejarán en ti piedra sobre piedra, por cuanto no conociste el tiempo de tu visitación".* *(Lucas 19:41-44)*

- Destrucción de la antigua nación de Edom[25]... 636 d. C.

  *"Y se convertirá Edom en desolación; todo aquel que pasare por ella se asombrará, y se burlará de todas sus calamidades. Como sucedió en la destrucción de Sodoma y de Gomorra y de sus ciudades vecinas, dice Jehová, así no morará allí nadie, ni la habitará hijo de hombre".* *(Jeremías 49:17-18)*

- Egipto nunca volverá a ser una potencia mundial[26]... Cierto desde 332 a. C.

  *"En el año décimo, en el mes décimo, a los doce días del mes, vino a mí palabra de Jehová, diciendo: Hijo de hombre, pon tu rostro contra Faraón rey de Egipto, y profetiza contra él y contra todo Egipto... En comparación con los otros reinos será humilde; nunca más se alzará sobre las naciones; porque yo los disminuiré, para que no vuelvan a tener dominio sobre las naciones".* *(Ezequiel 29:1-2, 15)*

## Profecía acerca de la vida terrenal de Jesús... Cumplimiento[27]

- Nació en Belén... *Mateo 2:1*

  *"Pero tú, Belén Efrata, pequeña para estar entre las familias de Judá, de ti me saldrá el que será Señor en Israel; y sus salidas son desde el principio, desde los días de la eternidad".* *(Miqueas 5:2)*

- Nació de una virgen... *Mateo 1:18-25*

  *"Por tanto, el Señor mismo os dará señal: He aquí que la virgen concebirá, y dará a luz un hijo, y llamará su nombre Emanuel".* *(Isaías 7:14)*

- Trajo honor a Galilea... *Mateo 4:12-17*

  *"Mas no habrá siempre oscuridad para la que está ahora en angustia, tal como la aflicción que le vino en el tiempo que livianamente tocaron la primera vez a la tierra de Zabulón y a la tierra de Neftalí; pues al fin llenará de gloria el camino del mar, de aquel lado del Jordán, en Galilea de los gentiles... Porque un niño nos es nacido, hijo nos es dado, y el principado sobre su hombro; y se llamará su nombre Admirable, Consejero, Dios Fuerte, Padre Eterno, Príncipe de Paz". (Isaías 9:1, 6)*

- Entró a Jerusalén montado en un asno... *Mateo 21:6-11*

  *"Alégrate mucho, hija de Sion; da voces de júbilo, hija de Jerusalén; he aquí tu rey vendrá a ti, justo y salvador, humilde, y cabalgando sobre un asno, sobre un pollino hijo de asna". (Zacarías 9:9)*

- Fue traicionado por un amigo... *Mateo 26:21-25*

  *"Aun el hombre de mi paz, en quien yo confiaba, el que de mi pan comía, alzó contra mí el calcañar". (Salmo 41:9)*

- Fue vendido por 30 piezas de plata... *Mateo 26:15*

  *"Y les dije: Si os parece bien, dadme mi salario; y si no, dejadlo. Y pesaron por mi salario treinta piezas de plata". (Zacarías 11:12)*

- Fueron horadados sus manos y sus pies... *Juan 20:25*

  *"Porque perros me han rodeado; me ha cercado cuadrilla de malignos; horadaron mis manos y mis pies". (Salmo 22:16)*

- Fue sepultado en la tumba de un hombre rico... *Mateo 27:57-60*

  *"Y se dispuso con los impíos su sepultura, mas con los ricos fue en su muerte; aunque nunca hizo maldad, ni hubo engaño en su boca". (Isaías 53:9)*

- Resucitó de los muertos... *Mateo 28:2-7*

  *"Porque no dejarás mi alma en el Seol, ni permitirás que tu santo vea corrupción". (Salmo 16:10)*

## Influencia universal

- La civilización occidental se fundó sobre las enseñanzas bíblicas.

- El calendario mundial se basa en la Biblia.

- La mayoría de las festividades del mundo proceden de las Escrituras.

- La Biblia ha sido una gran influencia en las bellas artes.

  — **Arte**

    Rembrandt, Da Vinci, Rafael, Miguel Ángel

  — **Música**

    Bach, Mendelssohn, Brahms, Beethoven (la letra del Mesías de Handel fue tomada directamente de 15 libros de la Biblia.)

  — **Literatura**

    Milton, Shakespeare, Longfellow, Kipling, Hawthorne, Thoreau

- El sistema legal está cimentado en los principios bíblicos. Por ejemplo:

  — **La ley común inglesa**

    - La carta de derechos humanos

    - La carta magna

    - Constitución de Estados Unidos

## PRESERVACIÓN Y UNIDAD DE LOS MANUSCRITOS

- Los textos se han preservado milagrosamente con sumo cuidado y exactitud.

  — Aproximadamente hay 6,000 manuscritos del Nuevo Testamento en griego

- La asombrosa circulación de la Biblia ha llegado a todo el mundo (es el libro más vendido tanto de la literatura antigua como de la contemporánea).[28]

- La indestructibilidad sobrenatural de la Biblia a pesar de la...

  — **Persecución política**............... de los emperadores romanos

  — **Persecución filosófica**.............. de Stalin y el comunismo

- Su increíble unidad de ideas y detalles a pesar de...[29]

  — El largo período de tiempo (1600 años) en que se escribió

  — Los 40 autores humanos diferentes

  — Los tres idiomas diferentes en que se escribió

  — Los tres distintos continentes en que fue escrita

  — Los 10 estilos diferentes de escritura

# AUTENTICIDAD HISTÓRICA

**Referencia bíblica:**

• **El jardín de Edén**

— Descubrimiento arqueológico

Se cree que el jardín de Edén estuvo ubicado en el extremo sur del valle formado por los ríos Tigris y Éufrates.

*"Y Jehová Dios plantó un huerto en Edén, al oriente; y puso allí al hombre que había formado. Y Jehová Dios hizo nacer de la tierra todo árbol delicioso a la vista, y bueno para comer; también el árbol de vida en medio del huerto, y el árbol de la ciencia del bien y del mal. Y salía de Edén un río para regar el huerto, y de allí se repartía en cuatro brazos. El nombre del uno era Pisón; éste es el que rodea toda la tierra de Havila, donde hay oro; y el oro de aquella tierra es bueno; hay allí también bedelio y ónice. El nombre del segundo río es Gihón; éste es el que rodea toda la tierra de Cus. Y el nombre del tercer río es Hidekel; éste es el que va al oriente de Asiria. Y el cuarto río es el Eufrates". (Génesis 2:8-14)*

**Referencia bíblica:**

• **El diluvio**

— Descubrimiento arqueológico

En 1853, H. Rassam descubrió en Nínive tablillas mencionando el diluvio.[30]

*"Aconteció que cuando comenzaron los hombres a multiplicarse sobre la faz de la tierra, y les nacieron hijas, que viendo los hijos de Dios que las hijas de los hombres eran hermosas, tomaron para sí mujeres, escogiendo entre todas Y dijo Jehová: No contenderá mi espíritu con el hombre para siempre, porque ciertamente él es carne; mas serán sus días ciento veinte años. Había gigantes en la tierra en aquellos días, y también después que se llegaron los hijos de Dios a las hijas de los hombres, y les engendraron hijos. Estos fueron los valientes que desde la antigüedad fueron varones de renombre. Y vio Jehová que la maldad de los hombres era mucha en la tierra, y que todo designio de los pensamientos del corazón de ellos era de continuo solamente el mal. Y se arrepintió Jehová de haber hecho hombre en la tierra, y le dolió en su corazón. Y dijo Jehová: Raeré de sobre la faz de la tierra a los hombres que he creado, desde el hombre hasta la bestia, y hasta el reptil y las aves del cielo; pues me arrepiento de haberlos hecho. Pero Noé halló gracia ante los ojos de Jehová. Estas son las generaciones de Noé: Noé, varón justo, era perfecto en sus generaciones; con Dios caminó Noé". (Génesis 6:1-9)*

## Referencia bíblica:

- **Lugar de nacimiento de Abraham**

   — Descubrimiento arqueológico

C. L. Woolley descubrió al sur de Babilonia el lugar donde nació Abraham en 1922-34.[31]

*"Estas son las generaciones de Taré: Taré engendró a Abram, a Nacor y a Harán; y Harán engendró a Lot. Y murió Harán antes que su padre Taré en la tierra de su nacimiento, en Ur de los caldeos. Y tomaron Abram y Nacor para sí mujeres; el nombre de la mujer de Abram era Sarai, y el nombre de la mujer de Nacor, Milca, hija de Harán, padre de Milca y de Isca. Mas Sarai era estéril, y no tenía hijo. Y tomó Taré a Abram su hijo, y a Lot hijo de Harán, hijo de su hijo, y a Sarai su nuera, mujer de Abram su hijo, y salió con ellos de Ur de los caldeos, para ir a la tierra de Canaán; y vinieron hasta Harán, y se quedaron allí". (Génesis 11:27-31)*

## Referencia bíblica:

- **Sodoma y Gomorra**

   — Descubrimiento arqueológico

Se sabe que Sodoma y Gomorra estaban ubicadas en la parte sur del mar Muerto.[32]

*"Llegaron, pues, los dos ángeles a Sodoma a la caída de la tarde; y Lot estaba sentado a la puerta de Sodoma. Y viéndolos Lot, se levantó a recibirlos, y se inclinó hacia el suelo... Entonces Jehová hizo llover sobre Sodoma y sobre Gomorra azufre y fuego de parte de Jehová desde los cielos; y destruyó las ciudades, y toda aquella llanura, con todos los moradores de aquellas ciudades, y el fruto de la tierra". (Génesis 19:1, 24-25)*

## Referencia bíblica:

- **Estancia de Israel en Egipto**

   — Descubrimiento arqueológico

Los datos bíblicos concuerdan con los monumentos egipcios antiguos.[33]

*"Y los hijos de Israel fructificaron y se multiplicaron, y fueron aumentados y fortalecidos en extremo, y se llenó de ellos la tierra... El tiempo que los hijos de Israel habitaron en Egipto fue cuatrocientos treinta años. Y pasados los cuatrocientos treinta años, en el mismo día todas las huestes de Jehová salieron de la tierra de Egipto". (Éxodo 1:7; 12:40-41)*

**Referencia bíblica:**

## • El éxodo

— Descubrimiento arqueológico

Las cartas de Amarna fueron encontradas en 1886.[34]

*"Habló Jehová a Moisés y a Aarón en la tierra de Egipto, diciendo... Así salvó Jehová aquel día a Israel de mano de los egipcios; e Israel vio a los egipcios muertos a la orilla del mar. Y vio Israel aquel grande hecho que Jehová ejecutó contra los egipcios; y el pueblo temió a Jehová, y creyeron a Jehová y a Moisés su siervo". (Éxodo 12:1; 14:30-31)*

**Referencia bíblica:**

## • El nacimiento de Moisés

— Descubrimiento arqueológico

La historia bíblica del nacimiento de Moisés es paralela a los antiguos manuscritos egipcios.

*"Y cuando el niño creció, ella lo trajo a la hija de Faraón, la cual lo prohijó, y le puso por nombre Moisés, diciendo: Porque de las aguas lo saqué". (Éxodo 2:10)*

**Referencia bíblica:**

## • El templo de Salomón

— Descubrimiento arqueológico

En 1980-1985 se descubrió en el norte de Siria un templo similar. Esto apoya la exactitud de la descripción bíblica del templo. Las excavaciones revelaron el arsenal de Salomón, el lugar donde guardaba sus carros de batalla y los hornos de cobre.[35]

*"Salomón hizo parentesco con Faraón rey de Egipto, pues tomó la hija de Faraón, y la trajo a la ciudad de David, entre tanto que acababa de edificar su casa, y la casa de Jehová, y los muros de Jerusalén alrededor". (1ª Reyes 3:1)*

**Referencia bíblica:**

## • Sitio de la crucifixión de Jesús

— Descubrimiento arqueológico

Existe una saliente rocosa de 10 metros de alto en el exterior de la pared norte, cerca de la puerta de Damasco que se llama "monte de la Calavera". Se cree que ese fue el sitio donde crucificaron a Jesucristo.

*"Y cuando llegaron a un lugar llamado Gólgota, que significa: Lugar de la Calavera..."* (Mateo 27:33)

**Referencia bíblica:**

## • El sepulcro de Jesús

— Descubrimiento arqueológico

Se encontró una tumba en el extremo occidental del monte de la Calavera exactamente como la que describe la Biblia.

*"Y en el lugar donde había sido crucificado, había un huerto, y en el huerto un sepulcro nuevo, en el cual aún no había sido puesto ninguno". (Juan 19:41)*

## LOS ROLLOS DEL MAR MUERTO

- Es el descubrimiento arqueológico más importante relacionado con la Biblia.

- Se encontraron en Palestina en 1947.

- Fueron hallados por un joven beduino que andaba en busca de una cabra descarriada.

- Contienen 157 versículos bíblicos paralelos, que reconfirman la exactitud de las Escrituras.[36]

- Revelan información acerca de:
  - El judaísmo palestino de los primeros siglos antes y después de Cristo.
  - La forma en que se copiaban y transmitían los textos del Antiguo Testamento.
  - Los antecedentes del Nuevo Testamento.[37]
  - La prueba más contundente de la confiabilidad de la Biblia.[38]

- El poder que tiene la Biblia para transformar la vida de los creyentes.

- La asombrosa capacitad que tiene la Biblia para cambiar a la humanidad corrupta

*"Porque la Palabra de Dios es viva y eficaz,*
*y más cortante que toda espada de dos filos;*
*y penetra hasta partir el alma y el espíritu, las coyunturas y los tuétanos,*
*y discierne los pensamientos y las intenciones del corazón".*
*(Hebreos 4:12)*

Cuanto más conocemos la Palabra de Dios,
más conocemos al Dios de la Palabra.
Cuanto más nos rendimos a la Palabra de Dios,
más transformados somos por el Dios de la Palabra.

June Hunt

# FRASES CÉLEBRES ACERCA DE LA BIBLIA

## Expresadas por presidentes de Estados Unidos[39]

**George Washington**
"Sin la Biblia, es imposible gobernar correctamente al mundo".

**John Adams**
"La Biblia es el mejor libro del mundo. Tiene más enseñanzas que todas las bibliotecas que he conocido".

**Thomas Jefferson**
"La Biblia edifica a la mejor gente del mundo".

**Andrew Jackson**
"La Biblia, señor, es la roca sobre la que descansa nuestra república".

**Abraham Lincoln**
"Si no fuera por la Biblia, no conoceríamos la diferencia entre el bien y el mal. Creo que es el mejor regalo que Dios ha dado al hombre".

**Theodore Roosevelt**
"Ningún hombre educado puede darse el lujo de ignorar lo que dice la Biblia".

**Woodrow Wilson**
"La Biblia es la fuente suprema de revelación en cuanto al significado de la vida".

**Dwight D. Eisenhower**
"En su significado más alto, la Biblia es el único depósito de las verdades espirituales eternas".

## Líderes mundiales

**Winston Churchill**
"Confiamos plenamente en la roca inamovible de las Sagradas Escrituras".

**Chiang Kai-shek**
"La Biblia es la voz del Espíritu Santo".

**Napoleón**
"La Biblia no sólo es un libro, sino que es viva y tiene poder para conquistar a quienes se oponen a ella".[40]

## Generales

**Douglas MacArthur**
"Nunca pasa una noche, por más cansado que esté, en que no lea la Palabra de Dios antes de dormirme".

**Robert E. Lee**
"A través de innumerables incertidumbres y aflicciones, la Biblia siempre me ha dado entendimiento y fortaleza".

**Stonewall Jackson**
"Las promesas de Dios nunca cambian... procuremos hacer justicia a la doctrina de Cristo en todas las cosas".

## Abogados

**Benjamín Franklin**

"Jóvenes, mi consejo es que adquieran y crean firmemente en lo que dicen las Sagradas Escrituras".

**Patrick Henry**

"Este libro [la Biblia] vale más que todos los otros que se han impreso"

**Daniel Webster**

"Creo que las Escrituras del Antiguo y Nuevo Testamentos son la voluntad y Palabra de Dios".

## Científicos

**Sir Francis Bacon**

"Las Sagradas Escrituras... revelan la voluntad de Dios".

**Sir Isaac Newton**

"Considero que la Palabra de Dios es la filosofía más sublime. Encuentro en ella más evidencias de autenticidad que en ninguna otra obra del mundo".

## Filósofos y escritores

**Immanuel Kant**

"La existencia de la Biblia como lectura para la gente es el mayor beneficio que ha experimentado la raza humana".

**John Locke**

"Su autor es Dios, la salvación su objetivo y la verdad, sin ninguna mezcla de error, su materia; toda ella es pura, sincera, nada le sobra, nada le falta".

**John Milton**

"No hay himnos como los de la Biblia, ni oraciones como las de los profetas".

**Charles Dickens**

"Es el mejor libro que está, estará o ha estado en el mundo".

## Versículos bíblicos para memorizar

| | |
|---|---|
| 2ª Timoteo 3:16 | Romanos 15:4 |
| Salmo 12:6 | Efesios 6:17 |
| Salmo 19:7 | Hebreos 4:12 |
| Isaías 40:8 | Proverbios 6:23 |
| Salmo 119:11 | Salmo 107:20 |

**Notas**

1. James Strong, Strong's Greek Lexicon, "Léxico griego de Strong" (ed. electrónica; Online Bible Millennium Edition v. 1.13) (Timnathserah Inc., julio 6, 2002).

2. Vea Grant R Osborne, 3 Crucial Questions about the Bible, "Tres preguntas cruciales acerca de la Biblia" (Grand Rapids: Baker, 1995), 43.

3. Strong, Strong's Greek Lexicon; Merriam-Webster's Collegiate Dictionary, "Léxico griego de Strong – Diccionario Colegial Webster" (ed. electrónica) Merriam-Webster, 2001.

4. Vea Norman L. Geisler y Ronald M. Brooks, When Skeptics Ask, "Cuando los escépticos hacen preguntas" (Wheaton, IL: Victor, 1989), 142-52.

5. Strong, Strong's Greek Lexicon, "Léxico griego de Strong".

6. Paige Patterson, The Issue Is Truth, "La cuestión es la verdad", Shophar Papers, vol. 1 (Dallas: Criswell Center of Biblical Studies, 1979), 11.

7. Patterson, Issue Is Truth, "La cuestión es la verdad" 13.

8. Patterson, Issue Is Truth, "La cuestión es la verdad" 14.

9. Vea James Montgomery Boice, Standing on the Rock: Biblical Authority in a Secular Age, "Firmes en la roca: La autoridad bíblica en una era secular" (Grand Rapids: Baker, 1994), 136-143.

10. Para esta sección vea Core Belief Number 1—The Bible, "Creencia básica número 1 – La Biblia". Septiembre 7, 2003, First Baptist Church, St. Peters, MO, http://www.fbcstpeters.org/Cor_Belief_1.htm.

11. Wayne Grudem, Systematic Theology: An Introduction to Biblical Doctrine, "Teología sistemática: Introducción a la doctrina bíblica" (Grand Rapids: Zondervan, 1994), 73.

12. Grudem, Systematic Theology, "Teología sistemática", 127.

13. Esta sección es cita de Core Belief Number 1—The Bible, "Creencia básica número 1 – La Biblia" que cita a George Barna, The Second Coming of the Church, "La segunda venida de la Iglesia" (Nashville: Word, 1998), 21-22.

14. Henry M. Morris, Science and the Bible, "La ciencia y la Biblia" ed. revisada y actualizada (Chicago: Moody, 1986), 13-14.

15. Lynn Waller, How Do We Know the Bible Is True? Reasons a Kid Can Believe It, "¿Cómo sabemos que la Biblia es verdad? Razones que hasta los niños creen" (Grand Rapids: Zondervan, 1991), 4-5; Morris, Science and the Bible, "La ciencia y la Biblia, 14.

16. Morris, Science and the Bible, "La ciencia y la Biblia", 11-12.

17. Waller, How Do We Know the Bible Is True? "¿Cómo sabemos que la Biblia es verdad?" 8-9 y Henry M. Morris, The Biblical Basis for Modern Science, "Base bíblica para la ciencia moderna" (Grand Rapids: Baker, 1984), 289.

18. Waller, How Do We Know the Bible Is True? "¿Cómo sabemos que la Biblia es verdad?" 10-11 y Morris, Biblical Basis, "Base bíblica" 289.

19. Morris, Biblical Basis, "Base bíblica" 273.

20. Morris, Science and the Bible, "La ciencia y la Biblia", 14-15.

21. Vea Morris, Biblical Basis, "Base bíblica" 372-379.

22. Morris, Science and the Bible, "La ciencia y la Biblia", 15-6.

23. Vea Robert D. Culver, Were the Old Testament Prophecies Really Prophetic? "¿Fueron las profecías del Antiguo Testamento en verdad proféticas?" en Can I Trust the Bible? "¿Puedo confiar en la Biblia?" ed. Howard F. Vos (Chicago: Moody, 1963), 114-6.

24. Para esta sección vea Morris, Science and the Bible, "La ciencia y la Biblia" 117-125. También vea Erwin W. Lutzer, Seven Reasons Why You Can Trust the Bible, "Siete razones para confiar en la Biblia" (Chicago: Moody, 1998), 95-99 y Culver, Were Old Testament Prophecies Prophetic? "¿Fueron las profecías del Antiguo Testamento en verdad proféticas?", 110-114.

25. Morris, Science and the Bible, "La ciencia y la Biblia" 120.

26. Morris, Science and the Bible, "La ciencia y la Biblia", 121.

27. Vea Can I Really Trust the Bible? "¿En verdad puedo confiar en la Biblia?" (Grand Rapids: Radio Biblia Class, 1986), 23 y Morris, Science and the Bible, "La ciencia y la Biblia", 123.

28. Vea Morris, Science and the Bible, "La ciencia y la Biblia", 114-115.

29. Can I Really Trust the Bible? "¿En verdad puedo confiar en la Biblia", 13.

30. Vea Lutzer, Seven Reasons, "Siete razones", 69-72. Para otros detalles vea E.A. Wallis Budge, The Babylonian Story of the Deluge and the Epic of Gilgamish, "La historia babilónica del diluvio y la epopeya de Gilgamés", http://www.sacred-texts.com/ane/gilgdelu.htm.

31. Clifford A. Wilson, Rocks, Relics and Biblical Reliability, "Rocas, reliquias y confiabilidad bíblica", Christian Free University Curriculum (Grand Rapids: Zondervan and Probe Ministries, 1977), 35-7 y Morris, Science and the Biblia, "La ciencia y la Biblia", 94-96.

32. Wilson, Rocks, Relics and Reliability, "Rocas, reliquias y confiabilidad bíblica", 41-42.

33. Vea Wilson, Rocks, Relics and Reliability, "Rocas, reliquias y confiabilidad bíblica", 45-48 y Morris, Science and the Bible, "La ciencia y la Biblia", 96-97.

34. Geisler y Brooks, When Skeptics Ask, "Cuando los escépticos hacen preguntas", 193-195.

35. Lutzer, Seven Reasons, "Siete razones", 73.

36. Vea Lutzer, Seven Reasons, "Siete razones" 80-4, Wilson, Rocks, Relics and Reliability, "Rocas, reliquias y confiabilidad", 103-110, y R. Laird Harris, How Reliable Is the Old Testament Text?, "¿Cuán confiable es el texto del Antiguo Testamento?" en Can I Trust the Bible? "¿Puedo confiar en la Biblia?" ed. Howard F. Vos (Chicago: Moody, 1963), 122-6.

37. Robert H. Mounce, Is the New Testament Historically Accurate? "¿Es históricamente exacto el Nuevo Testamento?" en Can I Trust the Bible? "¿Puedo confiar en la Biblia?", ed. Howard F. Vos (Chicago: Moody, 1963), 188-90.

38. Boice, Standing on the Rock, "Firmes en la roca", 63-67.

39. Citas tomadas de H. L. Willmington, Willmington's Guide to the Bible, "Guía bíblica de Willmington" (Wheaton, IL: Tyndale House, 1981), 796-7.

40. William F. Federer, comp., America's God and Country Encyclopedia of Quotations, "El Dios de América y citas de la enciclopedia Country" (St. Louis, MO: Amerisearch, 1999), 462.

# Bibliografía


Arthur, Kay. God, Are You There? "Dios, ¿Estás Ahí?", Eugene, Ore.: Harvest House, 1994.

Barna, George. The Second Coming of the Church, "La segunda venida de la Iglesia". Nashville: Word, 1998.

Barnett, Paul. Is the New Testament Reliable? A Look at the Historical Evidence, "¿Es confiable el Nuevo Testamento? Análisis de la evidencia histórica". Downers Grove, Ill.: InterVarsity, 1986.

Bickel, Bruce, y Stan Jantz. Bruce & Stan's Guide to the Bible, "Guía bíblica de Bruce y Stan". Eugene, Ore.: Harvest House, 1998.

Boice, James Montgomery. Standing on the Rock: Biblical Authority in a Secular Age, "Firmes en la roca: La autoridad bíblica en una era secular". Grand Rapids: Baker, 1994.

Budge, E.A. Wallis. The Babylonian Story of the Deluge and the Epic of Gilgamish, "La historia babilónica del diluvio y la epopeya de Gilgamés" [citado el 7 de septiembre de 2002]; disponible en http://www.sacred-texts.com/ane/gilgdelu.htm.

Can I Really Trust the Bible? "¿En verdad puedo confiar en la Biblia? Critical Questions. Grand Rapids: Radio Bible Class, 1986.

Culver, Robert D. Were the Old Testament Prophecies Really Prophetic? "¿Fueron las profecías del Antiguo Testamento en verdad proféticas?" en Can I Trust the Bible? ed. Howard F. Vos. Chicago: Moody, 1963, 91-116.

Geisler, Norman L., y Ronald M. Brooks. When Skeptics Ask, "Cuando los escépticos hacen preguntas", Wheaton, Ill.: Victor, 1989.

Grudem, Wayne. Systematic Theology: An Introduction to Biblical Doctrine, "Teología sistemática: Introducción a la doctrina bíblica". Grand Rapids: Zondervan, 1994.

Harris, R. Laird. How Reliable Is the Old Testament Text?, "¿Cuán confiable es el texto del Antiguo Testamento?" en Can I Trust the Bible? ed. Howard F. Vos. Chicago: Moody, 1963, 119-32.

Lutzer, Erwin W. Seven Reasons Why You Can Trust the Bible, "Siete razones para confiar en la Biblia", Chicago: Moody, 1998.

MacArthur, John. Why I Trust the Bible, "Por qué creo en la Biblia". Wheaton, Ill.: Victor, 1983.

Montgomery, John Warwick. History and Christianity, "La historia y el cristianismo". Minneapolis, Minn.: Bethany House, 1964.

Morris, Henry M. Science and the Bible, "La ciencia y la Biblia". Rev. y actualizada ed. Chicago: Moody, 1986.

Morris, Henry M. The Biblical Basis for Modern Science. Grand Rapids: Baker, 1984.

Mounce, Robert H. Is the New Testament Historically Accurate?, "¿Es históricamente exacto el Nuevo Testamento?" en Can I Trust the Bible? "¿Puedo confiar en la Biblia?" ed. Howard F. Vos. Chicago: Moody, 1963, 173-90.

Osborne, Grant R. 3 Crucial Questions about the Bible, «Tres preguntas cruciales acerca de la Biblia», Grand Rapids: Baker, 1995.

Patterson, Paige. The Issue Is Truth, "La cuestión es la fe". Shophar Papers, vol. 1. Dallas: Criswell Center of Biblical Studies, 1979.

Rhodes, Ron. *What Did Jesus Mean?* "¿Qué quiso decir Jesucristo?" Eugene, Ore.: Harvest House, 1999.

Richards, Larry. *Bible Difficulties Solved: Answers to More than 500 Baffling Questions from Genesis to Revelation*, "La solución a dificultades bíblicas: Respuestas a más de 500 preguntas difíciles desde Génesis hasta Apocalipsis". Grand Rapids: Fleming H. Revell, 1993.

Sailhamer, John H. *Christian Theology*, "Teología cristiana". Zondervan Quick Reference Library. Grand Rapids: Zondervan, 1998.

Sailhamer, John H. *How We Got the Bible*, "Cómo llegó la Biblia hasta nosotros". Zondervan Quick Reference Library. Grand Rapids: Zondervan, 1998.

Sailhamer, John H. *The Books of the Bible*, "Los libros de la Biblia". Zondervan Quick Reference Library. Grand Rapids: Zondervan, 1998.

Sproul, R. C. *Reason to Believe*, "Razones para creer". Grand Rapids, Zondervan, 1982.

Vos, Howard F., ed. *Can I Trust the Bible?* "¿Puedo confiar en la Biblia?" Chicago: Moody, 1963.

Waller, Lynn. *How Do We Know the Bible Is True? Reasons a Kid Can Believe It*, "¿Cómo sabemos que la Biblia es verdad? Razones que hasta los niños creen". Grand Rapids: Zondervan, 1991.

Willmington, H. L. *Willmington's Guide to the Bible*, "Guía bíblica de Willmington", Wheaton, Ill.: Tyndale House, 1981.

Wilson, Clifford A. *Rocks, Relics and Biblical Reliability*, "Rocas, reliquias y confiabilidad bíblica". Christian Free University Curriculum. Grand Rapids: Zondervan and Probe Ministries, 1977.

# Dios, ¿quién es Él?

## ¿Quién dice usted que es Dios?

Desde los pueblos más pequeños hasta los hogares más grandes de todo el mundo la gente siempre se hace las mismas preguntas: "¿Me conoce Dios?" "¿Me ama?" "¿Podrá perdonarme?" Detrás de esas preguntas se encuentra un tema esencial. ¿Cómo es Dios... quién es Él?

## DEFINICIONES

¿Sabe lo que significa literalmente su propio nombre? ¿Denota algo acerca de usted? En los tiempos bíblicos el nombre de una persona hebrea transmitía un mensaje muy importante acerca de ella. Podía representar algo muy específico, como una característica física o un incidente ocurrido al momento de su nacimiento o el anticipado futuro de algún suceso. A través de los nombres de Dios que aparecen en la Biblia podemos aprender muchas cosas acerca de Él. Sin embargo, a menos que pueda leer el texto hebreo, lamentablemente algunos de los atributos de Dios que se revelan en sus nombres pierden su sentido en la traducción de las Escrituras. Por eso es de gran valor desenterrar esos tesoros escondidos.

*"En ti confiarán los que conocen tu nombre, por cuanto*
*tú, oh Jehová, no desamparaste a los que te buscaron".*
*(Salmo 9:10)*

*"Torre fuerte es el Nombre de Jehová;*
*a Él correrá el justo, y será levantado".*
*(Proverbios 18:10)*

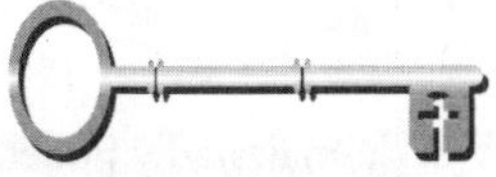

# ¿QUIÉN ES DIOS?

Algunas personas dicen: "¡Dios es un agua fiestas!" ¿Es esto verdad... o acaso son sus leyes y principios los que ponen un cerco de protección a nuestro alrededor en vez de aprisionarnos? ¿Es un ser distante, un rey inalcanzable que se encuentra sentado en su trono demandando el servilismo de sus súbditos... o es un Dios involucrado en la vida diaria de sus seres creados?

Otros lo equiparan con un benevolente San Nicolás que entrega regalos a los niños llenos de emoción. Otros lo ven como una máquina celestial expendedora de productos: si se introduce la moneda correcta, se obtiene todo lo que uno desea... Así que, ¿cómo es Dios en realidad? Según la Biblia, Dios es el ser supremo, Creador y controlador del universo que interviene de manera personal en la vida humana.

*"Acordaos de las cosas pasadas desde los tiempos antiguos;*
*porque yo soy Dios, y no hay otro Dios, y nada hay semejante a mí,*
*que anuncio lo por venir desde el principio,*
*y desde la antigüedad lo que aún no era hecho; que digo:*
*Mi consejo permanecerá, y haré todo lo que quiero;*
*que llamo desde el oriente al ave, y de tierra lejana al varón de mi consejo.*
*Yo hablé, y lo haré venir; lo he pensado, y también lo haré".*
*(Isaías 46:9-11)*

*"Acerquémonos, pues, confiadamente al trono de la gracia,*
*para alcanzar misericordia y hallar gracia para el oportuno socorro".*
*(Hebreos 4:16)*

- En el idioma griego la palabra que se traduce Dios es *theos*.[1]

  — La teología es el estudio acerca de Dios[2] y se conforma por lo que pensamos acerca de Dios y nuestra relación con Él. Sólo hay dos tipos de teología: la que está basada en la Palabra de Dios y la que no.

  — Una teocracia es el gobierno de Dios que rige directamente sobre la nación o el pueblo o bien puede ser Su reinado operando a través de Sus representantes elegidos que funcionan como Sus portavoces y jueces.

- En el idioma hebreo la palabra básica que se traduce como Dios es *Él*.[3]

  — El vocablo *Él* se encuentra en muchas palabras del Antiguo Testamento. *Él* exalta a Dios hasta lo sumo y refleja Su poder.

  — También pone énfasis en Su majestad y poder... no un poder violento, sino profundo.

  — El combinado con otras palabras identifica aún más la naturaleza o función de Dios. A esto se le llama nombre compuesto.

## Nombres de Dios que llevan el prefijo El: [4]

- **Elohim**

  — "Dios" como creador.[5]

  *"En el principio creó Dios [Elohim] los cielos y la tierra". (Génesis 1:1)*

- **El Elyon**

  — "Dios Altísimo"

  *"Entonces Melquisedec, rey de Salem y sacerdote del Dios Altísimo [El Elyon], sacó pan y vino; y le bendijo, diciendo: Bendito sea Abram del Dios Altísimo [El Elyon], creador de los cielos y de la tierra; y bendito sea el Dios Altísimo[El Elyon], que entregó tus enemigos en tu mano. Y le dio Abram los diezmos de todo". (Génesis 14:18-20)*

- **El Roi**

  — "El Dios que ve".

  *"Entonces llamó el nombre de Jehová que con ella hablaba: Tú eres Dios que ve [El Roi]; porque dijo: ¿No he visto también aquí al que me ve? [El Roi]"'. (Génesis 16:13)*

- **El Shaddai**

  — "Dios Todopoderoso".[6]

  *"Era Abram de edad de noventa y nueve años, cuando le apareció Jehová y le dijo: Yo soy el Dios Todopoderoso [El Shaddai]; anda delante de mí y sé perfecto".*
  *(Génesis 17:1)*

- **El Olam**

  — "Dios eterno".

  *"Y plantó Abraham un árbol tamarisco en Beerseba, e invocó allí el nombre de Jehová Dios eterno [El Olam]". (Génesis 21:33)*

**Pregunta:** "¿Sabe Dios de mi dolor... ve lo que me sucede?"

**Respuesta:** Sí, Él es El Roi—el "Dios que ve".

> *"Entonces llamó el nombre de Jehová que con ella [Agar] hablaba:*
> *Tú eres Dios que ve; porque dijo: ¿No he visto también aquí al que me ve?"*
> *(Génesis 16:13)*

**Pregunta: "Cuando toda la esperanza se desvanece y no hay lugar a donde ir, ¿dónde está Dios? ¿Puedo contar con Él para que Él me ayude?"**

**Respuesta:** Primero necesita conocerlo como **El Shaddai**, su Dios Todopoderoso. Una de las raíces del vocablo hebreo *shad* es "seno". Recuerde que el pecho de una madre es totalmente suficiente para sustentar y alimentar la vida de su hijo sin ayuda de nada ni nadie. Cuando se llega al conocimiento de Dios como **El Shaddai**, no necesita ninguna ayuda externa. Él es su Dios todo suficiente.

En *Génesis 17* Abram era un hombre de noventa y nueve años de edad y Sarai de ochenta y nueve—ambos habían rebasado toda posibilidad de procrear hijos. Hasta ese momento no habían tenido ni uno solo. Aun así, el Señor se le apareció a Abram y le dijo: "Yo soy Dios todopoderoso" que en hebreo significa literalmente *El Shaddai*, el Dios todo suficiente.

*"Y pondré mi pacto entre mí y ti, y te multiplicaré en gran manera".*
*(Génesis 17:2)*

*"He aquí mi pacto es contigo, y serás padre de muchedumbre de gentes.*
*Y no se llamará más tu nombre Abram (que significa "padre exaltado"),*
*sino que será tu nombre Abraham (que significa "padre de muchos"),*
*porque te he puesto por padre de muchedumbre de gentes.*
*Y te multiplicaré en gran manera, y haré naciones de ti, y reyes saldrán de ti".*
*(Génesis 17:4-6)*

Dios anhela ser *El Shaddai* para usted, su Dios todo suficiente, para que cuando vaya a Él, obtenga todo lo que necesite.

En Génesis 1, Él es Dios, el gran Creador, *Elohim*.

En Génesis 2, Él es Señor, el Creador personal, *Jehová*.

## En hebreo, la palabra que se traduce Señor es Jehová o Yahweh

*Jehová* significa "el que existe en sí mismo" y enfatiza Su compromiso de cumplir Su pacto.[7]

- **Jehová**, "Señor, Él que existe en sí mismo, *Jehová*".

  *"Estos son los orígenes de los cielos y de la tierra cuando fueron creados, el día que Jehová Dios hizo la tierra y los cielos". (Génesis 2:4)*

- **Jehová-Jireh**, "Él Señor, mi proveedor".

  *"Y llamó Abraham el nombre de aquel lugar, Jehová proveerá. Por tanto se dice hoy: En el monte de Jehová será provisto". (Génesis 22:14)*

- ***Jehová-Rafa***, "Él Señor que sana".

  *"Y dijo: Si oyeres atentamente la voz de Jehová tu Dios, e hicieres lo recto delante de sus ojos, y dieres oído a sus mandamientos, y guardares todos sus estatutos, ninguna enfermedad de las que envié a los egipcios te enviaré a ti; porque yo soy Jehová tu sanador". (Éxodo 15:26)*

- ***Jehová-Nisi***, "Él Señor es mi estandarte".

  *"Y Moisés edificó un altar, y llamó su nombre Jehová-nisi". (Éxodo 17:15)*

- ***Jehová-M'Kadesh***, "Él Señor que santifica".

  *"Tú hablarás a los hijos de Israel, diciendo: En verdad vosotros guardaréis mis días de reposo; porque es señal entre mí y vosotros por vuestras generaciones, para que sepáis que yo soy Jehová que os santifico". (Éxodo 31:13)*

- ***Jehová-Salom***, "Él Señor es paz".

  *"Pero Jehová le dijo: Paz a ti; no tengas temor, no morirás. Y edificó allí Gedeón altar a Jehová, y lo llamó Jehová-salom; el cual permanece hasta hoy en Ofra de los abiezeritas". (Jueces 6:23-24)*

- ***Jehová-Sabaoth***, "Él Señor de los ejércitos".

  *"Y todos los años aquel varón subía de su ciudad para adorar y para ofrecer sacrificios a Jehová de los ejércitos en Silo, donde estaban dos hijos de Elí, Ofni y Finees, sacerdotes de Jehová". (1ª Samuel 1:3)*

- ***Jehová-Ra'ah***, "Él Señor es mi pastor".

  *"Jehová es mi pastor, nada me faltará". (Salmo 23:1)*

- ***Jehová-Tsidkenu***, "Él Señor nuestra justicia".

  *"En sus días será salvo Judá, e Israel habitará confiado; y este será Su nombre con el cual le llamarán: Jehová, justicia nuestra". (Jeremías 23:6)*

- ***Jehová-Sama***, "Él Señor está ahí".

  *"En derredor tendrá dieciocho mil cañas. Y el nombre de la ciudad desde aquel día será Jehová-sama". (Ezequiel 48:35)*

## PREGUNTAS ACERCA DE DIOS

Casi en todos lados se puede ver un diferente punto de vista respecto a Dios. La televisión, las revistas y las películas promueven sus propias opiniones acerca de Dios. La gente se pregunta, "¿Cómo puede haber un solo Dios en tres personas? ¿No es eso politeísmo?" "¿Por qué es necesario creer en Jesús? ¿No fue sólo un hombre?" "¿Cuál es la importancia de que exista la Trinidad?" Estas preguntas y otras más por lo general se hacen con sinceridad. Sin embargo, en otras ocasiones se hacen para levantar una cortina de humo y evitar cualquier responsabilidad personal de cambiar delante de Dios.

*"Dice el necio en su corazón: No hay Dios".*

*(Salmo 14:1)*

**Pregunta: "¿Cuántos verdaderos dioses existen?"**

**Respuesta:** Solamente existe un Dios verdadero.

*"Yo soy Jehová, y ninguno más hay; no hay Dios fuera de mí.*
*Yo te ceñiré, aunque tú no me conociste".*

*(Isaías 45:5)*

**Pregunta: "¿De dónde provino Dios?"**

**Respuesta:** Esta es una pregunta muy lógica. Después de todo, las flores tienen su origen en las semillas. Los pollitos provienen de huevos. Así que, ¿de dónde vino Dios?

Dios no tiene principio ni fin. En realidad no podemos llegar a entender por completo a un ser que siempre ha existido porque nosotros estamos limitados por el tiempo. Pero no se puede medir a Dios por el tiempo; sino que el tiempo se mide por Él. Pensar en su naturaleza eterna nos provoca admiración y adoración en lugar de tratar de entenderlo intelectualmente.

*"Antes que naciesen los montes y formases la tierra*
*y el mundo, desde el siglo y hasta el siglo, tú eres Dios".*
*(Salmo 90:2)*

**Pregunta: "¿Enseña la Biblia que hay tres dioses?"**

**Respuesta:** No. La Biblia enseña con claridad que hay un solo Dios en tres personas.

*"Oye, Israel: Jehová nuestro Dios, Jehová uno es".*
*(Deuteronomio 6:4)*

Sin embargo, la palabra uno en hebreo es *echad*, que significa "el unificado".[8] Por ejemplo, en el supermercado observamos un racimo de plátanos, un manojo de apio o un racimo de uvas.

- *Echad* es una unidad compleja.[9] En las Escrituras la unidad compleja se ve en estos ejemplos:

  Dos personas se convierten en una (*echad*) sola carne

  *"Por tanto, dejará el hombre a su padre y a su madre, y se unirá a su mujer, y serán una sola carne". (Génesis 2:24)*

  Un (*echad*) es un racimo de muchas uvas

  *"Y llegaron hasta el arroyo de Escol, y de allí cortaron un sarmiento con un racimo de uvas, el cual trajeron dos en un palo, y de las granadas y de los higos". (Números 13:23)*

- Una palabra hebrea diferente es *yachiyd*, que se utiliza para hablar de la "unidad singular".[10]

  Abraham tomó a su único (*yachiyd*) hijo.

  *"Y dijo: Toma ahora tu hijo, tu único, Isaac, a quien amas, y vete a tierra de Moria, y ofrécelo allí en holocausto sobre uno de los montes que yo te diré". (Génesis 22:2)*

  — Desde el principio de la Biblia, Dios se presenta como una unidad compleja.

  *"Entonces dijo Dios: Hagamos al hombre a nuestra imagen, conforme a nuestra semejanza". (Génesis 1:26)*

  — Los que profesan la fe cristiana no promueven el politeísmo, como señalan las otras religiones. Hay un solo Dios en tres personas.

## Pregunta: "¿Qué significa Trinidad?"

**Respuesta:** La palabra Trinidad se refiere al estado de tres personas. Es un término que se aplica a la unidad del Padre, del Hijo y del Espíritu Santo como tres personas distintas en un solo Dios.[11] Todo intento de la mente humana para describir el concepto de la "Trinidad" se queda corto para dar una explicación completa, pero aun así haremos el intento.

**Ejemplo:** Imagínese un triángulo. Cada lado es indispensable para que exista esa figura geométrica.

- Dios el Padre está sobre nosotros de la misma manera que lo está el Hijo.

  *"La cual operó en Cristo, resucitándole [Dios] de los muertos y sentándole a su diestra en los lugares celestiales, sobre todo principado y autoridad y poder y señorío, y sobre todo nombre que se nombra, no sólo en este siglo, sino también en el venidero". (Efesios 1:20-21)*

- Dios el Hijo está con nosotros.

  *"He aquí, una virgen concebirá y dará a luz un hijo, Y llamarás su nombre Emanuel, que traducido es: Dios con nosotros". (Mateo 1:23)*

Los que vivieron en tiempos de Jesús vieron en Su vida que Él mostraba el mismo carácter del Dios invisible. Jesús, quien es Dios mismo, tomó forma humana para que pudiéramos conocer cómo el Señor actúa e interactúa de manera piadosa y cómo amó aun a quienes no eran dignos de ser amados. Él amó a quienes lo persiguieron y maltrataron, aunque no tenía por qué hacerlo. También Su Espíritu Santo está con nosotros.

*"¿A dónde me iré de tu Espíritu? ¿Y a dónde me iré de tu presencia?" (Salmos 139:7)*

- Dios el Espíritu Santo está dentro de nosotros.

*"[Dios] el cual también nos ha sellado, y nos ha dado las arras del Espíritu en nuestros corazones". (2ª Corintios 1:22)*

El Espíritu Santo fue enviado para habitar en nuestros corazones al momento de haber creído en Jesucristo como Señor y Salvador de nuestra vida. El Espíritu de Dios mora dentro de nosotros. Y también, el Hijo está en nosotros.

*"…es Cristo en vosotros, la esperanza de gloria". (Colosenses 1:27)*

**Pregunta: "¿Es el Dios del Antiguo Testamento 'solamente' Dios el Padre?"**

**Respuesta:** No. En el primer versículo de la Biblia, la palabra hebrea que traduce "Dios" es *Elohim*. *"En el principio creó Dios los cielos y la tierra".* (Génesis 1:1)

El sustantivo *Elohim* es plural, pero concuerda con un verbo en singular. La palabra hebrea que se traduce como "Dios" conlleva la misma idea de pluralidad y unidad.[12] ¡Aun el primer versículo de las Escrituras indica la existencia de la Trinidad!

- *El* significa "fuerte y poderoso Dios".

- *im* es la terminación plural.

- La palabra *Elohim* expresa unidad así como pluralidad.

*"Entonces dijo Dios: Hagamos al hombre a nuestra imagen,*
*conforme a nuestra semejanza".*
*(Génesis 1:26)*

*"Y dijo Jehová Dios: He aquí el hombre es como uno de nosotros,*
*sabiendo el bien y el mal".*
*(Génesis 3:22)*

*"Ahora, pues, descendamos, y confundamos allí su léngua,*
*para que ninguno entienda el habla de su compañero".*
*(Génesis 11:7)*

**Pregunta: "¿Enseñó el Señor Jesús el concepto de la Trinidad?"**

**Respuesta:** Sí. Él dijo:

*"Por tanto, id, y haced discípulos a todas las naciones, bautizándolos en el nombre del Padre, y del Hijo, y del Espíritu Santo". (Mateo 28:19; La gran comisión)*

Observe: Él no dijo "en los nombres" del Padre, del Hijo y del Espíritu Santo; dijo en el "nombre" (singular) del Padre, Hijo y Espíritu Santo.

**Pregunta: "¿Afirmó Jesús que era Dios?"**

**Respuesta:** Sí, con toda claridad lo dijo a los judíos. Las palabras *"Yo soy"* de Juan 8:58 indican que Jesús estaba mencionando el nombre santo de Dios, *YHWH*, aplicado a sí mismo y haciéndose igual a Dios. Los testigos sabían que eso era blasfemia y quisieron apedrearlo, ya que ese era el ¡castigo que merecían los blasfemos!

*"Respondió Jesús: Si yo me glorifico a mí mismo, mi gloria nada es; mi Padre es el que me glorifica, el que vosotros decís que es vuestro Dios. Pero vosotros no le conocéis; mas yo le conozco, y si dijere que no le conozco, sería mentiroso como vosotros; pero le conozco, y guardo su palabra. Abraham vuestro padre se gozó de que había de ver mi día; y lo vio, y se gozó. Entonces le dijeron los judíos: Aún no tienes cincuenta años, ¿y has visto a Abraham? Jesús les dijo: De cierto, de cierto os digo: Antes que Abraham fuese, yo soy. Tomaron entonces piedras para arrojárselas; pero Jesús se escondió y salió del templo; y atravesando por en medio de ellos, se fue". (Juan 8:54-59)*

**Pregunta: "¿Es una persona de la Trinidad más importante que otra?"**

**Respuesta:** No, pero la Biblia sí establece una diferencia en sus funciones y subordinación de sus labores.

*"Respondió entonces Jesús, y les dijo: De cierto, de cierto os digo: No puede el Hijo hacer nada por sí mismo, sino lo que ve hacer al Padre; porque todo lo que el Padre hace, también lo hace el Hijo igualmente". (Juan 5:19)*

Aquí vemos que el Hijo se somete al Padre.

Cada persona de la Trinidad realiza un papel diferente a los otros dos pero ninguno es inferior a los demás.

**Pregunta: "¿Por qué debo procurar conocer a Dios?"**

**Respuesta:**

• Para recibir él perdón de pecados

*"Pues para que sepáis que el Hijo del Hombre tiene potestad en la tierra para perdonar pecados".*

*(Marcos 2:10)*

- Para experimentar una relación íntima con Dios

*"Respondió Jesús y le dijo: El que me ama, Mi palabra guardará; y Mi Padre*
*le amará, y vendremos a él, y haremos morada con él".*
(Juan 14:23)

- Para recibir la vida eterna

*"Y esta es la vida eterna: que te conozcan a ti, el único Dios verdadero,*
*y a Jesucristo, a quien has enviado".*
(Juan 17:3)

**Pregunta: "¿Es verdad que Dios me ve?"**

**Respuesta:** Sí.

*"Oh Jehová, tú me has examinado y conocido. Tú has conocido*
*mi sentarme y mi levantarme; has entendido desde lejos mis pensamientos.*
*Has escudriñado mi andar y mi reposo, y todos mis caminos te son conocidos.*
*Pues aún no está la palabra en mi lengua, y he aquí, oh Jehová, tú la sabes toda.*
*Detrás y delante me rodeaste, y sobre mí pusiste tu mano. Tal conocimiento es*
*demasiado maravilloso para mí; alto es, no lo puedo comprender".*
(Salmo 139:1-6)

## CARACTERÍSTICAS DE
## CADA PERSONA DE LA TRINIDAD

Cuando la gente hace preguntas acerca de Dios, por lo general no se da cuenta de la naturaleza de sus preguntas. Detrás de ellas está la inquietud por conocer acerca del carácter divino. Quieren saber quién es Él, qué hace y por qué hace las cosas como las hace. Preguntan cosas como: "¿Cómo puede Dios ser justo y amoroso al mismo tiempo? ¿No se excluyen esos términos entre sí?" "¿Cómo puede enviar a la gente al infierno por pecar sólo un poco? ¿No es la gente básicamente buena?" Para responder a esas preguntas debemos entender que: *"Sin fe es imposible agradar a Dios; porque es necesario que el que se acerca a Dios crea que le hay, y que es galardonador de los que le buscan".* (Hebreos 11:6)

Atributos naturales. La esencia del ser de Dios, aquello que lo caracteriza internamente.[13]

- **Omnisciente**

  — Todo lo sabe

  *"Oh Jehová, tú me has examinado y conocido. Tú has conocido mi sentarme y mi levantarme; has entendido desde lejos mis pensamientos. Has escudriñado mi andar y mi reposo, y todos mis caminos te son conocidos. Pues aún no está la palabra en mi lengua, y he aquí, oh Jehová, tú la sabes toda".* (Salmo 139:1-4)

  Ya que Dios sabe todas la cosas, Él me conoce mejor que yo mismo, sabe lo que es mejor para mí y sabe cómo cumplir Sus propósitos para mi vida de la mejor manera.

- **Omnipotente**

  — Todo lo puede

  *"He aquí que yo soy Jehová, Dios de toda carne; ¿habrá algo que sea difícil para mí?"* (Jeremías 32:27)

  Ya que Dios todo lo puede, Él puede hacer todas las cosas y me dará la fortaleza para hacer todo lo que me pida que haga.

- **Omnipresente**

  — Está en todos lados

  *"¿Soy yo Dios de cerca solamente, dice Jehová, y no Dios desde muy lejos? ¿Se ocultará alguno, dice Jehová, en escondrijos que yo no lo vea? ¿No lleno yo, dice Jehová, el cielo y la tierra?"* (Jeremías 23:23-24)

  Ya que Dios está en todos lados todo el tiempo, siempre está conmigo dondequiera que esté... en toda circunstancia, en toda necesidad... y nunca puedo estar completamente solo.

- **Eterno**

  — No está limitado por el tiempo

  *"Vivo yo [Dios] para siempre".* (Deuteronomio 32:40)

  Ya que Dios es eterno y me da de Su vida, viviré por siempre con Él puesto que soy Su hijo.

- **Inmutable**

  — No cambia

  *"Porque yo Jehová no cambio".* (Malaquías 3:6)

  Ya que Dios es inmutable, Él no cambiará Su carácter o Su Palabra y puedo confiar en que Él es totalmente digno de toda mi confianza.

- **Incomprensible**

  — Insondable y misterioso

  *"¡Oh profundidad de las riquezas de la sabiduría y de la ciencia de Dios! ¡Cuán insondables son sus juicios, e inescrutables sus caminos!" (Romanos 11:33)*

  Ya que Dios es incomprensible, siempre hay algo más que puedo aprender acerca de Él. Puedo ver hacia adelante para descubrir el misterio de todo lo que Él es cuando decide revelarse a mí.

- **Existente en sí mismo**

  — Es la vida en sí mismo

  *"Porque como el Padre tiene vida en sí mismo, así también ha dado al Hijo el tener vida en sí mismo". (Juan 5:26)*

  Ya que Dios tiene vida en sí mismo nunca puede ser destruido, ni puede morir o dejar de existir. Siempre estará vivo y puedo contar con Él.

- **Auto-suficiente**

  — Dios puede actuar por sí mismo

  *"Porque de Él, y por Él, y para Él, son todas las cosas. A É sea la gloria por los siglos. Amén". (Romanos 11:36)*

  Ya que Dios es auto-suficiente Él no necesita de nada ni nadie para cumplir Su voluntad en mi vida.

- **Infinito**

  — Ilimitado

  *"¿A dónde me iré de tu Espíritu? ¿Y a dónde huiré de tu presencia? Si subiere a los cielos, allí estás tú; y si en el Seol hiciere mi estrado, he aquí, allí tú estás. Si tomare las alas del alba y habitare en el extremo del mar, aun allí me guiará tu mano, y me asirá tu diestra. Si dijere: Ciertamente las tinieblas me encubrirán; aun la noche resplandecerá alrededor de mí. Aun las tinieblas no encubren de ti, y la noche resplandece como el día; lo mismo te son las tinieblas que la luz". (Salmos 139:7-12)*

  Ya que Dios es infinito, Su poder y presencia no conocen límites y Él puede hacer lo que Él quiera en mi vida.

- **Trascendente**

  — Sobre todas las cosas

  *"Como son más altos los cielos que la tierra, así son mis caminos más altos que vuestros caminos, y mis pensamientos más que vuestros pensamientos". (Isaías 55:9)*

Ya que Él es trascendente puedo confiar en Su perspectiva de las cosas que está sobre la mía y más allá de ella.

- **Soberano**

  — Rey supremo

  *"Todos los habitantes de la tierra son considerados como nada; y Él hace según su voluntad en el ejército del cielo, y en los habitantes de la tierra, y no hay quien detenga su mano, y le diga: ¿Qué haces?" (Daniel 4:35)*

  Ya que Él es soberano, Él reina sobre mí en todas las cosas y Su voluntad no se puede frustrar.

  Atributos morales... El carácter de Dios, aquello que se relaciona con Su creación externamente.[14]

  Cuando se llega a ser cristiano no se adquieren los atributos naturales o características internas de Dios. No podemos llegar a ser infinitos, auto-suficientes, omnipotentes u omnipresentes. Sin embargo, sí podemos adquirir Sus atributos morales. Como creyente en Cristo, ha recibido la promesa de que será conformado a la imagen de Su Hijo.

  *"Porque a los que antes conoció, también los predestinó para que fuesen hechos conformes a la imagen de su Hijo, para que Él sea el primogénito entre muchos hermanos". (Romanos 8:29)*

- **Santo**

  — Puro, apartado del pecado

  *"Sino, como aquel que os llamó es santo, sed también vosotros santos en toda vuestra manera de vivir". (1ª Pedro 1:15)*

  Ya que Él es santo, está apartado de todo pecado y Él me aparta del pecar. Él me ha separado para cumplir Sus propósitos.

- **Justiciero**

  — Absoluta bondad

  *"Justo eres tú, oh Jehová, y rectos tus juicios". (Salmo 119:137)*

  Ya que Él es imparcial, todo lo que hace es correcto, a favor mío y me imparte de Su justicia.

- **Justo**

  — Imparcial

  *"Justicia y juicio son el cimiento de tu trono". (Salmo 89:14)*

Ya que Él es justo, podemos saber que todos Sus mandamientos y juicios hacia todas las personas, incluyéndome a mí, son justos.

- **Misericordioso**

  — Compasivo

  *"Clemente es Jehová, y justo; sí, misericordioso es nuestro Dios".* (Salmo 116:5)

  Ya que Él es misericordioso, sé que Él tiene compasión de mí aunque me equivoque.

- **Longánimo**

  — Paciente

  *"Jehová, tardo para la ira y grande en misericordia, que perdona la iniquidad y la rebelión".* (Números 14:18)

  Ya que Dios es longánimo, sé que Él es paciente con mi progreso espiritual, pero no debo abusar de Su paciencia probándolo deliberadamente con mi desobediencia.

- **Sabio**

  — Perfecto en sus decisiones

  *"¡Cuán innumerables son tus obras, oh Jehová! Hiciste todas ellas con sabiduría; la tierra está llena de tus beneficios".* (Salmo 104:24)

  Ya que Él es sabio, puedo confiarle todas las decisiones de mi vida, sabiendo que Él me dará de Su sabiduría cuando se la pida.

- **Bueno**

  — Puro en Sus motivaciones

  *"¿O menosprecias las riquezas de su benignidad, paciencia y longanimidad, ignorando que su benignidad te guía al arrepentimiento?"* (Romanos 2:4)

  Ya que Él es bueno, sé que Su obra en mi vida siempre es para mi propio bien.

  *"Y sabemos que a los que aman a Dios, todas las cosas les ayudan a bien, esto es, a los que conforme a su propósito son llamados".* (Romanos 8:28)

- **Siente ira**

  — Odia el pecado

  *"Porque la ira de Dios se revela desde el cielo contra toda impiedad e injusticia de los hombres que detienen con injusticia la verdad".* (Romanos 1:18)

Ya que Él se llena de ira, sé que Él debe castigar el pecado en mi vida y en la vida de las personas a quienes amo. Él debe castigar la injusticia. Sin embargo, toda la ira de mi pecado cayó sobre Su Hijo en la cruz del Calvario. La ira de Dios es un enojo justificado contra todo lo que me puede dañar.

- **Verdadero**

— Puro de palabra

*"En la esperanza de la vida eterna, la cual Dios, que no miente, prometió desde antes del principio de los siglos". (Tito 1:2)*

Ya que Él es veraz, sé que nunca me mentirá.

- **Fiel**

— Cumple Sus promesas

*"Mas los malos hombres y los engañadores irán de mal en peor, engañando y siendo engañados". (2ª Timoteo 2:13)*

Ya que Él es fiel, sé que puedo contar con Él pues Él hará siempre lo que dice.

- **Celoso**

— No está dispuesto a compartir lo que le corresponde por derecho

*"Porque no te has de inclinar a ningún otro dios, pues Jehová, cuyo nombre es Celoso, Dios celoso es". (Éxodo 34:14)*

Ya que Él es celoso, sé que Él debe ocupar el primer lugar en mi corazón y vida. Muchas veces creemos que los celos son algo negativo. Pero es interesante que en ocasiones, Dios se llama a sí mismo Dios celoso. La diferencia es que los celos en el ser humano son una terrible emoción porque manifiestan el deseo de posesión de otra persona y expresa el egoísmo humano. No obstante, es correcto que Dios sea celoso, porque Él sí es nuestro dueño. Él es nuestro Creador. Sus motivaciones carecen de egoísmo.

- **Amoroso**

— Él busca el bien de los demás, hacer lo mejor, lo menos egoísta y de mayor provecho para todos.

*"Porque de tal manera amó Dios al mundo, que ha dado a su Hijo unigénito, para que todo aquel que en Él cree, no se pierda, mas tenga vida eterna". (Juan 3:16)*

*"En esto hemos conocido el amor, en que Él puso su vida por nosotros; también nosotros debemos poner nuestras vidas por los hermanos". (1ª Juan 3:16)*

*"Jehová se manifestó a mí hace ya mucho tiempo, diciendo: Con amor eterno te he amado; por tanto, te prolongué mi misericordia". (Jeremías 31:3)*

Ya que Él es amor, sé que Él siempre tiene cuidado de mí y en Su mente siempre está mi mayor beneficio. Él me ama aun cuando decida desobedecerlo deliberadamente.

*"Yo soy Jehová, que hago misericordia, juicio y justicia
en la tierra; porque estas cosas quiero, dice Jehová".
(Jeremías 9:24)*

## CAUSAS DE LA CONFUSIÓN ACERCA DE DIOS

Los principales siete puntos de vista del mundo acerca de Dios

El ateo no encuentra a Dios por la misma razón que un ladrón no encuentra a un policía. No anda en busca de él.[15]

| PUNTO DE VISTA DEL MUNDO | CREENCIA | PROPONENTES | ELLOS DICEN: |
| --- | --- | --- | --- |
| **Agnosticismo** | No es posible saber si existe Dios. | Thomas Huxley William Spencer | "No sé si hay un Dios". |
| **Ateísmo** | No hay necesidad de un Dios universal y personal. | Madalyn O'Hair Bertrand Russell | "Sé que no hay Dios". |
| *Deísmo* | Dios puso al universo en movimiento y lo dejó a su suerte. Dios no interactúa con el hombre. | Benjamin Franklin Thomas Jefferson | "El mundo es como un reloj al cual Dios le dio cuerda y lo dejó funcionando solo". |
| *Panteísmo* | Dios es el universo. Dios es el mundo físico que vemos. | Spinoza, Goethe Movimiento de la Nueva Era | "Ese árbol es Dios. Si el mundo desapareciera, Dios también lo haría". |

| PUNTO DE VISTA DEL MUNDO | CREENCIA | PROPONENTES | ELLOS DICEN: |
| --- | --- | --- | --- |
| *Panenteísmo* | Todas las cosas son parte de Dios. Dios tiene un cuerpo y una mente. | Paul Tillich Espiritualidad de la Nueva Era | "Ese árbol es parte de Dios. Si el mundo desapareciera, el cuerpo de Dios desaparecería, pero Él todavía tendría mente". |
| *Teísmo* | Existe un solo Dios. Él creó el universo. Podemos conocerlo. | Cristianismo— (Teísmo trinitario) Judaísmo, Islamismo— (Unitarianismo) | "Ese árbol fue creado por Dios y Él lo sustenta. Si el mundo desapareciera, Dios permanecería intacto". |
| *Politeísmo* | Existen muchos dioses. | Hinduísmo contemporáneo | "Ese árbol fue creado por el dios del bosque. La lluvia proviene del dios de la lluvia". |

## LA RAÍZ DEL PROBLEMA

**Creencia falsa: "No estoy dispuesto a rendir mi voluntad a un Dios personal porque no tengo evidencia tangible de que existe".**

*"Dice el necio en su corazón: No hay Dios. Se han corrompido, hacen obras abominables; no hay quien haga el bien".*
*(Salmo 14:1)*

**Creencia correcta:** Dios en tres personas se ha revelado de manera adecuada a través de Su creación y Su Palabra tal como lo presenta el Espíritu Santo. Soy responsable de mis reacciones a la luz de lo que conozco de Él.

*"Porque lo que de Dios se conoce les es manifiesto, pues Dios se lo manifestó. Porque las cosas invisibles de Él, su eterno poder y deidad, se hacen claramente visibles desde la creación del mundo, siendo entendidas por medio de las cosas hechas, de modo que no tienen excusa".*
*(Romanos 1:19-20)*

## PASOS PARA CONOCER LA PERSPECTIVA DE DIOS

El última instancia, ¿cuál es la opinión que en verdad importa? ¿Realmente importa la opinión de los escépticos? ¿Importa mucho mi opinión? ¿Tiene relevancia la de usted?

Una calcomanía en un auto decía: "¡Dios ha hablado! ¡Yo lo creo! ¡Fin del problema!" Aparentemente ese parece un dicho muy sabio: Dios ha hablado y el creyente ha aceptado esa declaración. Quizá es mejor decir: "¡Dios ha hablado! ¡Ése es el fin del problema!"

Lo que es realmente importante es lo que Dios dice acerca de sí mismo. El temor reverencial al Señor es el punto de partida para entender al Dios de las Escrituras. Solamente así se puede responder a preguntas tales como: "¿Qué diferencia puede hacer el Señor en mi vida?" "¿Es Dios personal, está interesado en mí?" "¿Podemos conocer a Dios?" Vale la pena meditar en estas respuestas.

## Versículo clave para memorizar

*"Aprende pues, hoy, y reflexiona en tu corazón
que Jehová es Dios arriba en el cielo y
abajo en la tierra, y no hay otro".*
(Deuteronomio 4:39)

## Pasaje clave para leer y meditar

*Juan 14*

Para quienes quieren conocer al Dios de la Biblia, *Juan 14* ofrece la respuesta acerca de la deidad de Cristo. En su discurso del aposento alto, Jesús reveló a sus discípulos que ¡Él es Dios! Y les enseñó lo que tenían que saber.

Ese capítulo en particular es excelente para aprender acerca de las tres personas de la Trinidad. En Él, Jesús consuela a sus discípulos diciéndoles: *"No se turbe vuestro corazón. Creéis en Dios, creed también en mí".* (Juan 14:1)

Luego les explicó: *"Yo soy el camino, y la verdad, y la vida; nadie viene al Padre, sino por mí. Si me conocieseis, también a mi Padre conoceríais; y desde ahora le conocéis, y le habéis visto".* (Juan 14:6-7)

Luego continuó diciendo que el Padre iba a enviar a un Consolador: *"Y yo rogaré al Padre, y os dará otro Consolador, para que esté con vosotros para siempre".* (Juan 14:16)

- Haga una lista de su esperanza futura (cosas que van a suceder sin lugar a dudas) según la lista de *Juan 14:2-3*.

- Escriba en sus propias palabras lo que para usted significa el versículo 6.

- ¿Qué concepto clave cree que Jesús quiere que usted entienda en los versículos 7-11?

- ¿Qué palabras de ánimo recibe en los versículos 12-15?

- ¿Qué compañero especial ha provisto el Señor Jesús para usted? Vea los versículos 16-18.

- ¿Cómo demuestra su amor por Jesús (versículo 21)?

- ¿En qué maneras es usted desobediente a Jesús (versículo 24)?

- ¿Quién le ayuda a entender la Biblia (versículo 26)?

- ¿Por qué no debe afanarse (versículo 27)?

- ¿Qué promete hacer Jesús en el futuro (versículo 28)?

## Considere las cuatro maneras en que Dios se revela a sí mismo

Si realmente podemos llegar a conocer a Dios—y sí podemos—la pregunta que necesitamos hacer es: "¿Cómo podemos acercarnos a Él?" Dios ha revelado algunos hechos acerca de mí mismo y de su naturaleza en diferentes maneras para que podamos conocerlo. ¿Cuáles son?[16]

### A través de la creación

*"Porque las cosas invisibles de Él, su eterno poder y deidad,*
*se hacen claramente visibles desde la creación del mundo, siendo entendidas*
*por medio de las cosas hechas, de modo que no tienen excusa".*
*(Romanos 1:20)*

Nadie puede sostener que el universo no es una creación altamente compleja y majestuosa. Aun los científicos están de acuerdo en que tuvo un comienzo. Una ley de la ciencia dice que algo no puede provenir de la nada. Esa ley se llama: "la primera causa".

¿Será posible que tan minuciosa perfección sea consecuencia de una enorme explosión, o que llegó a existir como resultado de un plan cuidadosamente diseñado por un Dios infinito? La probabilidad de que una explosión al azar produjera el universo puede compararse con la probabilidad de que una explosión en una imprenta diera como resultado ¡la creación de un libro! La idea es absurda y ¡totalmente irracional!

En *Job 38*, el autor discutió con Dios buscando respuestas acerca del mundo que le rodeaba. Lea cómo le respondió el Señor...

## — La formación del mundo

*"Dónde estabas tú cuando yo fundaba la tierra? Házmelo saber, si tienes inteligencia. ¿Quién ordenó sus medidas, si lo sabes? ¿O quién extendió sobre ella cordel? ¿Sobre qué están fundadas sus bases? ¿O quién puso su piedra angular?"*

*(Job 38:4-6)*

## — La grandeza del universo

*"¿Sacarás tú a su tiempo las constelaciones de los cielos, o guiarás a la Osa Mayor con sus hijos?"*

*(Job 38:32)*

## — El equilibrio entre la tierra y el agua

*"¿Quién encerró con puertas el mar, cuando se derramaba saliéndose de su seno, cuando puse yo nubes por vestidura suya, y por su faja oscuridad, y establecí sobre él mi decreto, le puse puertas y cerrojo, y dije: Hasta aquí llegarás, y no pasarás adelante, y ahí parará el orgullo de tus olas?"*

*(Job 38:8-11)*

## — La distinción entre el día y la noche

*"¿Has mandado tú a la mañana en tus días? ¿Has mostrado al alba su lugar?"*

*(Job 38:12)*

### — El ciclo de muerte y vida

*"¿Te han sido descubiertas las puertas de la muerte, y has visto las puertas de la sombra de muerte?" (Job 38:17)*

### — Las estaciones y el clima

*"¿Has entrado tú en los tesoros de la nieve, o has visto los tesoros del granizo, que tengo reservados para el tiempo de angustia, para el día de la guerra y de la batalla?¿Por qué camino se reparte la luz, y se esparce el viento solano sobre la tierra?¿Quién repartió conducto al turbión, y camino a los relámpagos y truenos?"(Job 38:22-25)*

## A través de la conciencia

*"Porque la ira de Dios se revela desde el cielo contra toda impiedad e
injusticia de los hombres que detienen con injusticia la verdad;
porque lo que de Dios se conoce les es manifiesto, pues Dios se lo manifestó".*
(Romanos 1:18-19)

¿Por qué toda la gente alrededor del mundo tiene un código moral que es increíblemente similar? Por ejemplo, en ninguna cultura se le permite al hombre tomar la mujer de otro. Este conocimiento innato de lo bueno y lo malo es un testigo interno de la existencia de Dios. En todas las culturas, la gente adora y tiene cierta inclinación hacia la religión.

— El hombre tiene un inclinación natural a ser religioso.

*"Entonces Pablo, puesto en pie en medio del Areópago, dijo: Varones atenienses, en todo observo que sois muy religiosos". (Hechos 17:22)*

— Los requerimientos de la ley están escritos en el corazón de los hombres.

*"Mostrando la obra de la ley escrita en sus corazones, dando testimonio su conciencia, y acusándoles o defendiéndoles sus razonamientos". (Romanos 2:15)*

— Dios es justo y no castigará al inocente.

*"Lejos de ti el hacer tal, que hagas morir al justo con el impío, y que sea el justo tratado como el impío; nunca tal hagas. El Juez de toda la tierra, ¿no ha de hacer lo que es justo?" (Génesis 18:25)*

## A través de su comunicación

*"El Espíritu de Jehová ha hablado por mí,
y su palabra ha estado en mi lengua".*
(2ª Samuel 23:2)

Aunque Dios se ha revelado de manera general a través de la creación y de Su ley puesta en nuestro ser interior, aun así no sabríamos más de Él si no tuviéramos más revelación. Sin un conocimiento personal de Dios el hombre intentaría adorar algo que no es el Dios verdadero. Por lo tanto, el Señor se ha comunicado con nosotros a través de Su revelación.

# Revelación personal

## Adán

*"Mandó Jehová Dios al hombre, diciendo:
De todo árbol del huerto podrás comer".
(Génesis 2:16)*

## Caín

*"Entonces Jehová dijo a Caín: ¿Por qué te has ensañado,
y por qué ha decaído tu semblante?".
(Génesis 4:6)*

## Noé

*"Dijo, pues, Dios a Noé: He decidido el fin de todo ser,
porque la tierra está llena de violencia a causa de ellos;
y he aquí que yo los destruiré con la tierra".
(Génesis 6:13)*

## Abraham

*"Pero Jehová había dicho a Abram: Vete de tu tierra y de tu parentela,
y de la casa de tu padre, a la tierra que te mostraré".
(Génesis 12:1)*

## Pablo

*"Cayendo en tierra, oyó una voz que le decía: Saulo, Saulo, ¿por qué me persigues?
El dijo: ¿Quién eres, Señor? Y le dijo: Yo soy Jesús, a quien tú persigues;
dura cosa te es dar coces contra el aguijón. El, temblando y temeroso, dijo:
Señor, ¿qué quieres que yo haga? Y el Señor le dijo: Levántate y
entra en la ciudad, y se te dirá lo que debes hacer".
(Hechos 9:4-6)*

## Juan

*"La revelación de Jesucristo, que Dios le dio, para manifestar a sus siervos
las cosas que deben suceder pronto; y la declaró enviándola
por medio de su ángel a su siervo Juan".
(Apocalipsis 1:1)*

# La Biblia

## Profética[17]

*"Porque nunca la profecía fue traída por voluntad humana, sino que los santos hombres de Dios hablaron siendo inspirados por el Espíritu Santo". (2ª Pedro 1:21)*

## Inspirada

*"Toda la Escritura es inspirada por Dios, y útil para enseñar, para redargüir, para corregir, para instruir en justicia". (2ª Timoteo 3:16)*

## Llena de propósito

*"Así será mi palabra que sale de mi boca; no volverá a mí vacía, sino que hará lo que yo quiero, y será prosperada en aquello para que la envié". (Isaías 55:11)*

## Inerrante

*"Toda Palabra de Dios es limpia; Él es escudo a los que en Él esperan". (Proverbios 30:5)*

## Suficiente

*"A fin de que el hombre de Dios sea perfecto, enteramente preparado para toda buena obra". (2ª Timoteo 3:17)*

## Infalible

*"La ley de Jehová es perfecta, que convierte el alma; el testimonio de Jehová es fiel, que hace sabio al sencillo". (Salmo 19:7)*

# A través de Cristo

### *Juan 1:1-14*

*"En el principio era el Verbo [Cristo Jesús], y el Verbo era con Dios, y el Verbo era Dios. Este era en el principio con Dios. Todas las cosas por Él fueron hechas, y sin Él nada de lo que ha sido hecho, fue hecho. En Él estaba la vida, y la vida era la luz de los hombres. La luz en las tinieblas resplandece, y las tinieblas no prevalecieron contra ella. Hubo un hombre enviado de Dios, el cual se llamaba Juan. Este vino por testimonio, para que diese testimonio de la luz, a fin de que todos creyesen por él. No era él la luz, sino para que diese testimonio de la luz.*

*Aquella luz verdadera, que alumbra a todo hombre, venía a este mundo. En el mundo estaba, y el mundo por Él fue hecho; pero el mundo no le conoció. A lo suyo vino, y los suyos no le recibieron. Mas a todos los que le recibieron, a los que creen en su nombre, les dio potestad de ser hechos hijos de Dios; los cuales no son engendrados de sangre, ni de voluntad de carne, ni de voluntad de varón, sino de Dios. Y aquel Verbo fue hecho carne, y habitó entre nosotros (y vimos su gloria, gloria como del unigénito del Padre), lleno de gracia y de verdad" (Juan 1:1-14)*

— Conocer a Jesús el hijo de Dios es conocer a Dios el Padre.

*"Respondió Jesús: Ni a mí me conocéis, ni a mi Padre; si a mí me conocieseis, también a mi Padre conoceríais". (Juan 8:19)*

— Creer en Jesús el Hijo de Dios es creer en Dios el Padre.

*"Jesús clamó y dijo: El que cree en mí, no cree en mí, sino en el que me envió". (Juan 12:44)*

— Ver a Jesús el Hijo de Dios es ver a Dios el Padre.

*"El que me ha visto a mí, ha visto al Padre; ¿cómo, pues, dices tú: Muéstranos el Padre?" (Juan 14:9)*

— Recibir a Jesús el Hijo de Dios es recibir a Dios el Padre.

*"El que reciba en mi nombre a un niño como este, me recibe a mí; y el que a mí me recibe, no me recibe a mí sino al que me envió". (Marcos 9:37)*

## Dios es el Dios de toda consolación

Dios no nos ha creado y dejado a la deriva en el océano de la vida. No sólo conoce los detalles más íntimos de nuestra vida, sino que tiene como alta prioridad nuestros mejores intereses.

*"Bendito sea el Dios y Padre de nuestro Señor Jesucristo,*
*Padre de misericordias y Dios de toda consolación".*
*(2ª Corintios 1:3)*

La palabra griega que se traduce consolación es *paraclesis*, significa "alguien llamado a lado de" o "una exhortación o consolación" y a veces se traduce como "ánimo".[18]

## Oración... Gracias Dios porque Tú...

### Cuidas de mí con compasión.

*"Ha hecho memorables sus maravillas; clemente y misericordioso es Jehová".*
*(Salmo 111:4)*

### Ofreces fortalecerme cuando soy débil.

*"Todo lo puedo en Cristo que me fortalece". (Filipenses 4:13)*

### Suples todas mis necesidades.

*"Mi Dios, pues, suplirá todo lo que os falta conforme a sus*
*riquezas en Cristo Jesús". (Filipenses 4:19)*

**Olvidas mis pecados y errores.**

*"Porque seré propicio a sus injusticias, y nunca más me acordaré*
*de sus pecados y de sus iniquidades". (Hebreos 8:12)*

**Ofreces esperanza para el futuro.**

*"Porque yo sé los pensamientos que tengo acerca de vosotros, dice Jehová,*
*pensamientos de paz, y no de mal, para daros el fin que esperáis". (Jeremías 29:11)*

**Reafirmas Tu amor por mí.**

*"Jehová se manifestó a mí hace ya mucho tiempo, diciendo: Con amor eterno*
*te he amado; por tanto, te prolongué mi misericordia". (Jeremías 31:3)*

**Conviertes mi dolor en gozo.**

*"Porque un momento será su ira, pero su favor dura toda la vida.*
*Por la noche durará el lloro, y a la mañana vendrá la alegría". (Salmo 30:5)*

Mucha gente está en prisión... en la cárcel de su pasado. Está esclavizada por sus malos pensamientos sin saber que el Dios de toda verdad los puede liberar.

*"Jesús le dijo: Yo soy el camino, y la verdad, y la vida;*
*nadie viene al Padre, sino por mí".*
*(Juan 14:6)*

**Pregunta:** "¿Existen explicaciones fuera de la Biblia para la existencia de Dios?"

**Respuesta:** Cuando menos, existen cinco argumentos lógicos para probar la existencia de Dios.[19]

- **Argumento cosmológico** (La palabra griega *cosmos* significa "mundo").
  Todo efecto tiene una causa. El mundo existe. Algo no puede provenir de la nada. Alguien tuvo que haber causado que el universo llegara a existir. Por ejemplo, si usted ve una pintura, necesariamente tuvo que haber habido un pintor.

- **Argumento teleológico** (La palabra griega *telos* significa "fin").
  Existe orden y diseño en el universo, desde las galaxias hasta el microbio más pequeño, lo cual indica que debe haber habido un diseñador y maestro inteligente. Por ejemplo, si observamos un reloj, debemos suponer que hubo un fabricante del mismo.

- **Argumento antropológico** (La palabra griega *antropos* significa "hombre").
  El hombre es más que un ser físico. Tiene conciencia, intelecto, emociones y voluntad. El lado espiritual del hombre tiene su origen en alguien fuera de sí mismo, es decir, en Dios.

- **Argumento moral**

  La gente, única en su especie separada de plantas, insectos y animales, tiene conciencia de lo bueno y lo malo y de las consecuencias de sus acciones. Cada cultura, desde la más primitiva hasta la más adelantada, tiene un sistema de justicia moral. Por ejemplo, ninguna cultura permite que un hombre tome la mujer de otro.

- **Argumento ontológico** (La palabra griega *ontos* significa "existencia").

  El concepto de Dios es universal en todas las culturas. Dios debe haber colocado esa idea dentro del hombre.

**Pregunta: "¿En verdad Dios dirige el universo?"**

**Respuesta:** Sí. Si Él no fuera soberano, no podría ser Dios.

> *"Tuya es, oh Jehová, la magnificencia y el poder, la gloria, la victoria y el honor;*
> *porque todas las cosas que están en los cielos y en la tierra son tuyas.*
> *Tuyo, oh Jehová, es el reino, y tú eres excelso sobre todos. Las riquezas y la gloria*
> *proceden de ti, y tú dominas sobre todo; en tu mano está la fuerza*
> *y el poder, y en tu mano el hacer grande y el dar poder a todos".*
> *(1ª Crónicas 29:11-12)*

> *"Yo conozco que todo lo puedes, y que no hay pensamiento que se esconda de ti".*
> *(Job 42:2)*

> *"Jehová estableció en los cielos su trono, y su reino domina sobre todos".*
> *(Salmo 103:19)*

**Pregunta: "¿Es Dios todopoderoso?"**

**Respuesta:** Sí. Nada es imposible para Dios.

> *"Y mirándolos Jesús, les dijo: Para los hombres esto*
> *es imposible; mas para Dios todo es posible".*
> *(Mateo 19:26)*

Sin embargo, Él nunca puede violar Su propio carácter, como decir una mentira.

> *"Dios no es hombre, para que mienta, ni hijo de hombre para que se arrepienta.*
> *Él dijo, ¿y no hará? Habló, ¿y no lo ejecutará?"*
> *(Números 23:19)*

> *"Para que por dos cosas inmutables, en las cuales es imposible que Dios mienta,*
> *tengamos un fortísimo consuelo los que hemos acudido para asirnos*
> *de la esperanza puesta delante de nosotros".*
> *(Hebreos 6:18)*

**Pregunta: "¿Cómo pudo Jesús nacer de una virgen? ¿No es eso algo imposible?"**

**Respuesta:** Su concepción a través del Espíritu Santo fue un acto milagroso de parte de Dios. A través de Su poder, Dios guardó a María como una virgen hasta después de que Jesús nació.

*"El nacimiento de Jesucristo fue así: Estando desposada María su madre con José, antes que se juntasen, se halló que había concebido del Espíritu Santo... Pero no la conoció hasta que dio a luz a su hijo primogénito; y le puso por nombre JESÚS". (Mateo 1:18, 25)*

**Pregunta: "¿Cómo pudo ser Jesús Dios y hombre al mismo tiempo?"**

**Respuesta:** Igual que Dios, Jesús siempre ha existido. Siempre fue totalmente Dios y aún así llegó a ser hombre. Era necesario que fuera Dios-hombre para identificarse con la humanidad y muriera por los pecados de todos los hombres.

*"En el principio era el Verbo, y el Verbo era con Dios, y el Verbo era Dios... Y aquel Verbo fue hecho carne, y habitó entre nosotros (y vimos su gloria, gloria como del unigénito del Padre, lleno de gracia y de verdad". (Juan 1:1, 14)*

*"Haya, pues, en vosotros este sentir que hubo también en Cristo Jesús, el cual, siendo en forma de Dios, no estimó el ser igual a Dios como cosa a que aferrarse, sino que se despojó a sí mismo, tomando forma de siervo, hecho semejante a los hombres; y estando en la condición de hombre, se humilló a sí mismo, haciéndose obediente hasta la muerte, y muerte de cruz". (Filipenses 2:5-8)*

*"Porque no tenemos un sumo sacerdote que no pueda compadecerse de nuestras debilidades, sino uno que fue tentado en todo según nuestra semejanza, pero sin pecado". (Hebreos 4:15)*

**Pregunta: "¿Por qué el Dios del Antiguo Testamento fue tan duro mientras que Jesús se presenta tan lleno de amor?"**

**Respuesta:** Ambos Testamentos tratan del mismo Dios. Él es misericordioso y compasivo, pero responsabiliza al ser humano de sus pecados si no deposita su fe en Él. En ambos Testamentos hay un equilibrio entre la ira del juicio de Dios y su misericordia y gracia amorosas. El pecado de Israel recibió un terrible castigo como consecuencia de su mal proceder, pero el Dios que escogió a los israelitas como Su posesión especial los redimió vez tras vez de los problemas provocados por sus pecados. El ministerio terrenal de Jesús mostró claramente su condena del pecado y Su amor por el pecador. El libro de Apocalipsis revela el juicio final de Dios sobre el autor del pecado y sobre los pecadores no arrepentidos, así como Su redención y acogida eterna de todo aquel que decida hacer de Jesús Su Salvador y Señor.

*"Y pasando Jehová por delante de él, proclamó: ¡Jehová! ¡Jehová! fuerte, misericordioso y piadoso; tardo para la ira, y grande en misericordia y verdad".*
*(Éxodo 34:6)*

*"Porque yo Jehová no cambio; por esto, hijos de Jacob, no habéis sido consumidos".*
*(Malaquías 3:6)*

*"Jesucristo es el mismo ayer, y hoy, y por los siglos".*
*(Hebreos 13:8)*

**Pregunta: "Si Dios es amor, ¿por qué algunas personas dicen que debemos temerle?"**

**Respuesta:** Debemos temer a Dios en el sentido de reverenciarlo y adorarlo. Reverenciarlo significa acercarse a Él con respeto y admiración. Adorarlo es reconocer Su posición que le corresponde como Creador y cabeza de todo el universo. La expresión práctica de nuestra reverencia y adoración es la obediencia.

*"A Jehová tu Dios temerás, y a Él solo servirás, y por su nombre jurarás".*
*(Deuteronomio 6:13)*

*"Bendecid a Jehová, vosotros sus ángeles, poderosos en fortaleza, que ejecutáis su palabra, obedeciendo a la voz de su precepto".*
*(Salmos 103:20)*

*"Entonces temerán todos los hombres, y anunciarán la obra de Dios, y entenderán sus hechos".*
*(Salmo 64:9)*

**Pregunta: "¿No son arrogantes los cristianos que creen que Jesús es el único camino para llegar a Dios? ¿No significa que tienen una mente cerrada?"**

**Respuesta:** La verdad es cerrada y absoluta. Jesús, quien es Dios, declaró que Él es el único camino que existe para llegar a Dios. Los cristianos simplemente repiten la verdad que Jesús dijo acerca de sí mismo. Quizás no nos guste oír la verdad, pero sigue siendo verdad.

*"Jesús le dijo: Yo soy el camino, y la verdad, y la vida; nadie viene al Padre, sino por mí".*
*(Juan 14:6)*

**Pregunta: "¿Cómo sabemos que Jesús resucitó de los muertos?"**

**Respuesta:** La evidencia más convincente que quedaría en pie en una corte judicial es el testimonio de los testigos oculares. Jesús apareció a los discípulos y a más de 500 personas.

*"Y que apareció a Cefas, y después a los doce. Después apareció a más de quinientos hermanos a la vez, de los cuales muchos viven aún, y otros ya duermen".*
*(1ª Corintios 15:5-6)*

El hecho de saber todo acerca de Abraham Lincoln no significa que en verdad lo conocemos. De la misma manera, hay una enorme diferencia entre conocer todo acerca de Dios y conocer a Dios. La única manera de conocer a Dios es teniendo una relación personal con Él. Esta relación íntima fué:

**planificada por el Padre,**

**propiciada por el Espíritu,** y

**provista a través del Hijo.**

Nuestra responsabilidad es dejar que el Señor Jesucristo sea nuestro "Amigo controlador", es decir, permitirle al Señor ser el Señor de nuestros corazones y nuestras vidas.

June Hunt

## Versículos bíblicos para memorizar

Salmo 90:2

Génesis 1:1

Juan 1:1,14

Colosenses 1:16

Santiago 4:8

Salmo 139:7-8

1ª Juan 4:16

Deuteronomio 7:9

Hebreos 4:13

Isaías 46:9

# UN SOLO DIOS
## Tres personas eternas e iguales

| PADRE | HIJO | ESPÍRITU SANTO |
|---|---|---|
| **Seleccionador** | **Salvador** | **Sellador** |
| *"Nos escogió en Él antes de la fundación del mundo"* (Efesios 1:4) | *"Os ha nacido hoy, en la ciudad de David, un Salvador"* (Lucas 2:11) | *"Habiendo creído en Él, fuisteis sellados con el Espíritu Santo..."* (Efesios 1:13) |
| **Soberano arquitecto** | **Siervo** | **Santificador** |
| *"El Altísimo gobierna el reino de los hombres"* (Daniel 4:17) | *"[Él] se despojó a sí mismo, tomando forma de siervo"* (Filipenses 2:7) | *"En santificación del Espíritu, para obedecer... a Cristo"* (1ª Pedro 1:2) |
| **Causante** | **Creador** | **Consolador** |
| *"Ninguno puede venir a mí, si el Padre que me envió no le trajere"* (Juan 6:44) | *"Porque en Él fueron creadas todas las cosas"* (Colosenses 1:16) | *"Mas el Consolador, el Espíritu Santo... Él os enseñará todas las cosas"* (Juan 14:26) |
| **El Padre es el Dador** | **A través del Hijo** | **El Espíritu Santo** |
| *"Ahora han conocido que todas las cosas que me has dado, proceden de ti"* (Juan 17:7) | *"Jesús le dijo: Yo soy el camino, y la verdad, y la vida".* (Juan 14:6) | *"No con ejército, ni con fuerza, sino con mi Espíritu, ha dicho Jehová de los ejércitos"* (Zacarías 4:6) |
| **Iniciador** | **Intercesor** | **Instructor** |
| *"Porque de tal manera amó Dios al mundo, que ha dado a su Hijo unigénito"* (Juan 3:16) | *"Viviendo siempre para interceder por ellos"* (Hebreos 7:25) | *"Pero cuando venga el Espíritu de verdad, Él os guiará a toda la verdad"* (Juan 16:13) |
| **Rafa** | **Redentor** | **Regenerador** |
| *"Sáname, oh Jehová, y seré sano"* (Jeremías 17:14) | *"en quien tenemos redención por su sangre, el perdón de pecados"* (Efesios 1:7) | *"Lo que es nacido de la carne, carne es; y lo que es nacido del Espíritu, espíritu es"* (Juan 3:6) |
| **Jehová Jireh** | **Juez** | **Dador de gozo** |
| *"Y llamó Abraham el nombre de aquel lugar, Jehová proveerá"* (Génesis 22:14) | *"Él es el que Dios ha puesto por Juez de vivos y muertos"* (Hechos 10:42) | *"Mas el fruto del Espíritu es amor, gozo, paz, paciencia, benignidad, bondad, fe, mansedumbre, templanza"* (Gálatas 5:22-23) |

**Notas**

1. James Strong, Strong's Greek Lexicon ("Léxico griego de Strong") (edición electrónica; Online Bible Millennium Edition "Edición Milenium Bíblica En línea", v. 1.13) (Timnathserah Inc., Julio 6, 2002); W. E. Vine, Vine's Complete Expository Dictionary of Biblical Words ("Diccionario expositivo completo de palabras bíblicas de Vine"), ed. electrónica. (Nashville: Thomas Nelson, 1996).

2. Merriam-Webster Collegiate Dictionary ("Diccionario colegiado Merriam-Webster") (2001); disponible en http://www.m-w.com.

3. Para esta sección véase Vine, Vine's Complete Expository Dictionary ("Diccionario expositivo completo de palabras bíblicas de Vine").

4. Para esta sección véase Vine, Vine's Complete Expository Dictionary; ("Diccionario expositivo completo de palabras bíblicas de Vine"), Charles C. Ryrie, Basic Theology ("Teología básica"), (Wheaton, IL: Victor, 1986), 45-6.

5. Nathan Stone, Names of God in the Old Testament ("Los nombres de Dios en el Antiguo Testamento"), (Chicago: Moody, 1944), 7-17.

6. Stone, Names of God ("Los nombres de Dios"), 30-42.

7. Para esta sección véase James Strong, Strong's Hebrew Lexicon ("Léxico griego de Strong") (edición electrónica; Online Bible Millennium Edition "Edición bíblica Milenio en línea") (v. 1.13) (Timnathserah Inc., Julio 6, 2002); Vine, Vine's Complete Expository Dictionary("Diccionario expositivo completo"); Ryrie, Basic Theology("Teología básica"), 47-8.

8. Strong, Strong's Hebrew Lexicon ("Léxico griego de Strong").

9. Jack S. Deere, "Deuteronomio," en The Bible Knowledge Commentary, Old Testament ("Comentario del Conocimiento bíblico), ed. Juan F. Walvoord y Roy B. Zuck (publicado por esta editorial), 274; Earl S. Kalland, "Deuteronomio," en The Expositor's Bible Commentary ("El comentario bíblico del expositor"), ed. Frank E. Gaebelein, J. D. Douglas, y Richard P. Polcyn (Grand Rapids: Zondervan, 1992), 65 n. 4.

10. Strong, Strong's Hebrew Lexicon ("Léxico griego de Strong").

11. Merriam-Webster Collegiate Dictionary ("Diccionario colegial Merriam-Webster") (2001); disponible en http://www.m-w.com.

12. Stone, Names of God ("Los nombre de Dios"), 14-6.

13. Para esta sección véase A. W. Tozer, The Knowledge of the Holy: The Attributes of God: Their Meaning in the Christian Life ("El conocimiento del Santo: Los atrubutos de Dios: su significado para la vida cristiana") (New York: Harper & Row, 1961), 14-64, 71-83, 115-20; R. C. Sproul, The Character of God: Discovering the God Who Is ("El carácter de Dios: Descubra al Dios que existe" (Ann Arbor, MI: Vine, 1995), 21-68, 83-100, 119-34; J. I. Packer, Knowing God ("Hacia el conocimiento de Dios"), rev. ed. (Downers Grove, IL: InterVarsity, 1993), 75-81.

14. Para esta sección véase Tozer, The Knowledge of the Holy ("El conocimiento del Santo"), 65-70, 84-114; Sproul, The Character of God ("El carácter de Dios"), 101-18, 135-60; Packer, Knowing God ("Hacia el conocimiento de Dios"), 109-75.

15. Para esta sección véase Paul Enns, The Moody Handbook of Theology ("El Manual de Teología Moody") (Chicago: Moody, 1989), 185-6.

16. Para esta sección véase Ryrie, Basic Theology, 28-34, 63-6; Enns, The Moody Handbook

of Theology ("El Manual de Teología Moody"), 155-9.

17. Para esta sección véase Enns, The Moody Handbook of Theology ("El Manual de Teología Moody"), 158-73.

18. Vine, Vine's Complete Expository Dictionary ("Diccionario expositivo completo de palabras bíblicas de Vine").

19. Para esta sección véase Enns, The Moody Handbook of Theology ("El Manual de Teología Moody"), 183-5.

## Bibliografía

Enns, Paul. The Moody Handbook of Theology ("El Manual de Teología Moody"). Chicago: Moody, 1989.

Packer, J. I. Knowing God ("Hacia el conocimiento de Dios"). Rev. ed. Downers Grove, IL: InterVarsity, 1993.

Ryrie, Charles C. Basic Theology ("Teología básica"). Wheaton, IL: Victor, 1986.

Sproul, R. C. The Character of God: Discovering the God Who Is ("El carácter de Dios: Descubra al Dios que existe"). Ann Arbor, MI: Vine, 1995.

Stone, Nathan. Names of God in the Old Testament ("Los nombres de Dios en el Antiguo Testamento"). Chicago: Moody, 1944.

Tozer, a. w. The Knowledge of The Holy: The Attributes of God: Their Meaning in the Christian Life ("El conocimiento del santo: los atributos de Dios: Su significado para la vida cristiana"). Nueva York: Harper & Row, 1961.

# El Espíritu Santo
## Viviendo libres en el poder y la paz del Espíritu

¡Al sólo mencionar la palabra *control* hace que muchas personas corran despavoridas! para ellas, el concepto de control es negativo. Algunos matrimonios se destruyen porque uno de los cónyuges ejerce un control excesivo. Las sectas practican abiertamente el "control de la mente", algunas han llegado al punto del llevar a sus adeptos al suicidio colectivo. Las drogas que afectan la mente y el alcohol, pueden hacer que las personas piensen que tienen el control cuando la realidad es otra. La sustancia los controla. Muchas personas invierten su vida en la búsqueda del control, mientras que otras tienen un temor enfermizo a perderlo. Hay una respuesta para este dilema humano. ¡Dios desea que usted le entregue a Él el control! Cuando somete su voluntad a la del Espíritu Santo, usted obtiene su paz sobrenatural.

> *"...El ocuparse del Espíritu es vida y paz".*
>
> *(Romanos 8:6)*

## DEFINICIONES

En el Antiguo Testamento, la presencia de Dios se revelaba al pueblo de Israel en una columna de nube en el día y una de fuego en la noche. Después de que se construyó el tabernáculo y más tarde el templo, la presencia de Dios residía en el Lugar Santísimo. Sin embargo, en el Nuevo Testamento, Dios cumplió la promesa del Nuevo Pacto que mucho antes había prometido a Su pueblo. En vez de manifestarse a las masas, vive en cada creyente. Hoy Su hogar está en el corazón de cada cristiano. Él logra esto a través de Su Espíritu Santo.

> *"¿O ignoráis que vuestro cuerpo es templo del Espíritu Santo,*
> *el cual está en vosotros, el cual tenéis de Dios,*
> *y que no sois vuestros?"*
>
> *(1ª Corintios 6:19)*

# ¿Quién es el Espíritu Santo?

- El Espíritu Santo es la tercera persona de la Trinidad, el Dios trino. Dios Espíritu, es igual en poder y gloria a Dios Padre y Dios Hijo. En varios libros de la Biblia se mencionan las tres personas de la Trinidad juntas.[1]

> *"La gracia del Señor Jesucristo, el amor de Dios,*
> *y la comunión del Espíritu Santo sean con todos vosotros. Amén".*
> *(2ª Corintios 13:14)*

- El Espíritu Santo es la presencia activa y el poder de Dios en la vida de una persona.

> *"Para que os dé, conforme a las riquezas de su gloria, el ser fortalecidos*
> *con poder en el hombre interior por su Espíritu".*
> *(Efesios 3:16)*

- La palabra *santo* en griego es *hagios*, que significa "apartar o separar".[2] Las palabras *santo y santificar* se derivan de esta misma raíz.

  — El Espíritu *Santo* está **apartado** de todos los demás espíritus. . . lo que significa que no es ni como el espíritu humano, ni como el demoníaco.

  > *"Y nosotros no hemos recibido el espíritu del mundo, sino el Espíritu que*
  > *proviene de Dios, para que sepamos lo que Dios nos ha concedido".*
  > *(1ª Corintios 2:12)*

  — Al Padre Celestial se le llama **santificado** o **apartado**… lo cual significa que no es como ningún otro padre.

  > *"Vosotros, pues, oraréis así:*
  > *Padre nuestro que estás en los cielos, santificado sea tu nombre".*
  > *(Mateo 6:9)*

  — A todos los cristianos auténticos se les llama **santos** en la Biblia. Esto significa que están **apartados** del pecado y **apartados** para Dios. Especialmente en tiempos de debilidad, el Espíritu Santo intercede a favor de los creyentes para ayudarlos a hacer la voluntad de Dios.

  > *"Y de igual manera el Espíritu nos ayuda en nuestra debilidad…*
  > *porque conforme a la voluntad de Dios intercede por los santos".*
  > *(Romanos 8:26-27)*

  — Todos los cristianos auténticos están en el proceso de la santificación, es decir, el Espíritu de Dios provee el poder para que los creyentes **sean apartados** para su propósito principal y los moldea conforme al carácter de Cristo.

La santificación no es una obra que se realiza una sola vez, sino un proceso de cambio a través del tiempo.

*"Pero nosotros debemos dar siempre gracias a Dios*
*respecto a vosotros, hermanos amados por el Señor,*
*de que Dios os haya escogido desde el principio*
*para salvación, mediante la santificación*
*por el Espíritu y la fe en la verdad".*
*(2ª Tesalonicenses 2:13)*

- La palabra ***espíritu*** en griego es ***pneuma***[3], que significa "viento o aliento".[4]

  — El viento es invisible, pero se pueden ver sus efectos.

  — El viento es poderoso porque produce movimiento y cambio.

  — El Espíritu de Dios, con poder invisible, mueve a un pecador a ser como el Salvador.

*"El viento sopla de donde quiere, y oyes su sonido;*
*mas ni sabes de dónde viene, ni a dónde va;*
*así es todo aquel que es nacido del Espíritu".*
*(Juan 3:8)*

**Pregunta: ¿Qué diferencia hay entre "espíritu" y "Espíritu"?**

**Respuesta:** La mayoría de las traducciones modernas han decidido traducir pneuma como espíritu. Cuando aparece con mayúscula, la palabra "Espíritu" se refiere al Espíritu Santo.

*"Entonces Jesús, clamando a gran voz, dijo:*
*Padre, en tus manos encomiendo mi espíritu.*
*Y habiendo dicho esto, expiró".*
*(Lucas 23:46)*

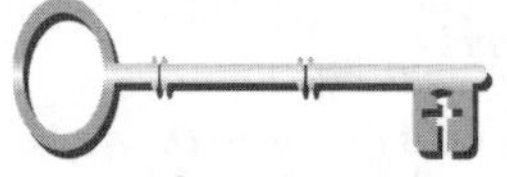

## ¿Cómo describe la Biblia al Espíritu Santo?

¿Está confundido o con dudas acerca de quién o qué es el Espíritu Santo? Las imágenes verbales del Nuevo Testamento dicen que es tierno como una paloma y poderoso como el viento. Sin embargo, el Espíritu Santo no es sólo un poder sobrenatural o una fuerza invisible. Él es una persona, que se presenta en más de treinta y cinco formas diferentes en la Biblia. Estos nombres sirven para definir Su **posición**, Su **carácter** y Su **obra**.[5]

- **Su posición**

  —Él es el Espíritu de Dios **Padre**.

  > *"Porque no sois vosotros los que habláis,*
  > *sino el Espíritu de vuestro Padre que habla en vosotros".*
  > *(Mateo 10:20)*

  — Él es el Espíritu de Jesús el **Hijo**.

  > *"Mas vosotros no vivís según la carne, sino según el Espíritu, si es que el Espíritu*
  > *de Dios mora en vosotros. Y si alguno no tiene el Espíritu de Cristo, no es de él".*
  > *(Romanos 8:9)*

  — Él es la tercera persona de la **Trinidad**.

  > *"A este Jesús resucitó Dios, de lo cual todos nosotros somos testigos. Así que,*
  > *exaltado por la diestra de Dios, y habiendo recibido del Padre la promesa*
  > *del Espíritu Santo, ha derramado esto que vosotros veis y oís".*
  > *(Hechos 2:32-33)*

- **Su carácter**

  — El es el **Espíritu de santidad**.

  > *"Acerca de su Hijo, nuestro Señor Jesucristo, que era del linaje de David*
  > *según la carne, que fue declarado Hijo de Dios con poder, según el Espíritu*
  > *de santidad, por la resurrección de entre los muertos".*
  > *(Romanos 1:3-4)*

  — Él es el **Espíritu de gracia**.

  > *"¿Cuánto mayor castigo pensáis que merecerá el que pisoteare al Hijo de Dios,*
  > *y tuviere por inmunda la sangre del pacto en la cual fue santificado,*
  > *e hiciere afrenta al Espíritu de gracia?"*
  > *(Hebreos 10:29)*

  — Él es el **Espíritu de verdad**.

  > *"El Espíritu de verdad... mora con vosotros, y estará en vosotros".*
  > *(Juan 14:17)*

- **Su obra**[6]

  — Él nos *adopta* e incluye en la familia de Dios.

  > *"Pues no habéis recibido el espíritu de esclavitud para estar*
  > *otra vez en temor, sino que habéis recibido el espíritu de adopción,*
  > *por el cual clamamos: ¡Abba, Padre!"*
  > *(Romanos 8:15)*

  — Él nos *enseña* todas las cosas.

  > *"Mas el Consolador, el Espíritu Santo, a quien el Padre enviará en mi nombre,*
  > *él os enseñará todas las cosas, y os recordará todo lo que yo os he dicho".*
  > *(Juan 14:26)*

  — Él nos *guía* a toda la verdad.

  > *"Pero cuando venga el Espíritu de verdad, él os guiará a toda la verdad;*
  > *porque no hablará por su propia cuenta, sino que hablará todo lo que oyere,*
  > *y os hará saber las cosas que habrán de venir".*
  > *(Juan 16:13)*

**Pregunta: "¿Tiene el Espíritu Santo la misma autoridad que Jesús?"**

**Respuesta:** Sí. El Espíritu Santo es un miembro de la Trinidad con el mismo nivel de autoridad que las otras personas; sin embargo, cada uno de ellos desempeña diferentes funciones. Por ejemplo, en el huerto de Getsemaní, cuando Jesús obedeció la voluntad del Padre en cuanto a Su crucifixión, Dios Hijo se sometió a la autoridad de Dios Padre: *"Padre, si quieres, pasa de mí esta copa; pero no se haga mi voluntad, sino la tuya".* (Lucas 22:42)

De la misma manera, el papel del Espíritu Santo es, en parte, exaltar a Jesucristo y dar gloria al Hijo.

Jesús dijo a sus discípulos: *"Él me glorificará; porque tomará de lo mío, y os lo hará saber".* (Juan 16:14)

(Para mayores detalles acerca de las personas de la Trinidad vea el esquema "¿Controlado por el yo o por el Espíritu?

## ¿Cuál fue la obra del Espíritu Santo antes de Pentecostés?

***Pentecostés***, viene de un palabra griega que significa "cincuenta", y fue un evento que ocurrió cincuenta días después de la resurrección de Jesús.[7] Cuando el Espíritu Santo descendió y "llenó" a 3,000 creyentes como relata Hechos capítulo 2, nació "la iglesia". Muchas personas creen erróneamente que el ministerio del Espíritu Santo comenzó en Pentecostés, pero la Biblia lo presenta como un miembro activo de la Trinidad desde la creación.

*"En el principio creó Dios los cielos y la tierra.*
*Y la tierra estaba desordenada y vacía, y las tinieblas estaban sobre la faz*
*del abismo, y el Espíritu de Dios se movía sobre la faz de las aguas".*
*(Génesis 1:1-2)*

- **Su actividad en el Antiguo Testamento[8]**

El Espíritu Santo llenaba a ciertas personas para ciertas tareas y durante determinados períodos de tiempo para impartir sabiduría y fortaleza sobrenaturales. Se dice que Él estaba "en" ciertas personas.

— Él dio sabiduría a José para interpretar el sueño de Faraón y para presentarle un plan para la hambruna que se avecinaba.

*"Y dijo Faraón a sus siervos: ¿Acaso hallaremos a otro hombre como éste,*
*en quien esté el espíritu de Dios? Y dijo Faraón a José: Pues que Dios*
*te ha hecho saber todo esto, no hay entendido ni sabio como tú".*
*(Génesis 41:38-39)*

— Él dio a Josué la fortaleza para ser el sucesor de Moisés. También se dice que el Espíritu Santo estaba "en" Josué.

*"Y Jehová dijo a Moisés: Toma a Josué hijo de Nun,*
*varón en el cual hay espíritu, y pondrás tu mano sobre él".*
*(Números 27:18)*

— Abandonó al rey Saúl debido a su desobediencia deliberada.

*"El Espíritu de Jehová se apartó de Saúl,*
*y le atormentaba un espíritu malo de parte de Jehová".*
*(1ª Samuel 16:14)*

— Habló de los eventos futuros a través de los profetas.

*"El Espíritu de Jehová ha hablado por mí,*
*y su palabra ha estado en mi lengua".*
*(2ª Samuel 23:2)*

— Él inspiró a los escritores de la Biblia.

*"Porque nunca la profecía fue traída por voluntad humana, sino que los santos hombres de Dios hablaron siendo inspirados por el Espíritu Santo".*
*(2ª Pedro 1:21)*

- **Actividad neotestamentaria antes de Pentecostés[9]**

En los evangelios y el Antiguo Testamento, el Espíritu de Dios capacitaba sobrenaturalmente a las personas.

— Produjo milagrosamente la concepción de Jesús en el vientre de María.

*"Respondiendo el ángel, le dijo: El Espíritu Santo vendrá sobre ti, y el poder del Altísimo te cubrirá con su sombra; por lo cual también el Santo Ser que nacerá, será llamado Hijo de Dios".*
*(Lucas 1:35)*

— Moraba en Juan el Bautista y lo capacitó para su ministerio.

*"Porque será grande delante de Dios. No beberá vino ni sidra, y será lleno del Espíritu Santo, aun desde el vientre de su madre".*
*(Lucas 1:15)*

— Dio a Simón conocimiento anticipado de su futuro encuentro con Jesús.

*"Y le había sido revelado por el Espíritu Santo, que no vería la muerte antes que viese al Ungido del Señor".*
*(Lucas 2:26)*

— Ungió a Jesús con poder sobrenatural para llevar a cabo Su ministerio público.

*"El Espíritu del Señor está sobre mí, por cuanto me ha ungido para dar buenas nuevas a los pobres; me ha enviado a sanar a los quebrantados de corazón; a pregonar libertad a los cautivos, y vista a los ciegos; a poner en libertad a los oprimidos; a predicar el año agradable del Señor".*
*(Lucas 4:18-19)*

— Jesús lo prometió a Sus discípulos diciendo que sería el Consejero que vendría para estar con ellos para siempre.

*"Y yo rogaré al Padre, y os dará otro Consolador, para que esté con vosotros para siempre".*
*(Juan 14:16)*

## ¿Cuál es la obra del Espíritu Santo en el creyente de hoy?

El Espíritu Santo mora dentro del espíritu humano para hacer que los propósitos de Dios se cumplan en su vida. Imagine la batería de una linterna, y la energía y luz que ésta produce. De la misma forma, ¡imagine la energía, la luz y la dirección que vienen de Dios por medio de Su Espíritu Santo![10]

- Él nos ***convence*** de que somos pecadores...................... Su obra de ***convicción***

> *"Y cuando él venga, convencerá al mundo de pecado,*
> *de justicia y de juicio".*
> *(Juan 16:8)*

- Él nos ***transforma*** de pecadores a santos....................... la obra de ***regeneración***

> *"Nos salvó, no por obras de justicia que nosotros hubiéramos hecho,*
> *sino por su misericordia, por el lavamiento de la regeneración*
> *y por la renovación en el Espíritu Santo"*
> *(Tito 3:5)*

- Él nos ***limpia***, incluyéndonos en el cuerpo de Cristo........ la obra de ***bautizar***[11]

> *"Porque por un solo Espíritu fuimos todos bautizados*
> *en un cuerpo, sean judíos o griegos, sean esclavos o libres;*
> *y a todos se nos dio a beber de un mismo Espíritu".*
> *(1ª Corintios 12:13)*

- Él ***habita*** en nosotros, mora en nosotros............................................. Su ***morada***

> *"¿O ignoráis que vuestro cuerpo es templo del Espíritu Santo, el cual está*
> *en vosotros, el cual tenéis de Dios, y que no sois vuestros?"*
> *(1ª Corintios 6:19)*

- Él nos ***capacita*** para obedecer la voluntad de Dios...... Su obra de ***capacitación***

> *"Y pondré dentro de vosotros mi Espíritu, y haré que andéis en mis estatutos,*
> *y guardéis mis preceptos, y los pongáis por obra".*
> *(Ezequiel 36:27)*

- Él desea ***controlar*** nuestra conducta................................. la obra de la ***llenura***

> *"Y los discípulos estaban llenos de gozo y del Espíritu Santo".*
> *(Hechos 13:52)*

- Él ***comunica*** nuestras oraciones..................................... la obra de ***intercesión***

> *"Y de igual manera el Espíritu nos ayuda en nuestra debilidad;*
> *pues qué hemos de pedir como conviene, no lo sabemos,*
> *pero el Espíritu mismo intercede por nosotros con gemidos indecibles".*
> *(Romanos 8:26)*

- Él **confirma** nuestro destino en el cielo.................................... la obra del **sello**

> *"El cual también nos ha sellado, y nos ha dado*
> *las arras del Espíritu en nuestros corazones".*
> *(2ª Corintios 1:22)*

**Pregunta: "¿Son lo mismo el espíritu y el alma de una persona?"**

**Respuesta:** En algunos pasajes la Biblia habla de nuestro "espíritu, alma y cuerpo" para referirse a la persona completa, mientras que en otras, usa las palabras cuerpo y espíritu. Sin embargo, en 1ª Tesalonicenses 5:23, se usan las tres palabras juntas: espíritu, alma y cuerpo, haciendo una clara distinción entre alma y espíritu. El escritor del libro a los Hebreos también establece esa división entre alma y espíritu. Debido a que las palabras alma y espíritu se presentan en forma diferente, el contexto determina la manera de interpretar las partes de una persona.

> *"Porque la Palabra de Dios es viva y eficaz, y más cortante que toda espada*
> *de dos filos; y penetra hasta partir el alma y el espíritu, las coyunturas*
> *y los tuétanos, y discierne los pensamientos y las intenciones del corazón".*
>
> *(Hebreos 4:12)*

## LAS PARTES DE UNA PERSONA

- El **cuerpo** (*soma* en griego) es la parte material de una persona que constituye la anatomía física (carne, huesos y sangre).[12]

- El **alma** (*psyche* en griego) es la parte inmaterial y racional de una persona; produce la conducta por medio de la mente, la voluntad y las emociones.[13]

  — mente (pensamiento).................................................Hechos 15:24

  — voluntad (deseos).........................................................Efesios 6:6

  — emociones (sentimientos, afectos).................................1ª Pedro 1:22

- El **espíritu** (*pneuma* en griego) se refiere a la parte inmaterial más interna de una persona.[14] El espíritu humano…

  — necesita salvación...................................................1ª Corintios 5:5

  — tiene comunión con Dios..............................................Juan 4:23-24

  — se une con Cristo en la muerte.......................................Hechos 7:59

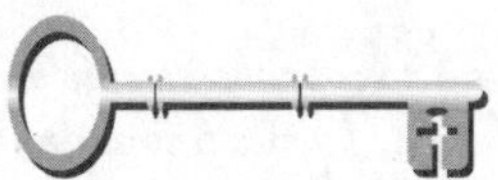

# CARACTERÍSTICAS

## A. El fruto del Espíritu

Jesús usó una imagen verbal tomada de la naturaleza para subrayar la responsabilidad del creyente de permanecer unido a Él.

*"Yo soy la vid, vosotros los pámpanos; el que permanece en mí, y yo en él, éste lleva mucho fruto; porque separados de mí nada podéis hacer".*

*(Juan 15:5)*

Imagine la escena: la savia que fluye dentro de la vid lleva los nutrientes vitales hacia las ramas, permitiéndoles así dar uvas. De la misma forma, el Espíritu Santo que mora en el cristiano es una fuente vital que le permite dar fruto espiritual, las cualidades que se hacen evidentes tanto interna como externamente.[15]

*"Mas el fruto del Espíritu es amor, gozo, paz, paciencia, benignidad, bondad, fe, mansedumbre, templanza; contra tales cosas no hay ley".*

*(Gálatas 5:22-23)*

## Evidencias de la llenura del Espíritu

•¿Busco lo mejor para los demás, o quiero satisfacer mis propias necesidades?...............................................................  *Amor*

•¿Vivo contento con lo que tengo o preocupándome por lo que no tengo?.......................................................................  *Gozo*

•¿Descanso en la fortaleza y seguridad de Dios o me preocupo por mis circunstancias?...............................................  *Paz*

•¿Soporto las pruebas difíciles con calma o quejándome y amargándome?..............................................................  *Paciencia*

•¿Muestro un corazón benevolente al ayudar a otros, o resiento tener que satisfacer las necesidades ajenas?...................  *Benignidad*

•¿Muestro un carácter piadoso y un corazón puro o adopto los estándares del mundo en cuanto a moralidad?....................  *Bondad*

•¿Confío en Dios en el sufrimiento y el dolor o dudo de su amor perfecto y persistente?...............................................  *Fidelidad*

•¿Trato a otros con ternura y respeto o soy rudo e impaciente?....  *Mansedumbre*

•¿Estoy cumpliendo el llamado de Dios de hacer lo recto a Sus ojos o estoy cediendo a mis sentimientos y deseos egoístas?.........  *Dominio Propio*

*"Pero la sabiduría que es de lo alto es primeramente pura, después pacífica, amable, benigna, llena de misericordia y de buenos frutos, sin incertidumbre ni hipocresía".*

*(Santiago 3:17)*

## B. Dones del Espíritu

El manzano produce manzanas para beneficio de otros. De la misma forma, cuando usted crece en Cristo, trae bendiciones a aquellos que están a su alrededor. Es vital entender sus dones espirituales y usarlos para beneficio del cuerpo de Cristo para que crezca y madure.[16]

**Pregunta: "¿Qué son los dones espirituales?"**

**Respuesta:** Los dones espirituales...

- Son las habilidades sobrenaturales que el Espíritu Santo concede a cada creyente en el momento de la salvación con el propósito de fortalecer a la iglesia (el "cuerpo de Cristo").

- Es la capacitación inmerecida del Espíritu de Dios .

- Es la oportunidad para que el Señor lleve a cabo Su plan y propósito particular en su vida.

- Un medio a través del cual usted puede expresar el amor de Dios a otros.

> *"Ahora bien, hay diversidad de dones, pero el Espíritu es el mismo.*
> *Y hay diversidad de ministerios, pero el Señor es el mismo. Y hay diversidad de*
> *operaciones, pero Dios, que hace todas las cosas en todos, es el mismo".*
>
> *(1ª Corintios 12:4-6)*

**Pregunta: "¿Y si no tengo ningún don espiritual?"**

**Respuesta:** A cada creyente se le da un don espiritual. Si usted es un cristiano verdadero, a usted se le ha dado al menos un don espiritual, aunque usted no sepa cuál es el don que tiene.

> *"Pero a cada uno le es dada la manifestación del Espíritu para provecho".*
>
> *(1ª Corintios 12:7)*

**Pregunta: "¿Tienen todas las personas el mismo don?"**

**Respuesta:** Dios no da a todos el mismo don.

> *"Porque a éste es dada por el Espíritu palabra de sabiduría; a otro,*
> *palabra de ciencia según el mismo Espíritu; a otro, fe por el mismo Espíritu;*
> *y a otro, dones de sanidades por el mismo Espíritu. A otro, el hacer milagros;*
> *a otro, profecía; a otro, discernimiento de espíritus; a otro,*
> *diversos géneros de lenguas; y a otro, interpretación de lenguas".*
>
> *(1ª Corintios 12:8-10)*

**Pregunta: "¿Cuáles son los diferentes dones espirituales?"**

**Respuesta:** Existen diferentes maneras de clasificar los dones del Espíritu. A continuación están dos de los pasajes que mencionan los dones espirituales y cómo usarlos.

## DONES ESPIRITUALES

### Romanos 12:6-8

| | |
|---|---|
| • *Profecía* | Capacidad sobrenatural para proclamar o revelar la verdad de Dios. |
| • *Servicio (ministerio)* | Una capacidad sobrenatural para reconocer y satisfacer las necesidades de otros. |
| • *Enseñanza* | Capacidad sobrenatural para comunicar y aclarar la verdad. |
| • *Ánimo (exhortación)* | Capacidad sobrenatural para inspirar y estimular la fe de otros. |
| • *Dar* | Capacidad sobrenatural para invertir los bienes donde más se necesitan. |
| • *Liderazgo* | Una capacidad sobrenatural para administrar, organizar y coordinar los esfuerzos de otros. |
| • *Misericordia* | Una capacidad sobrenatural para acercarse a otros con compasión activa y consolarlos. |

### 1ª Corintios 12:7-11

| | |
|---|---|
| • *Sabiduría* | Aplicación sobrenatural del conocimiento. |
| • *Conocimiento* | Revelación sobrenatural. |
| • *Fe* | Capacidad sobrenatural para creer que Dios proveerá. |
| • *Sanidad* | Capacidad sobrenatural para curar las enfermedades humanas. |
| • *Poderes milagrosos* | Capacidad sobrenatural para realizar proezas fuera de las leyes naturales. |
| • *Profecía* | Capacidad sobrenatural para proclamar o revelar lo que está escondido. |
| • *Discernimiento* | Capacidad sobrenatural para distinguir entre la verdad y el error, así como entre los espíritus buenos y malos. |
| • *Lenguas* | Capacidad sobrenatural para hablar en un idioma que la persona nunca ha aprendido. |
| • *Interpretación de lenguas* | Capacidad sobrenatural para entender e interpretar mensajes en idiomas desconocidos. |

**Pregunta: "¿Puedo elegir un don espiritual?"**

**Respuesta:** No. El Espíritu de Dios elige los dones.

> *"Mas ahora Dios ha colocado los miembros*
> *cada uno de ellos en el cuerpo, como él quiso".*
>
> *(1ª Corintios 12:18)*

**Pregunta: "¿Puede cambiar mi don espiritual?"**

**Respuesta:** No. Dios nos pone en un lugar específico de servicio en el cuerpo de Cristo. El Señor usa la analogía del cuerpo físico para explicar cómo funcionan los dones espirituales, y explica claramente que si usted es una "mano" en el cuerpo de Cristo, no debe tratar de ser un "pie". De la misma forma que una mano sigue siendo mano en el cuerpo físico, así los dones espirituales no cambian.

> *"Mas ahora Dios ha colocado los miembros*
> *cada uno de ellos en el cuerpo, como él quiso".*
>
> *(1ª Corintios 12:18)*

**Pregunta: "¿Puedo volverme ineficiente en el uso de mis dones espirituales?"**

**Respuesta:** Sí. Los dones no significan nada si no se administran con amor.

> *"Si yo hablase lenguas humanas y angélicas, y no tengo amor,*
> *vengo a ser como metal que resuena, o címbalo que retiñe.*
> *Y si tuviese profecía, y entendiese todos los misterios y toda ciencia,*
> *y si tuviese toda la fe, de tal manera que trasladase los montes, y no tengo amor,*
> *nada soy. Y si repartiese todos mis bienes para dar de comer a los pobres,*
> *y si entregase mi cuerpo para ser quemado, y no tengo amor, de nada me sirve".*
>
> *(1ª Corintios 13:1-3)*

**Pregunta: "¿Es algún don más importante que otro?"**

**Respuesta:** No. Cada uno desempeña un papel vital en el cuerpo de Cristo. Los dones que aparentemente son los menos honorables son indispensables.

> *"Ni el ojo puede decir a la mano: No te necesito, ni tampoco la cabeza a los pies:*
> *No tengo necesidad de vosotros. Antes bien los miembros del cuerpo que parecen*
> *más débiles, son los más necesarios; y a aquellos del cuerpo que nos parecen*
> *menos dignos, a éstos vestimos más dignamente; y los que en nosotros*
> *son menos decorosos, se tratan con más decoro".*
>
> *(1ª Corintios 12:21-23)*

**Pregunta: "¿Porqué debo tratar de conocer mis dones espirituales?"**

**Respuesta:**

- Para establecer las prioridades dadas por Dios en su vida. El lugar donde usted sirve debe estar en línea con sus dones espirituales y con la verdad de Dios.

> *"Cada uno según el don que ha recibido, minístrelo a los otros, como buenos administradores de la multiforme gracia de Dios".*
> *(1ª Pedro 4:10)*

- Para experimentar el gozo de ser usado por Dios:

> *"Y los discípulos estaban llenos de gozo y del Espíritu Santo".*
> *(Hechos 13:52)*

- Para edificar la iglesia:

> *"A fin de perfeccionar a los santos para la obra del ministerio, para la edificación del cuerpo de Cristo".*
> *(Efesios 4:12)*

## Descubriendo sus dones espirituales[17]

> *"El corazón del entendido adquiere sabiduría; y el oído de los sabios busca la ciencia".*
> *(Proverbios 18:15)*

- Asegúrese de haber recibido la salvación en Cristo.

- Ore para que el Espíritu Santo le guíe hacia la verdad acerca de sus dones espirituales personales.

- Con un corazón humilde, desee únicamente los dones que el Espíritu le haya dado para servir a otros. No codicie los dones de otros.

- Haga una lista de todos los dones y descarte los que usted no disfruta.

- Piense en las ocasiones en que como cristiano usted se dio cuenta que Dios le usó para ayudar a otros con éxito. Evalúe esos éxitos a la luz de los dones espirituales.

- Esté alerta a la confirmación de Dios por medio del gozo y satisfacción que usted experimenta al ayudar a otros.

- Pida que uno o más cristianos maduros que le conozcan bien le den sus observaciones acerca de sus dones y áreas fuertes espirituales.

> *"Escucha el consejo, y recibe la corrección, para que seas sabio en tu vejez".*
> *(Proverbios 19:20)*

## COSAS QUE OBSTACULIZAN LA OBRA DEL ESPÍRITU SANTO

Uno de los símbolos usados en la Biblia para representar el poder invisible del Espíritu Santo es el viento. Nadie está tan consciente de la fuerza del viento como los pilotos de aeronaves. Todo mundo lamenta la tragedia de un accidente aéreo. ¡Qué pérdida innecesaria de vidas! Mientras que los pilotos experimentados revisan las condiciones del viento para determinar la posibilidad de volar, un piloto descuidado no escucha los consejos, rechaza los reportes del clima y se apega a sus propios planes a pesar del peligro. De la misma manera,  algunas personas ignoran el llamado y convicción del Espíritu. A pesar de que "el Viento" habla, ellos se resisten a obedecerlo.[18]

*"El viento sopla de donde quiere, y oyes su sonido; mas ni sabes de dónde viene,
ni a dónde va; así es todo aquel que es nacido del Espíritu".*

*(Juan 3:8)*

## A. Rechazando los reportes del clima de Dios

## ¿ESTÁ USTED RESISTIENDO AL ESPÍRITU SANTO?

• Los incrédulos muestran resistencia al Espíritu Santo…

— ignorando la conciencia que Dios les ha dado

*"Porque las cosas invisibles de él, su eterno poder y deidad, se hacen
claramente visibles desde la creación del mundo, siendo entendidas
por medio de las cosas hechas, de modo que no tienen excusa".*
*(Romanos 1:20)*

— rechazando las declaraciones del Señor Jesucristo

*"Jesús le dijo: Yo soy el camino, y la verdad, y la vida;
nadie viene al Padre, sino por mí".*
*(Juan 14:6)*

— practicando una religión sin tener una relación personal con Cristo

*"Que tendrán apariencia de piedad, pero negarán la eficacia de ella; a éstos evita".*
*(2ª Timoteo 3:5)*

*"¡Duros de cerviz, e incircuncisos de corazón y de oídos! Vosotros resistís
siempre al Espíritu Santo; como vuestros padres, así también vosotros".*
*(Hechos 7:51)*

## ¿ESTÁ USTED APAGANDO AL ESPÍRITU SANTO?

- En la Escritura, otro símbolo del Espíritu Santo es el fuego. Representa su juicio y presencia purificadora. Los creyentes obstaculizan la obra del Espíritu en sus vidas cuando…

    — se rehúsan a actuar o hablar como el Espíritu Santo les dirige

    — resienten las circunstancias que Dios permite en sus vidas.

*"No apaguéis al Espíritu".*

*(1ª Tesalonicenses 5:19)*

## ¿ESTÁ USTED CONTRISTANDO AL ESPÍRITU SANTO?

- Otro símbolo que usa la Escritura para el Espíritu Santo es el sello; indica propiedad, seguridad, una acción terminada. Los creyentes lastiman el corazón del Espíritu Santo cuando…

    — dudan y desconfían del amor de Dios y Sus promesas

    — rehúsan someterse completamente a Dios

    — descuidan su tiempo personal con Dios a través de Su Palabra

*"Y no contristéis al Espíritu Santo de Dios,*
*con el cual fuisteis sellados para el día de la redención".*

*(Efesios 4:30)*

## ¿ESTÁ USTED IGNORANDO AL ESPÍRITU SANTO?

¿Ha tratado de dominar un hábito, pero ha descubierto que no tiene poder para hacerlo? ¿Ha analizado su vida y en el fondo de su corazón reconoce que le falta algo? ¿Será que eso que le falta, es el Espíritu Santo? Él es el único que tiene un poder sobrenatural Y cuando Él viene a morar en usted, Él le da su poder sobrenatural para tener dominio sobre cualquier hábito.

Muchas personas bien intencionadas creen que son cristianas cuando en realidad no lo son. Por tanto, nunca han recibido el Espíritu de Dios en su vida. Es interesante que una de las funciones del Espíritu Santo es llevarnos a Cristo convenciéndonos de que lo necesitamos. Si este es su caso, entonces debe conocer los siguientes cuatro puntos.

# CUATRO ASPECTOS DEL PLAN DE DIOS

## 1. El propósito de Dios para usted es... la salvación.

— ¿Cuál fue el motivo por el que Dios envió a Jesucristo a la tierra? ¿Para condenarnos? No... sino para expresar Su amor hacia nosotros y salvarnos.

*"Porque de tal manera amó Dios al mundo, que ha dado a su Hijo unigénito,*
*para que todo aquél que cree en él, no se pierda, mas tenga vida eterna.*
*Porque no envió Dios a su Hijo al mundo para condenar al mundo,*
*sino para que el mundo sea salvo por él"*
*(Juan 3:16–17)*

— ¿Cuál fue el propósito de Cristo al venir a la tierra? ¿Hacer todas las cosas perfectas y eliminar el pecado? No... sino para perdonar nuestros pecados y darnos poder para vencer los pecados y permitirnos vivir una vida plena.

*"Yo [Jesús] he venido para que tengan vida,*
*y para que la tengan en abundancia"*
*(Juan 10:10)*

## 2. Su problema es... el pecado.

— ¿Qué es exactamente el pecado? El pecado es vivir independientemente de los estándares divinos, conociendo lo que es bueno, pero escogiendo hacer lo malo.

*"Y al que sabe hacer lo bueno, y no lo hace, le es pecado"*
*(Santiago 4:17)*

—¿Cuál es la principal consecuencia del pecado? El pecado produce la muerte, tanto física como espiritual, que es la separación de Dios.

*"Porque la paga del pecado es muerte,*
*mas la dádiva de Dios es vida eterna en Cristo Jesús Señor nuestro"*
*(Romanos 6:23)*

## 3. La provisión de Dios para usted... es el Salvador.

— ¿Hay algo que elimine la pena del pecado? Sí. Jesucristo murió en la cruz

para pagar personalmente por la pena que merecían los pecados cometidos por usted.

*"Mas Dios muestra su amor para con nosotros,*
*en que siendo aún pecadores, Cristo murió por nosotros"*
*(Romanos 5:8)*

— ¿Cuál es la solución a la separación de Dios? Creer en Jesucristo como el único camino que nos lleva al Padre.

*"Que si confesares con tu boca que Jesús es el Señor,*
*y creyeres en tu corazón que Dios le levantó de los muertos, serás salvo"*

*(Romanos 10:9)*

## 4. Su responsabilidad es... rendirse a Cristo.

— Ponga su fe (confíe) sólo en Cristo Jesús como su Señor y Salvador personal y rechace las "buenas obras" que hace como medios para ganar la aprobación de Dios.

*"Porque por gracia sois salvos por medio de la fe, y esto no de vosotros,*
*pues es don de Dios; no por obras, para que nadie se gloríe"*

*(Efesios 2:8–9)*

Al momento que usted decide creer en Él y entregarle su vida a Cristo, Él le da de Su Espíritu para que more en usted. Entonces, el Espíritu de Cristo le da a usted Su poder para que usted pueda vivir la vida plena que Dios planeó para usted. Si usted quiere ser completamente perdonado por Dios y ser la persona que Él quería que fuera cuando lo creó, usted puede decírselo por medio de una sencilla y sincera oración como la que sigue

## ORACIÓN DE SALVACIÓN

"Dios mío deseo tener una relación personal contigo. Acepto que muchas veces he seguido mi propio camino en lugar del tuyo. Por favor, perdona mis pecados. Jesucristo, gracias por morir en la cruz para pagar la penalidad de mis pecados. Ven a mi vida para ser mi Señor y Salvador. Con Tu poder, hazme la persona que querías que yo fuera cuando me creaste.
Lo pido en Tu santo nombre, Amén.

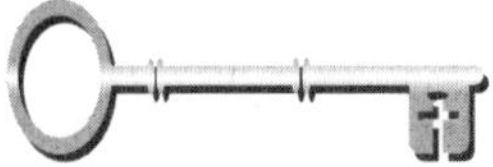

## ¿QUÉ PUEDE ESPERAR AHORA?

Si usted hizo esta oración con sinceridad, vea lo que Dios dice que ha hecho por usted:

*"O daré corazón nuevo; y pondré espíritu nuevo dentro de vosotros;*
*y quitaré de vuestra carne el corazón de piedra, y os daré un corazón de carne.*
*Y pondré dentro de vosotros mi Espíritu, y haré que andéis*
*en mis estatutos, y guardéis mis preceptos, y los pongáis por obra".*

*(Ezequiel 36:26-27)*

## B. Rechazando la provisión de Dios

Cuando usted entra en una relación personal con Cristo, Dios pone Su Espíritu Santo dentro de su espíritu humano. Por medio de la presencia de Su Espíritu en usted, Dios satisfará sus necesidades interiores. Al rehusarse a confiar en la provisión divina en el Espíritu Santo para que satisfaga sus necesidades, usted está eligiendo depender de sus propios recursos para satisfacer las necesidades que Dios mismo ha puesto en usted de:

- **Amor incondicional**

*"Y la esperanza no avergüenza;*
*porque el amor de Dios ha sido derramado en nuestros*
*corazones por el Espíritu Santo que nos fue dado".*
*(Romanos 5:5)*

- **Significancia (sentirse importante, obtener reconocimiento)**

*"El Espíritu mismo da testimonio a nuestro espíritu,*
*de que somos hijos de Dios".*

*(Romanos 8:16)*

- **Seguridad**

*"Y el que nos confirma con vosotros en Cristo, y el que nos ungió es Dios,*
*el cual también nos ha sellado, y nos ha dado las arras*
*del Espíritu en nuestros corazones".*
*(2ª Corintios 1:21-22)*

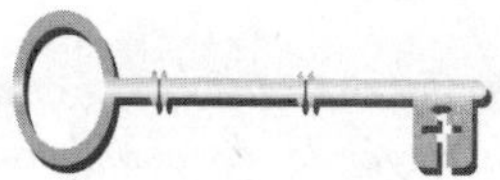

## C. Aferrarse al control (la raíz del problema para no ser lleno del Espíritu)

**Creencia Falsa:**

"Es natural que esté en control de mi vida y que dependa de mis propio esfuerzo para lograr todo lo que pueda".

- **El incrédulo:** *"Pero el hombre natural no percibe las cosas que son del Espíritu de Dios, porque para él son locura, y no las puede entender, porque se han de discernir espiritualmente". (1ª Corintios 2:14)*

- **El creyente:** *"¿Tan necios sois? ¿Habiendo comenzado por el Espíritu, ahora vais a acabar por la carne?" (Gálatas 3:3)*

**Creencia Correcta:**

No debo vivir en mis propias fuerzas, sino en sujeción al Espíritu Santo, dándole todo el control.

*"Entonces respondió y me habló diciendo: Esta es palabra de Jehová a Zorobabel, que dice: No con ejército, ni con fuerza, sino con mi Espíritu, ha dicho Jehová de los ejércitos".*

*(Zacarías 4:6)*

## PASOS PARA ENCONTRAR LA SOLUCIÓN

De la cuna hasta la tumba, tratamos de controlar nuestro mundo. Pensamos que la libertad para satisfacer nuestros deseos naturales nos traerá una completa satisfacción. Sin embargo, los caminos de Dios no son nuestros caminos... Él nos ha diseñado de manera diferente. Cuando damos rienda suelta a nuestros deseos egoístas, cerramos la puerta a la libertad y nos esclavizamos al pecado. En vez de lo anterior, usted puede elegir...

- Vivir por el Espíritu
- Renunciar al control
- Conquistar el conflicto
- ¡Dejar que Cristo reine en su alma!

*"Digo, pues: Andad en el Espíritu, y no satisfagáis los deseos de la carne".*

*(Gálatas 5:16)*

## Versículo clave para memorizar

*"Porque el ocuparse de la carne es muerte,
pero el ocupárse del Espíritu es vida y paz".*

*(Romanos 8:6)*

## Pasaje clave para leer y meditar

*Gálatas 5:13-25*

| PERSONAS CONTROLADAS POR EL YO | PERSONASCONTROLADAS POR EL ESPÍRITU |
|---|---|
| • Usan mal su libertad | • Son llamadas a la libertad |
| • Son auto indulgentes | • Dispuestas a sacrificarse |
| • Se destruyen mutuamente | • Se aman mutuamente |
| • Viven por sus deseos pecaminosos | • Viven por el espíritu |
| • Desean lo que es pecaminoso | • Desean lo que es espiritual |
| • Muestran las obras de la carne | • Muestran el fruto del espíritu |
| — Inmoralidad sexual | — Amor |
| — Impureza | — Gozo |
| — Lujuria | — Paz |
| — Idolatría y hechicería | — Paciencia |
| — Odio | — Benignidad |
| — Discordia | — Bondad |
| — Celos | — Fe |
| — Arranques de ira | — Mansedumbre |
| — Ambición egoísta | — Dominio propio |
| — Disensiones | |
| — Divisiones | |
| — Envidia | |
| — Borracheras, orgías y pecados similares | |

*"Pero los que son de Cristo han crucificado la carne con sus pasiones y deseos.
Si vivimos por el Espíritu, andemos también por el Espíritu".*

*(Gálatas 5:24-25)*

# Preguntas comunes relacionadas con el Espíritu Santo

**Pregunta:** "**¿Cuándo recibe una persona el Espíritu Santo?**"

**Respuesta:** En el momento de la salvación, cada creyente verdadero recibe el Espíritu Santo.

*"En él también vosotros, habiendo oído la palabra de verdad, el evangelio de vuestra salvación, y habiendo creído en él, fuisteis sellados con el Espíritu Santo de la promesa"*
*(Efesios 1:13)*

**Pregunta:** "**Si peco después de haber recibido el Espíritu Santo, ¿perderé mi salvación?**"

**Respuesta:** No, la Biblia dice que al ser salvo, cada creyente genuino es sellado con el Espíritu Santo prometido, que es una ***garantía***, una promesa de Dios que será redimido físicamente en el cielo.

*"Y el que nos confirma con vosotros en Cristo, y el que nos ungió, es Dios, el cual también nos ha sellado, y nos ha dado las arras del Espíritu en nuestros corazones".*
*(2ª Corintios 1:21-22)*

**Pregunta:** "**¿Puedo ser un cristiano auténtico y no tener el Espíritu Santo?**"

**Respuesta:** No, usted no puede tener a Cristo sin tener al Espíritu de Cristo.

*"Mas vosotros no vivís según la carne, sino según el Espíritu, si es que el Espíritu de Dios mora en vosotros. Y si alguno no tiene el Espíritu de Cristo, no es de Él".*
*(Romanos 8:9)*

**Pregunta:** "**Cuando puse mi fe en el Señor Jesucristo, ¿recibí a Cristo o al Espíritu Santo para que viviera en mí?**"

**Respuesta:** La Escritura explica que aquellos que son cristianos tienen las tres personas de la Trinidad morando dentro de ellos.

*"Mas vosotros no vivís según la carne, sino según el Espíritu, si es que el Espíritu de Dios mora en vosotros. Y si alguno no tiene el Espíritu de Cristo, no es de él. Pero si Cristo está en vosotros, el cuerpo en verdad está muerto a causa del pecado, mas el espíritu vive a causa de la justicia. Y si el Espíritu de aquel que levantó de los muertos a Jesús mora en vosotros, el que levantó de los muertos a Cristo Jesús vivificará también vuestros cuerpos mortales por su Espíritu que mora en vosotros".*
*(Romanos 8:9-11)*

**Pregunta: "La frase 'bautismo del Espíritu Santo' ¿se aplica sólo a los que hablan en lenguas?"**

**Respuesta:** No. En el momento de la salvación usted recibe el bautismo del Espíritu Santo.[19]

La palabra griega ***baptisma*** se usaba para indicar la inmersión de una persona o cosa dentro de un nuevo ambiente o unirse con algo con el objeto de modificar su condición. Por ejemplo, si usted tiñe de rojo una tela blanca, usted "bautiza" la tela, dando como resultado una identidad cambiada. Cuando usted recibe la salvación, es bautizado en una unión con el Señor Jesucristo que transforma la vida… es sacado de su condición antigua y puesto en una nueva condición. Su identidad cambia de ser un pecador perdido con una naturaleza pecaminosa, a ser un santo justificado con una naturaleza divina. Todo creyente es bautizado en el cuerpo de Cristo por el Espíritu Santo. Él sepulta su vida anterior, lava sus pecados, y le permite andar en una vida nueva. (Más tarde, sigue el bautismo en agua, como una imagen simbólica y un testimonio a los demás, de que sus pecados han sido lavados.) Hablar en lenguas es sólo uno de los muchos dones dados por el Espíritu Santo. No todos los cristianos reciben el don de lenguas (lea *1ª Corintios 12:8-11*), pero todos los cristianos sí reciben el bautismo del Espíritu Santo.

*"Porque por un solo Espíritu fuimos todos bautizados en un cuerpo, sean judíos o griegos, sean esclavos o libres; y a todos se nos dio a beber de un mismo Espíritu".*

*(1ª Corintios 12:13)*

**Pregunta: "¿Qué significa la llenura del Espíritu Santo?"**

**Respuesta:** El apóstol Pablo usó la palabra llenura para significar "bajo la influencia de" (en sentido positivo). Equivale a alguien que está borracho o "bajo la influencia de" el alcohol. Si usted estuviera bajo la influencia del vino, su caminar… conversación… y pensamientos se verían afectados. De la misma forma, ser "lleno del Espíritu" es rendir cada parte de su vida a la guía del Espíritu Santo. El término sed llenos es un verbo de acción continua, que significa literalmente siendo llenados.[20]

*"No os embriaguéis con vino, en lo cual hay disolución;*
*antes bien sed llenos del Espíritu"*
*(Efesios 5:18)*

**Pregunta: "¿Es posible tener el Espíritu Santo viviendo en mí, sin ser "lleno" del Espíritu Santo?"**

**Respuesta:** Sí. Al recibir la salvación usted es sellado con el Espíritu Santo, como se ve en *Efesios 1:13*. Cuando usted peca deliberadamente, el estado de estar "lleno" se pierde. No obstante, el Espíritu Santo no se pierde. Tome como ejemplo una flor que abre totalmente sus pétalos durante el día. La oscuridad hace que la flor cierre sus pétalos. A pesar de que la flor todavía existe, su esplendor se ha perdido temporalmente. De la misma forma, al recibir la salvación, usted recibe también la llenura del Espíritu Santo. Cuando usted elige la oscuridad del pecado, pierde la "llenura" debido a que no está dando al Espíritu espacio para actuar en su vida. Como cristiano verdadero, usted no pierde el Espíritu Santo, porque vive en usted para siempre.

> *"Y yo rogaré al Padre, y os dará otro Consolador,*
> *para que esté con vosotros para siempre"*
> *(Juan 14:16)*

**Pregunta: "¿Qué es la blasfemia del Espíritu Santo?"**

**Respuesta:** La blasfemia contra el Espíritu Santo—el único pecado imperdonable—es un endurecimiento completo y total del corazón, que resulta en la negativa a rendirse a la obra de convicción del Espíritu Santo. Uno de los papeles principales del Espíritu Santo es convencer a los incrédulos de su pecado y de la necesidad que tienen del Salvador. Un retrato de dichos corazones endurecidos lo encontramos en el tercer capítulo de Marcos, donde los maestros de la ley rehusaron creer que los milagros de Jesús venían de Dios y se los atribuían a Satanás. Dios ciertamente tiene poder para perdonar ese pecado, pero esos incrédulos negaban completa y repetidamente su necesidad de perdón y reconciliación con Dios.[21]

> *"Pero cualquiera que blasfeme contra el Espíritu Santo,*
> *no tiene jamás perdón, sino que es reo de juicio eterno".*
> *(Marcos 3:29)*

## LLENOS DEL ESPÍRITU

¿Quién no ha tropezado buscando una linterna cuando se va la luz para descubrir que no tiene baterías? Qué inútil, una linterna que no funciona. Así de inútil es una persona que se tropieza en la vida tratando de funcionar sin el poder sobrenatural de Dios. Originalmente, Dios diseñó a Su Espíritu para que viviera en el espíritu humano, pero una vez que Adán y Eva declararon su independencia de Dios, el pecado entró, y el Espíritu salió. Adán y Eva se convirtieron en linternas sin baterías: no había poder en su interior para producir luz externa. A pesar de que cada uno de nosotros nace en tinieblas espirituales, el deseo de Dios es que establezcamos una relación con Él y que seamos llenos de Su Espíritu. Su llenura provee el poder para iluminar nuestro camino a través de la vida.[22]

*"Porque en otro tiempo erais tinieblas, mas ahora sois luz en el Señor;*
*andad como hijos de luz. . . comprobando lo que es agradable al Señor…*
*Por tanto, no seáis insensatos, sino entendidos de cuál sea la voluntad del Señor.*
*No os embriaguéis con vino, en lo cual hay disolución;*
*antes bien sed llenos del Espíritu,"*
*(Efesios 5:8, 10, 17-18)*

## ¿CÓMO PUEDO SER LLENO DEL ESPÍRITU?

**Sométase a la autoridad de Jesucristo.**

• Reconozca el derecho que Dios tiene sobre su vida.

• Acepte que el plan de Dios es conformarle a la imagen de Cristo.

• Renuncie a su deseo de controlar su vida.

*"Entonces Jesús dijo a sus discípulos: Si alguno quiere venir en pos de mí,*
*niéguese a sí mismo, y tome su cruz, y sígame".*
*(Mateo 16:24)*

**Ore pidiendo convicción de pecado.**

• Admita su inclinación natural a pecar.

• Pida al Espíritu Santo que le muestre sus pecados específicos.

• Esté de acuerdo con Dios acerca de su necesidad de cambio.

*"Examíname, oh Dios, y conoce mi corazón; pruébame y conoce mis pensamientos;*
*y ve si hay en mí camino de perversidad, y guíame en el camino eterno".*
*(Salmo 139:23-24)*

**Identifíquese con la muerte de Cristo en la cruz.**

• Vea a Jesús como viviendo Su vida en usted.

• Véase como muerto al poder del pecado.

• Vea al Espíritu Santo como el poder a su alcance para vencer el pecado.

*"Así también vosotros consideraos muertos al pecado,*
*pero vivos para Dios en Cristo Jesús, Señor nuestro".*
*(Romanos 6:11)*

## Reconozca la presencia del Espíritu Santo que mora en usted para enseñarle y guiarle.

• Escuche con su corazón.

• Escuche la suave guía del Espíritu Santo.

• Escuche la Palabra de verdad.

> *"Mas el Consolador, el Espíritu Santo, a quien el Padre enviará en mi nombre,*
> *él os enseñará todas las cosas, y os recordará todo lo que yo os he dicho".*
> *(Juan 14:26)*

## Inicie una obediencia inmediata a la guía del Espíritu Santo.

• Elija reconocer la presencia del Espíritu Santo.

• Elija someter su voluntad a la de Él. (No discuta mentalmente.)

• Elija actuar con base en Su guía.

> *"Digo, pues: Andad en el Espíritu, y no satisfagáis los deseos de la carne".*
> *(Gálatas 5:16)*

## Confíe en el Espíritu Santo para que sea su poder sobrenatural para vivir una vida santa.

• Usted ha sido llamado para ser santo.

• Usted no puede ser santo por su propio esfuerzo.

• Usted debe confiar en el Espíritu Santo para que le capacite.

> *"Como todas las cosas que pertenecen a la vida y a la piedad nos han sido*
> *dadas por su divino poder, mediante el conocimiento de aquel*
> *que nos llamó por su gloria y excelencia".*
> *(2ª Pedro 1:3)*

## Compañerismo con otros creyentes.

• Afíliese a una iglesia que se base en la Biblia

• Conviértase en un miembro activo de su iglesia

• Apoye a otros

> *"No dejando de congregarnos, como algunos tienen por costumbre,*
> *sino exhortándonos; y tanto más, cuanto veis que aquel día se acerca".*
> *(Hebreos 10:25)*

## Plante la Palabra de Dios en su corazón.

• Sintonice su pensamiento con el de Dios.

• Aprenda un versículo cada día del libro de Proverbios

• Escuche cintas que contengan enseñanzas de la Palabra de Dios.

> *"En mi corazón he guardado tus dichos, para no pecar contra ti".*
> *(Salmo 119:11)*

## Tenga un corazón agradecido.

• Agradezca a Dios por Su amor incondicional.

• Agradezca a Dios por Su fidelidad al dirigir los eventos de su vida.

• Agradezca a Dios por todas las circunstancias, tanto buenas como malas.

> *"Dad gracias en todo, porque esta es la voluntad de Dios*
> *para con vosotros en Cristo Jesús".*
> *(1ª Tesalonicenses 5:18)*

## Viva en actitud de oración.

• Mantenga su mente enfocada en Cristo.

• Mantenga su corazón alerta al Espíritu Santo.

• Manténgase orando en toda circunstancia.

> *"Orando en todo tiempo con toda oración y súplica en el Espíritu,*
> *y velando en ello con toda perseverancia y súplica por todos los santos".*
> *(Efesios 6:18)*

## Espere la victoria

• Sepa que su fortaleza está en Cristo.

• Sepa que su propio esfuerzo fracasará.

• Sepa que la victoria es del Señor.

> *"Entonces respondió y me habló diciendo: Esta es palabra de Jehová a Zorobabel,*
> *que dice: No con ejército, ni con fuerza, sino con mi Espíritu,*
> *ha dicho Jehová de los ejércitos".*
> *(Zacarías 4:6)*

**Dependa del Espíritu Santo para desarrollar el carácter de Cristo en su vida.**

• En la medida en que se someta al Espíritu Santo, usted crecerá en Cristo.

• Reflejar a Cristo es el propósito de Dios para su vida.

• Reflejar a Cristo es traer a otros a Él.

*"Por tanto, nosotros todos, mirando a cara descubierta como en
un espejo la gloria del Señor, somos transformados de gloria en gloria
en la misma imagen, como por el Espíritu del Señor".*
(*2ª Corintios 3:18*)

Padre Celestial, gracias por ser mi Padre y por darme Tu amor
incondicional. Jesús, gracias por Tu asombroso regalo de gracia
entregado a mi favor cuando moriste por mí. Gracias porque Tu
amor sacrificial hizo posible que yo fuera perdonado totalmente
de mis pecados y reconciliado con el Padre. Espíritu Santo,
gracias por venir a mi vida y darme Tu paz que sobrepasa todo
entendimiento y Tu poder para vencer toda tentación.
Sinceramente te doy las gracias, Padre, Hijo y Espíritu,
y te doy toda la gloria, el honor y la alabanza.

Amen.

*"La gracia del Señor Jesucristo, el amor de Dios,
y la comunión del Espíritu Santo sean con todos vosotros. Amén".*
(*2ª Corintios 13:14*)

## ¿CONTROLADO POR EL YO, O POR EL ESPÍRITU?

"Correré y correré tan rápido como pueda. No puedes atraparme.

¡Soy el ***Hombrecito Galleta***!" (Sherk)

Los cuentos de hadas a veces tienen mensajes profundos. Desde el huerto del Edén,
nuestro deseo natural de libertad nos tienta a "correr y correr tan rápido como
podamos" de Aquel que nos diseñó. Sin embargo, Dios es la respuesta para cada una
de nuestras necesidades. Él diseñó el espíritu humano para que sea la morada de Su
Espíritu Santo. Adán y Eva fueron privilegiados al tener una comunión perfecta con

Dios. Tenían vida espiritual porque sus espíritus humanos estaban vivos para Dios.

Advertidos por Dios de que comer del "árbol de la ciencia del bien y del mal" les traería la muerte, Adán y Eva desobedecieron a Dios y ciertamente algo murió... perdieron su comunión espiritual con Dios. Tal como el Hombrecito Galleta, Adán y Eva corrieron y trataron de esconderse de la presencia santa de Dios. Usted y yo hemos nacido en la semejanza de Adán... muertos al Espíritu de Dios hasta que dejemos de huir de Su presencia, de Su regalo de una vida nueva en Cristo Jesús.[23]

*"Así también vosotros consideraos muertos al pecado,*
*pero vivos para Dios en Cristo Jesús, Señor nuestro".*

*(Romanos 6:11)*

## LAS TRES PARTES DE UNA PERSONA

*"Y el mismo Dios de paz os santifique por completo;*
*y todo vuestro ser, espíritu, alma y cuerpo,*
*sea guardado irreprensible para la venida de nuestro Señor Jesucristo".*

*(1ª Tesalonicenses 5:23)*

Como en la ilustración de los hombrecitos de galleta, toda persona es creada con cuerpo, alma y espíritu; es una persona tripartita o una tricotomía. El cuerpo es su estructura física (carne, huesos y sangre). Su alma es su estructura conductual o personalidad (mente, voluntad y emociones). El espíritu humano es la parte más interna (necesita salvación, anhela la satisfacción de sus profundas necesidades internas y, en el creyente, es el hogar del Espíritu Santo).

## EL YO EN CONTROL DE SU ALMA

*"No os conforméis a este siglo, sino transformaos por medio de la renovación*
*de vuestro entendimiento, para que comprobéis cuál sea la buena*
*voluntad de Dios, agradable y perfecta".*

*(Romanos 12:2)*

Nuestro instinto natural para resolver los problemas de la vida es hacerlo con el yo que controla el alma. A menudo, la gente dice: "¡No puedo evitar sentirme así!" Sin embargo, las emociones son meras reacciones de lo que la mente piensa. Los pensamientos negativos producen emociones negativas, las que a su vez producen acciones negativas.

***Circunstancia injusta:*** alguien le maltrata.

- Respuesta ***humana*** del alma:

— Su ***mente*** registra la injusticia y evoca pensamientos de ira.

— Sus ***emociones*** responden con sentimientos de ira.

— Su ***voluntad*** reacciona con una conducta iracunda.

- Respuesta ***física:***

— Su ***cuerpo*** experimenta tensión física, liberación de sustancias químicas negativas y otros problemas fisiológicos.

## EL ESPÍRITU SANTO EN CONTROL DE SU ALMA

*"No os conforméis a este siglo, sino transformaos por medio de la renovación de vuestro entendimiento, para que comprobéis cuál sea la buena voluntad de Dios, agradable y perfecta".*
*(Romanos 12:2)*

La voluntad perfecta de Dios para responder a sus problemas es que su Espíritu controle su alma. En vez de reaccionar en forma pecaminosa, usted deja que el Espíritu cambie sus patrones de pensamiento. Al comenzar a ver la vida desde la perspectiva de Dios y apoyarse en sus promesas, el Espíritu Santo transforma su vida.

***Circunstancia*** injusta: Alguien le maltrata.

- Respuesta ***espiritual*** del alma:

— El Espíritu ***enseña a su mente*** cómo pensar acerca de la ofensa *(Juan 14:26)*. Como su Consejero, Él le recuerda que ore por aquellos que le persiguen. (Mateo 5:44)

— El Espíritu ***dirige su voluntad*** hacia la elección correcta *(Juan 16:13)*. Como su conciencia, él le convence para que ore, ya sea que tenga ganas de hacerlo o no.

— El Espíritu ***controla sus emociones*** *(Romanos 5:5)*. Como su Consolador, Él produce compasión en su corazón hacia la persona injusta que está en necesidad espiritual.

- Respuesta ***física:***

—Su ***cuerpo*** está en paz, relajado y libre de muchos de los efectos colaterales que le debilitan y que son causados por el estrés mental.

*"Porque los que son de la carne piensan en las cosas de la carne;*
*pero los que son del Espíritu, en las cosas del Espíritu. Porque el ocuparse*
*de la carne es muerte, pero el ocuparse del Espíritu es vida y paz".*
(Romanos 8:5-6)

## LA VERDAD ACERCA DE
## LA TERCERA PERSONA DE LA TRINIDAD

Abundan las ideas erróneas acerca del Espíritu Santo. Los que practican la Ciencia Cristiana le llaman "Ciencia Divina," los Testigos de Jehová dicen que Él es "una influencia o poder ejercido por el único Dios" y los mormones hablan de Él como una "sustancia etérea dispersa por el espacio".[24]

Ninguna de esas sectas enseña que Él es la tercera persona de la Trinidad, el Dios trino. De la misma forma, muchas personas que no son miembros de las sectas hacen la misma suposición. Dicen que el Espíritu Santo es una fuerza o influencia. Sin embargo, cuando usted conoce la verdad acerca de la persona del Espíritu Santo, el Señor puede usar esta verdad para liberarle a usted y a otros también.

*"Sino santificad a Dios el Señor en vuestros corazones,*
*y estad siempre preparados para presentar defensa con mansedumbre y reverencia*
*ante todo el que os demande razón de la esperanza que hay en vosotros".*
(1ª Pedro 3:15)

**Argumento: "La palabra *Trinidad* no aparece en la Biblia. Y el Espíritu Santo no es una persona, porque en la Biblia no se le atribuye ningún nombre personal".**

**Respuesta:** A pesar de que la palabra ***Trinidad*** no se usa en la Biblia, las tres personas de la Trinidad, cada una con la misma autoridad, se identifican claramente en la gran comisión.

Jesús relacionó al Espíritu Santo con el "nombre" de las personas de la Trinidad cuando dijo: *"Por tanto, id, y haced discípulos a todas las naciones, bautizándolos en el nombre del Padre, y del Hijo, y del Espíritu Santo".* (Mateo 28:19). El Padre es una persona y el Hijo es una persona. El Espíritu es también una persona, relacionada por el mismo nombre.

**Argumento: "La enseñanza de la Trinidad promueve la adoración de tres dioses. ¿Es eso politeísmo?"**

**Respuesta:** No, la Biblia claramente enseña que hay un solo Dios.

*"Oye, Israel: Jehová nuestro Dios, Jehová uno es".*
(Deuteronomio 6:4)

Observe que la palabra hebrea para Dios es *Elohim*.

- *"El"* significa Dios fuerte y poderoso.[25]

- *"Im"* es la terminación del plural.

Por tanto, el Dios de la Biblia es el **único Dios** que se compone de una **unidad compleja** como se ve en...

- *Génesis 1:26: "Hagamos al hombre a nuestra imagen, conforme a nuestra semejanza"*.

- *Génesis 3:22: "Y dijo Jehová Dios: He aquí el hombre es como uno de nosotros, sabiendo el bien y el mal"*.

- *Génesis 11:7: "Ahora, pues, descendamos, y confundamos allí su lengua, para que ninguno entienda el habla de su compañero"*.

Esta unidad compleja se ve en la palabra hebrea *echad*, que significa "uno".[26]

- dos personas que llegan a ser una (*echad*) carne: *"Por tanto, dejará el hombre a su padre y a su madre, y se unirá a su mujer, y serán una sola carne"*. *(Génesis 2:24)*

- un (*echad*) racimo de uvas: *"Y llegaron hasta el arroyo de Escol, y de allí cortaron un sarmiento con un racimo de uvas, el cual trajeron dos en un palo, y de las granadas y de los higos"*. *(Números 13:23)*

¿Cómo puede explicarse esa unidad compleja? ¿Cómo puede explicarse la Trinidad? La Trinidad puede ilustrarse de manera sencilla con la luz ordinaria o la luz del día. Científicamente, la luz se compone de los colores primarios: rojo, amarillo y azul. Cada color está separado, pero cuando se mezclan, producen la "luz blanca" y funcionan como una. De la misma forma, cada persona de la Trinidad es una persona distinta separada de las demás, pero juntas constituyen la Trinidad y funcionan como una persona.

**Argumento: "El Espíritu Santo no es una *persona*, sino una *fuerza* poderosa a la que de manera figurada se le llama "él".**

**Respuesta:** El Espíritu Santo es definitivamente una persona. Toda persona tiene una personalidad o alma con mente, voluntad y emociones. Una fuerza como la gravedad o la electricidad no posee esos atributos. Sin embargo, la Biblia presenta muchas pruebas de su personalidad.[27]

- **El Espíritu Santo tiene mente.** *1ª Corintios 2:11* dice que él conoce los pensamientos de Dios. *Romanos 8:27* dice que tiene mente. (La electricidad no puede pensar, las personas sí).

- **El Espíritu Santo tiene voluntad.** *1ª Corintios 12:11* dice que concede dones espirituales. *1ª Corintios 2:13* dice que Él enseña la verdad espiritual.

(La gravedad no puede conceder dones ni enseñar la verdad).

- ***El Espíritu Santo tiene emociones.*** *Romanos 15:30* dice que Él ama. *Efesios 4:30* afirma que experimenta dolor. (La electricidad no puede amar. La gravedad no puede amar ni sentir dolor).

**Argumento: "El Espíritu Santo es una 'cosa', no una persona. En la Biblia griega, se usan pronombres neutros para referirse a la palabra Espíritu, indicando claramente que el Espíritu Santo no es una persona".**

**Respuesta:** Los pronombres neutros son apropiados porque la palabra griega *pneuma* (Espíritu) es de género neutro. Sin embargo, en lugar de ser un argumento en contra, esta regla de gramática apoya la personalidad del Espíritu Santo ya que:[28]

- Contrario a lo que se espera, muchos pasajes describen al Espíritu Santo usando el masculino como "su" y "mismo". Por tanto, el Espíritu Santo es una persona, no una cosa: *"El Espíritu mismo intercede por nosotros con gemidos indecibles"*. (Romanos 8:26)

- En ocasiones, el Espíritu habla usando los pronombres personales "yo" y "me": *"Ministrando éstos al Señor, y ayunando, dijo el Espíritu Santo: Apartadme a Bernabé y a Saulo para la obra a que los he llamado"*. (Hechos 13:2)

- La Biblia se refiere al Espíritu como "él" (persona), en vez de "que" (cosa): *"En él también vosotros, habiendo oído la palabra de verdad, el evangelio de vuestra salvación, y habiendo creído en él, fuisteis sellados con el Espíritu Santo de la promesa, que es las arras de nuestra herencia hasta la redención de la posesión adquirida, para alabanza de su gloria"*. (Efesios 1:13-14)

**Argumento: "El Espíritu Santo es sólo otro nombre para Dios Padre. Por ejemplo, un hombre puede ser padre, esposo y amigo, pero sigue siendo la misma persona".**

**Respuesta:** Este tipo de pensamiento llamado modalismo es una enseñanza herética. Sugiere que sólo existe una persona de la Trinidad y que se manifiesta en tres roles o modos. En el bautismo de Jesús se ven tres personas diferentes. Cada miembro de la Trinidad es diferente de los demás.

- Jesús fue bautizado por Juan el bautista.
- El Espíritu Santo descendió como paloma.
- El Padre Celestial habló desde arriba de las nubes.

*"Y Jesús, después que fue bautizado, subió luego del agua;*
*y he aquí los cielos le fueron abiertos, y vio al Espíritu de Dios*
*que descendía como paloma, y venía sobre él. Y hubo una voz de los cielos,*
*que decía: Este es mi Hijo amado, en quien tengo complacencia".*

*(Mateo 3:16-17)*

**Argumento: "El Espíritu Santo es un instrumento de Dios, pero no literalmente Dios".**

**Respuesta:** El Espíritu Santo es definitivamente divino como lo demuestran ambos Testamentos en la Biblia.[29]

- El Antiguo Testamento presenta al Espíritu Santo como Dios. En los Salmos, David atribuye al Espíritu Santo cualidades divinas diciendo que es omnisciente, omnipotente y omnipresente, atributos únicos de Dios.

> *"¿A dónde me iré de tu Espíritu? ¿Y a dónde huiré de tu presencia?*
> *Si subiere a los cielos, allí estás tú; y si en el Seol hiciere mi estrado,*
> *he aquí, allí tú estás. Si tomare las alas del alba y habitare en el extremo del mar,*
> *aun allí me guiará tu mano, y me asirá tu diestra".*
> *(Salmo 139:7-10)*

- El Nuevo Testamento presenta al Espíritu Santo como Dios.

> *El apóstol Pedro dijo: "Y dijo Pedro: Ananías, ¿por qué llenó Satanás tu*
> *corazón para que mintieses al Espíritu Santo, y sustrajeses del precio de la*
> *heredad? Reteniéndola, ¿no se te quedaba a ti? y vendida, ¿no estaba en tu poder?*
> *¿Por qué pusiste esto en tu corazón? No has mentido a los hombres, sino a Dios".*
> *(Hechos 5:3-4)*

### Versículo para memorizar

> *"Porque el ocuparse de la carne es muerte,*
> *pero el ocuparse del Espíritu es vida y paz".*
> *(Romanos 8:6)*

**Notas**

1. Para esta sección vea Charles Caldwell Ryrie, The Holy Spirit "El Espíritu Santo" (Chicago: Moody, 1965), 17-20; David Hocking, The Dynamic Difference "La Diferencia Dinámica" (Eugene, Ore.: Harvest House), 14-18.

2. W. E. Vine, Vine's Complete Expository Dictionary of Biblical Words, "Diccionario Expositivo Completo de Palabras Bíblicas Vine" ed. Electrónica. (Nashville: Thomas Nelson, 1996).

3. Vine, Vine's Complete Expository Dictionary."Diccionario Expositivo Completo"

4. James Strong, Strong's Greek Lexicon "Léxico Griego Strong" (ed. electrónica; Biblia Milleniun edición en línea v. 1.13) (Timnathserah Inc., Julio 6, 2002).

5. Para esta sección vea Ryrie, The Holy Spirit, "El Espíritu Santo" 17-8; Ray Pritchard, Names of the Holy Spirit "Los nombres del Espíritu Santo"(Chicago: Moody, 1995).

6. Para esta sección vea Ryrie, The Holy Spirit, "El Espíritu Santo" 104-105.

7. Vine, Vine's Complete Expository Dictionary."Diccionario Expositivo Completo de Vine"

8. Para esta sección vea Ryrie, The Holy Spirit, "El Espíritu Santo" 41-44; Hocking, The Dynamic Difference, "La Diferencia Dinámica" 36-40.

9. Para esta sección, vea Ryrie, The Holy Spirit, "El Espíritu Santo" 45-8; Hocking, The Dynamic Difference. "La Diferencia Dinámica" 40.

10. Para esta sección vea Ryrie, The Holy Spirit, "El Espíritu Santo" 58, 64-82, 93-103.

11. Vea W. A. Criswell, The Holy Spirit in Today's World "El Espíritu Santo en el mundo de hoy" (Grand Rapids: Zondervan), 93-102; Hocking, The Dynamic Difference, "La Diferencia Dinámica" 55-73; Ryrie, The Holy Spirit, "El Espíritu Santo" 74-9; Juan R. W. Stott, Baptism & Fullness: The Work of the Holy Spirit Today, "El bautismo y la plenitud: La obra del Espíritu Santo" 2a ed. (Downer's Grove, Ill.: InterVarsity, 1975), 19-46.

12. Vine, Vine's Complete Expository Dictionary. "Diccionario Expositivo Completo de Vine"

13. Vine, Vine's Complete Expository Dictionary. "Diccionario Expositivo Completo de Vine"

14. Vine, Vine's Complete Expository Dictionary. "Diccionario Expositivo Completo de Vine"

15. Para esta sección vea Bill Bright, The Holy Spirit: The Key to Supernatural Living "El Espíritu Santo: La clave para vivir una vida sobrenatural" (San Bernardino, Calif.: Here's Life, 1980), 131-79; Criswell, The Holy Spirit in Today's World, "El Espíritu Santo en el mundo de hoy" 188-93; Hocking, The Dynamic Difference, "La Diferencia Dinámica" 181-6; Stott, Baptism & Fullness, "Bautismo y Plenitud" 76-85.

16. Para esta sección, vea Ryrie, The Holy Spirit, "El Espíritu Santo" 83-92; Bright, The Holy Spirit, "El Espíritu Santo"180-93, 211-7; Criswell, The Holy Spirit in Today's World, "El Espíritu Santo en el mundo de hoy" 119-81; Hocking, The Dynamic Difference, "La Diferencia Dinámica" 75-93; Charles R. Swindoll y Bryce Klabunde, He Gave Gifts: Bible Study Guide, Guía de Estudio Bíblico: "El repartió Dones" ed. rev. (Anaheim, Calif.: Insight for Living, 1998).

17. Para esta sección vea Swindoll y Klabunde, He Gave Gifts, "El repartió dones" 82-9.

18. Para esta sección vea Bright, The Holy Spirit, "El Espíritu Santo" 48-56; Lewis Sperry

Chafer, He That Is Spiritual: A Classic Study of the Biblical Doctrine of Spirituality, "El hombre espiritual: Un estudio bíblico clásico acerca de la doctrina de la espiritualidad" ed. rev.. (Grand Rapids: Zondervan, 1967), 70-95; Hocking, The Dynamic Difference, "La diferencia dinámica" 143-56.

19. Ryrie, The Holy Spirit, "El Espíritu Santo" 77.

20. Vea Ryrie, The Holy Spirit, "EL Espíritu Santo" 93-4.

21. Vea Ryrie, The Holy Spirit, 52-4."El Espíritu Santo"

22. Para esta sección vea Ryrie, The Holy Spirit, "El Espíritu Santo" 93-103; Bright, The Holy Spirit, "El Espíritu Santo" 57-70; Chafer, He That Is Spiritual, "El hombre espiritual" 40-69; Criswell, The Holy Spirit in Today's World, "El Espíritu Santo en el mundo de hoy" 108-11.

23. Para el siguiente material, vea Servicios de Discipulado y Consejería, Manual de Entrenamiento de Discipulado y consejería" (Dallas: Discipleship Counseling Services, s.f.).

24. David Hocking, The Holy Spirit: Study Guide "El Espíritu Santo: Guía de Estudio" (La Mirada, Calif.: Biola University, 1988), 5-6.

25.  James Strong, Strong's Hebrew Lexicon "Léxico Hebreo Strong" (ed. electrónica, Biblia Milleniun edición en línea v. 1.13) (Timnathserah Inc., julio 6, 2002).

26. Vea Jack Deere, "Deuteronomio" en El Conocimiento Bíblico, Un Comentario Expositivo, Tomo II del Antiguo Testamento publicado por Ediciones Las Américas, A.C. ed. Juan F. Walvoord y Roy B. Zuck (Puebla, Pue.,, México 15 de enero de 1999).

27. Para esta sección vea Ryrie, The Holy Spirit, 11-6; Hocking, The Dynamic Difference, "La diferencia dinámica" 18-22.

28. Para esta sección vea Ryrie, The Holy Spirit, "El Espíritu Santo" 14-5.

29. Ryrie, The Holy Spirit "El Espíritu Santo" 17-21.

## Bibliografía

Bright, Bill. The Holy Spirit: The Key to Supernatural Living. "El Espíritu Santo: La clave para una vida sobrenatural" San Bernardino, Calif.: Here's Life, 1980.

Chafer, Lewis Sperry. He That Is Spiritual: A Classic Study of the Biblical Doctrine of Spirituality. "El hombre espiritual: Un estudio bíblico clásico acerca de la doctrina de la espiritualidad" Rev. ed. Grand Rapids: Zondervan, 1967.

Criswell, W. A. The Holy Spirit in Today's World ."El Espíritu Santo en el mundo de hoy" Grand Rapids: Zondervan, 1966.

Deere, Jack. "Deuteronomio", en El Conocimiento Bíblico, Un Comentario Expositivo, Tomo II del Antiguo Testamento publicado por Ediciones Las Américas, A.C. ed. Juan F. Walvoord and Roy B. Zuck (Puebla, Pue., México 15 de enero de 1999).

Discipleship Counseling Services. Discipleship Counseling Training Student Manual. Dallas: "Servicios de Discipulado y Consejería. Manual del Estudiante en Discipulado y Consejería" Discipleship Counseling Services, s.f.

Hocking, David. The Dynamic Difference. "La diferencia dinámica" Eugene, Ore.: Harvest House, 1985.

Hocking, David. The Holy Spirit: Study Guide. "El Espíritu Santo: Guía de Estudio" La Mirada, Calif.: Biola University, 1988.

McGrath, Alister E. Understanding the Trinty. "Entendiendo la Trinidad" Grand Rapids: Zondervan, 1988.

Moody, D. L. The Secret of Success in the Christian Life. "El secreto del éxito en la vida cristiana" Life Essentials. Chicago: Moody, 2001.

Packer, J. I. Keep in Step with the Spirit. "Manteniendo el paso con el Espíritu" Old Tappan, N. J.: Fleming H. Revell, 1984.

Pritchard, Ray. Names of the Holy Spirit. "Nombres del Espíritu Santo" Chicago: Moody, 1995.

Ryrie, Charles Caldwell. The Holy Spirit. "El Espíritu Santo" Chicago: Moody, 1965.

Stott, Juan R. W. Baptism & Fullness: The Work of the Holy Spirit Today. "Bautismo y Plenitud: La obra del Espíritu Santo hoy" 2a ed. Downers Grove, Ill.: InterVarsity, 1975.

Swindoll, Charles R., and Bryce Klabunde. He Gave Gifts. "El repartió dones" ed. rev. Anaheim, Calif.: Insight for Living, 1998.

Thomas, W. Ian. The Mystery of Godliness. "El misterio de una vida conforme al corazón de Dios" Grand Rapids: Zondervan, 1964.

Thomas, W. Ian. The Saving Life of Christ. "La vida salvadora de Cristo" Grand Rapids: Zondervan, 1961.

# La evangelización de los niños
## Cómo hablar del Salvador con los niños

**¿Puede un niño entender la realidad de un Dios invisible?
¿Puede un niño entender la salvación y
el significado de la muerte de Cristo en la cruz?**

Algunos dicen que se debe esperar para hablar con un niño acerca de la fe, la salvación y otros temas espirituales hasta que puedan entender las cosas abstractas. Más tarde durante sus años de adolescencia se podrá razonar mejor con ellos... de mente a mente y de intelecto a intelecto. Sin embargo, los padres que esperan tanto tiempo descubren que tardaron demasiado porque sus hijos han crecido sin raíces espirituales... debido a que no plantaron las semillas de la verdad en sus primeros años.

*"Instruye al niño en su camino, y aun
cuando fuere viejo no se apartará de él".*
*(Proverbios 22:6)*

## DEFINICIONES

**¿Qué es la evangelización de los niños?**

Cuando Jesús llamó a sus discípulos para que fueran "pescadores de hombres" algunos tomaron el mandato en forma literal pensando que el Evangelio era sólo para hombres lo suficientemente grandes, maduros y sabios como para entender el plan de salvación de Dios en su totalidad. Pero como dice el himno, "Jesucristo ama a los niños", y Él se deleita en que los pequeños ¡vayan a Él!

*"Y le presentaban niños para que los tocase; y los discípulos reprendían a los que
los presentaban. Viéndolo Jesús, se indignó, y les dijo: Dejad a los niños
venir a mí, y no se lo impidáis; porque de los tales es el reino de Dios...
Y tomándolos en los brazos, poniendo las manos sobre ellos, los bendecía".*
*(Marcos 10:13-16)*

- Evangelizar a los niños consiste en compartirles las buenas nuevas y decirles cómo recibir el perdón total de Dios y entablar una relación personal con Cristo Jesús.

- En griego, *angelion* significa "llevar buenas nuevas" (felices reportes).[1]

- La evangelización significa declarar las buenas nuevas del Evangelio.

## ¿Qué es el evangelio?

Cuando vemos a una persona con un telegrama en la mano, sabemos que su mensaje es urgente. Pero, ¿qué pasa si demora la entrega sin motivo? El emisario que no comparte la verdad espiritual con un niño puede perder una oportunidad de oro al dejar pasar el momento apropiado. Puede suceder que un corazón que estaba listo para escuchar, no vuelva a abrirse al mensaje nunca jamás.

Dios ha entregado un mensaje, usted es el mensajero, y los niños son los receptores que necesitan escucharlo.

> *"¿Cómo, pues, invocarán a aquel en el cual no han creído? ¿Y cómo creerán*
> *en aquel de quien no han oído? ¿Y cómo oirán sin haber quien les predique?"*
> *(Romanos 10:14)*

- El Evangelio es el buen mensaje de salvación que está disponible para nosotros a través de la fe en Cristo y Su obra consumada en la cruz.

- En griego, *euangelion* significa "buen mensaje, buenas nuevas".[2]
  — **Eu** significa bueno
  — **Angelion** significa mensaje

> *"Si retenéis la palabra que os he predicado,*
> *sois salvos, si no creísteis en vano...*
> *Cristo murió por nuestros pecados, conforme a las Escrituras...*
> *fue sepultado... resucitó al tercer día, conforme a las Escrituras; y...*
> *apareció a Cefas, y después a los doce.*
> *Después apareció a más de quinientos hermanos a la vez".*
> *(1ª Corintios 15:2-6)*

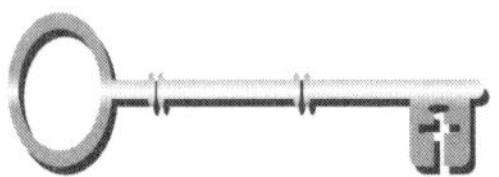

# CARACTERÍSTICAS DE LOS PEQUEÑOS

Algunas personas dirán: "No lleve a sus hijos a la iglesia, espere a que puedan decidir acerca de su propia fe". Pero a diferencia de los adultos, los niños son como barro suave, sus mentes son moldeables. Si plantamos a tiempo en sus corazones las verdades espirituales, su vida se irá conformando al carácter de Cristo.

## Receptivos

**Mito: "Los niños pequeños son intelectualmente incapaces de responder a la salvación".**

**Verdad:** Los pequeños son más capaces que los adultos de responder al mensaje de la salvación.[3]

*"En aquel tiempo los discípulos vinieron a Jesús, diciendo: ¿Quién es el mayor en el reino*
*de los cielos? Y llamando Jesús a un niño, lo puso en medio de ellos, y dijo:*
*De cierto os digo, que si no os volvéis y os hacéis como niños,*
*no entraréis en el reino de los cielos.*
*Así que, cualquiera que se humille como este niño,*
*ése es el mayor en el reino de los cielos".*
*(Mateo 18:1-4)*

## Los niños poseen:

### Curiosidad

- Los niños hacen preguntas acerca de todo con bastante entusiasmo. "¿Cómo hizo Dios las montañas?" "¿De dónde vengo?" "¿Quién escribió la Biblia?" "¿Dónde vive Dios?" "¿Qué pasa a la gente cuando muere?" "¿Qué es el cielo?"

- ¡Usted tiene una gran oportunidad al responder correctamente a todas esas preguntas con la verdad de la Palabra de Dios!

### Humildad

- Los niños están acostumbrados a vivir bajo autoridad, por tanto, aprenden con más facilidad. Dios resiste a los adultos que no se dejan enseñar a causa de su orgullo. Para los adultos es más difícil humillarse ante el Señor, pero un niño es humilde por naturaleza.

### Imaginación

- Los niños pueden aceptar lo invisible.

- Ellos aman la fantasía y crean cuadros en su mente sin necesidad de comprobar las cosas.

## No son desconfiados

- Para los niños es muy fácil creer en lo sobrenatural.

- Toman literalmente la palabra de los adultos. Aunque no todo lo que se les dice es siempre correcto, los niños tienden a creerlo todo.

## Dependencia

- Los niños dependen de los adultos para su protección y provisión.

- Tienen fe en que habrá comida en la mesa. Tienen fe en que pueden depender de los adultos para que les provean ropa y suplan todas sus necesidades. La vida que vivimos en Cristo debe ser una relación de dependencia, de fe y sumisión a Él.

## Memoria retentiva

- Los niños pueden retener en su mente aun lo que no pueden entender los adultos.

- Los niños aprenden mejor por medio de la memorización. Muchos padres han comenzado a memorizar las Escrituras con sus hijos desde los tres años de edad. Ellos pueden recitar pasajes enteros con más facilidad que los adultos. Puede ser que no entiendan todo lo que están memorizando, pero los padres sí pueden establecer el fundamento por el cual el Espíritu Santo desarrollará en ellos un carácter piadoso.

## Avidez por los regalos

- Para los niños es muy natural recibir un regalo sin sentir que tienen que ganárselo.

- Pueden aceptar regalos sin pensar que se les pedirá algo a cambio. Les gusta recibir obsequios, y exactamente eso es la salvación, un regalo de Dios.

## No han endurecido su corazón

- Los niños no tienen patrones de pecado enraizados en su corazón, ni adicciones, ni pensamientos que deben dejar de su "antigua manera de vivir".

- Los niños no han vivido lo suficiente como para volverse cínicos o escépticos. Responden mucho mejor al mensaje de Cristo.

**El setenta y cinco por ciento de las personas que reciben a Cristo lo hacen antes de cumplir los 14 años de edad.**[4]

## Disposición

Todo crecimiento es un proceso y cada niño madura de diferente manera. Sólo Dios conoce la verdadera disposición de un corazón joven, el momento en que ha llegado a la edad de la responsabilidad, en la que es capaz de aceptar o rechazar al Salvador. Al nutrir a los niños pequeños con las cosas del Señor desde su nacimiento, los padres pueden usar su sensibilidad espiritual para determinar el momento en que están listos para dejar de darles la "comida espiritual de los recién nacidos" y ofrecerles la "el alimento sólido que es el evangelio".

## Comida espiritual para el recién nacido

- **Compartir** el amor a través del contacto físico

- **Conocer** y suplir sus necesidades emocionales

- **Hablar** con un tono amable

- **Sonreírles** cada vez que los ve

- **Calmar** su dolor y desilusiones

- **Invertir** tiempo leyéndoles libros

- **Decir no cuando sea necesario** y reforzar la enseñanza

- **Compartir** maneras en que pueden ser amables con los demás, diciendo "por favor" y "gracias".

- **Ser** un ejemplo de cómo se reacciona ante los demás, perdonando y llenando sus necesidades

- **Orar** a la hora de acostarse para afirmarles el amor del Señor

## El alimento sólido del Evangelio

**Mito: "Los adultos no deberían imponer sus creencias religiosas a los niños porque todavía no están listos para creer. Cuando los niños crezcan y sean adultos, entonces podrán decidir".**

**Verdad:** Los niños dan señales de cuándo ya están listos para cambiar y recibir a Cristo como su Salvador.

## Los niños están listos para escuchar el Evangelio cuando:

- **Tienen que vivir con las consecuencias de su comportamiento negativo**
  (tienen sentimientos de culpabilidad y vergüenza)

- **Expresan preocupación por el futuro**
  (temen a la oscuridad, separación, tormentas, muerte)

- **Hacen muchas preguntas**

  ("¿Qué le pasa a la gente cuando muere?")

- **Drásticamente cambian su comportamiento**

  (se retraen o son demasiado sensibles)

- **Sometimiento a la autoridad positiva**

  (dejan el espíritu de rebeldía)

> *"Sino santificad a Dios el Señor en vuestros corazones, y estad siempre preparados para presentar defensa con mansedumbre y reverencia ante todo el que os demande razón de la esperanza que hay en vosotros"*
>
> *(1ª Pedro 3:15)*

## RAZONES POR LAS QUE NO SE COMPARTE EL EVANGELIO A LOS NIÑOS

Si descubriera la cura para el cáncer, ¿la compartiría con los demás? ¡Claro que sí! Cualquier adulto inteligente y responsable lo haría. Entonces, ¿por qué hay tanta resistencia para compartir el Evangelio con un niño? La respuesta es la ignorancia. Para otros, porque se sienten demasiado importantes y sofisticados como para hablar acerca de cosas espirituales con un niño... quizá se sienten avergonzados de hacerlo. Sin embargo, el brillante "evangelista", el apóstol Pablo, no fue así. Él dijo, *"Porque no me avergüenzo del evangelio, porque es poder de Dios para salvación a todo aquel que cree; al judío primeramente, y también al griego"* (Romanos 1:16).

El poder para salvar se encuentra en el Evangelio mismo. Su responsabilidad es compartirlo.

### Causas externas

**Argumento: "No creo que mi hijo sea pecador".**

**Respuesta:** Todos heredamos una naturaleza pecaminosa, la inclinación natural hacia el pecado.

> *"Se apartaron los impíos desde la matriz; se descarriaron hablando mentira desde que nacieron".*
>
> *(Salmo 58:3)*

**Argumento: "Los niños no pueden comprender las verdades abstractas."**

**Respuesta:** Los niños sí pueden entender la dependencia, son dependientes de sus padres, y la dependencia de Cristo es necesaria para que el niño se convierta en verdadero cristiano.

> *"Permaneced en mí, y yo en vosotros.*
> *Como el pámpano no puede llevar fruto por sí mismo,*
> *si no permanece en la vid, así tampoco vosotros, si no permanecéis en mí".*
> *(Juan 15:4)*

**Argumento: "Soy un adulto pero nunca aprendí a compartir las buenas nuevas de salvación".**

**Respuesta:** Como adulto, todavía puede aprender. Nunca es demasiado tarde.

> *"Y estas palabras que yo te mando hoy, estarán sobre tu corazón;*
> *y las repetirás a tus hijos, y hablarás de ellas estando en tu casa,*
> *y andando por el camino, y al acostarte, y cuando te levantes".*
> *(Deuteronomio 6:6-7)*

**Argumento: "No quiero participar en nada que utilice la táctica del miedo para hacer que los niños respondan al Evangelio".**

**Respuesta:** Algunas personas han usado estrategias negativas, pero eso no significa que la evangelización de los niños debe hacerse a un lado. Jesús no obstaculizó a los niños para que llegaran a Él.

> *"Viéndolo Jesús, se indignó, y les dijo [a sus discípulos]:*
> *Dejad a los niños venir a mí, y no se lo impidáis;*
> *porque de los tales es el reino de Dios".*
> *(Marcos 10:14)*

**Argumento: "Me siento incompetente".**

**Respuesta:** El Espíritu Santo es el único competente. Él le dará el poder que necesita para hablar la verdad. Dios le da a todo auténtico cristiano el Espíritu Santo cuando recibe la salvación.

> *"El Espíritu de verdad, Él os guiará a toda la verdad".*
> *(Juan 16:13)*

**La raíz del problema:** Que los padres no compartan a Cristo con sus hijos

**Creencia falsa: "Dejaré que la iglesia dé a mi hijo la instrucción espiritual necesaria".**

**Creencia correcta:** Tengo la responsabilidad dada por Dios de preparar a mi hijo en lo espiritual para que acepte a Jesús como su Salvador y Señor.

*"La palabra de Cristo more en abundancia en vosotros, enseñándoos y exhortándoos unos a otros en toda sabiduría, cantando con gracia en vuestros corazones al Señor con salmos e himnos y cánticos espirituales".*

*(Colosenses 3:16)*

## PASOS PARA ENCONTRAR LA SOLUCIÓN

### Versículo clave para memorizar

*"Y [Jesús] dijo: De cierto os digo, que si no os volvéis y os hacéis como niños, no entraréis en el reino de los cielos".*
*(Mateo 18:3)*

### Pasaje clave para leer y meditar

*Salmo 78:2-7*

*"Abriré mi boca en proverbios; hablaré cosas escondidas desde tiempos antiguos, las cuales hemos oído y entendido; que nuestros padres nos las contaron.
No las encubriremos a sus hijos, contando a la generación venidera las alabanzas de Jehová, y su potencia, y las maravillas que hizo. El estableció testimonio en Jacob, y puso ley en Israel, la cual mandó a nuestros padres que la notificasen a sus hijos; para que lo sepa la generación venidera, y los hijos que nacerán; y los que se levantarán lo cuenten a sus hijos, a fin de que pongan en Dios su confianza, y no se olviden de las obras de Dios; que guarden sus mandamientos"*

### Oración de compromiso de los padres

Querido Señor,

Te pido sabiduría y valor para comunicar Tus profundas verdades a los niños que has puesto bajo mi cuidado. No vacilaré al hablar de Tu poder y de Tus obras dignas de todo honor a mis descendientes, para que a su vez ellos cuenten a sus hijos y nietos las maravillas que Tú has hecho. Mi responsabilidad es enseñar a mis hijos a depositar su confianza en Ti. Te pido que nunca olviden Tus obras y que siempre obedezcan Tus mandamientos. Mi mayor deseo es animar a los pequeños corazones fácilmente impresionables para que resistan la tentación de ser rebeldes y que sean fieles a Ti, nuestro santo y amoroso Dios.

## Pasos prácticos para preparar el corazón de un niño

El corazón de un niño es como un terreno que se puede regar y cultivar para recibir la semilla del Evangelio de Cristo. En la Biblia, Timoteo se destaca como un líder juvenil cristiano conocido por su fe sincera. El terreno de su vida había sido trabajado por el testimonio de su madre y abuela, dos mujeres que tuvieron un papel vital en el crecimiento de Timoteo.

*"Trayendo a la memoria la fe no fingida que hay en ti,*
*la cual habitó primero en tu abuela Loida, y en tu*
*madre Eunice, y estoy seguro que en ti también".*
*(2ª Timoteo 1:5)*

**Nunca subestime la manera en que Dios
puede usarlo en la vida de un niño.**

**Refleje el carácter de Cristo.**

- Reconozca que los niños aprenden mejor viendo que oyendo.

- Sea un modelo ante sus hijos de las virtudes cristianas como la integridad, el perdón, la paciencia y humildad.

- Reconozca humildemente su necesidad de que Cristo lo transforme a Su imagen.

*"Presentándote tú en todo como ejemplo de buenas obras; en la enseñanza mostrando*
*integridad, seriedad, palabra sana e irreprochable, de modo que el adversario se*
*avergüence, y no tenga nada malo que decir de vosotros".*
*(Tito 2:7-8)*

**Alabe a Dios en presencia de su hijo por bendiciones específicas recibidas.**

- "Gracias, Señor, por darnos este día soleado".

- "Gracias, Señor, por la lluvia que refresca los campos".

- "Gracias, Señor, por el regalo de nuestra familia en la que nos podemos amar y aprender unos de otros".

*"Bendeciré a Jehová en todo tiempo;*
*Su alabanza estará de continuo en mi boca".*
*(Salmo 34:1)*

**Toque y cante canciones cristianas con su hijo.**

- Compre audio casetes, discos y videos que contengan verdades espirituales.

- Cante himnos y canciones bíblicas con el corazón, no se sienta avergonzado por ello.

- Cante versículos bíblicos. Componga una canción espiritual.

> *"Aclamad a Dios con alegría, toda la tierra.*
> *Cantad la gloria de su nombre; poned gloria en su alabanza!"*
> *(Salmo 66:1-2)*

## Coloque cuadros y fotos con contenido espiritual en su casa.

- En el cuarto y el baño de sus hijos.

- En la sala y en el pasillo.

- En el auto y en el refrigerador.

> *"Y amarás a Jehová tu Dios de todo tu corazón, y de toda tu alma, y con todas tus fuerzas. Y estas palabras que yo te mando hoy, estarán sobre tu corazón; y las repetirás a tus hijos, y hablarás de ellas estando en tu casa, y andando por el camino, y al acostarte, y cuando te levantes. Y las atarás como una señal en tu mano, y estarán como frontales entre tus ojos; y las escribirás en los postes de tu casa, y en tus puertas".*
> *(Deuteronomio 6:5-9)*

## Provea un tiempo para leer y hablar acerca de las Escrituras en el devocional familiar diario.

- Estudien personajes: David, Daniel, Rut, Ester, Jesús, Pedro, Abraham, Moisés.

- Analicen proverbios seleccionados, parábolas, el fruto del Espíritu.

- Realicen actividades como dramas, pequeñas obras, ilustraciones de las historias bíblicas.

> *"Pero persiste tú en lo que has aprendido y te persuadiste, sabiendo de quién has aprendido; y que desde la niñez has sabido las Sagradas Escrituras, las cuales te pueden hacer sabio para la salvación por la fe que es en Cristo Jesús".*
> *(2ª Timoteo 3:14-15)*

## Prepare versículos bíblicos para memorizar en tarjetas.

Escoja versículos sencillos para los más pequeños.

- Escriba *1ª Juan 4:16* en papel color rojo y en forma de corazón

  *"Dios es amor".*

- Escriba *Juan 3:16* en papel color azul y en forma de un mundo

  *"De tal manera amó Dios al mundo."*

- Escriba *Juan 15:5* en papel color café y en forma de ramas

  *"Yo soy la vid, vosotros los pámpanos".*

**Ore en voz alta con y por su hijo.**

- A la hora de las comidas

- A la hora de dormir

- En tiempos de necesidad y gratitud

*"Por lo cual también nosotros, desde el día que lo oímos, no cesamos de orar por vosotros, y de pedir que seáis llenos del conocimiento de su voluntad en toda sabiduría e inteligencia espiritual, para que andéis como es digno del Señor, agradándole en todo, llevando fruto en toda buena obra, y creciendo en el conocimiento de Dios".*
*(Colosenses 1:9-10)*

**Convierta en prioridades los cultos espirituales regulares.**

- Escuela dominical y servicios de la iglesia

- Coro de la iglesia y campamentos cristianos

- Escuela bíblica de vacaciones y cualquier otro programa que ofrezca educación cristiana.

*"Instruye al niño en su camino, y aun cuando fuere viejo no se apartará de él".*
*(Proverbios 22:6)*

**Practique juegos creativos que coloquen a Dios en el centro de su mente.**

- El juego "Veo, veo"

Cuando vayan en auto, desafíe a sus hijos a "ver" algo que Dios ha hecho y que comience con cada letra del abecedario. El primero en ver una de esas cosas dirá "Veo un animal", el siguiente, "veo una rama", "veo una vaca", etc.

- El juego "Dios hizo"

Deje que sus hijos mencionen tantas cosas como puedan de lo que Dios ha creado, comenzando con la letra "A." Después de un tiempo límite (dos minutos, por ejemplo), deben proseguir con la letra "B", y así sucesivamente.

- Visite la sección infantil de una librería cristiana para obtener más ideas.

**Aprenda el idioma de los pequeños**

Puede volverse más y más hábil para comunicarse con los niños cuando se da cuenta de que ellos toman las cosas literalmente. Tenga cuidado de no usar términos que puedan confundir al niño... o que ellos podrían mal interpretar.[5]

(Vea la siguiente tabla "Vocabulario para niños").

| TÉRMINO LITERAL | INTERPRETACIÓN DEL NIÑO | EN LUGAR DE ELLO UTILICE |
|---|---|---|
| **"Deja que el Señor entre en tu corazón"** | Un hombre grande tiene que caber dentro de mi pequeño corazón. | **Jesús quiere entrar en tu vida.** |
| **"Jesús derramó su sangre"** | Su sangre está en el cobertizo detrás de la casa. | **Jesús tenía heridas que sangraban cuando murió en la cruz.** |
| **"El Espíritu Santo"** | Dios tiene espíritus que vuelan de un lado a otro y asustan a la gente. | **El Espíritu Santo es el Espíritu de Dios.** |
| **"Haz un compromiso por Jesús"** | Tengo que darle permiso a Jesús. | **Haz lo correcto porque amas a Jesús, aunque todos los demás hagan lo malo.** |
| **"Jesús se levantó de los muertos"** | Jesús estaba dormido en un cementerio. | **Jesús volvió a vivir.** |

*"Manzana de oro con figuras de plata*
*es la palabra dicha como conviene".*
*(Proverbios 25:11)*

## Haga las cosas con naturalidad

Los niños nacen con el deseo de vivir "conforme a sus propios deseos". No poseen la aptitud de cambiar su inclinación natural hacia el pecado. Su propia voluntad los lleva a hacer lo incorrecto. Solo cuando Jesús llega a nuestras vidas, Él cambia nuestros deseos para querer hacer lo que es correcto. Los niños sabrán que tienen un problema cuando sufran las consecuencias de su comportamiento negativo y mientras no cambie su "deseo interno".

*"Todos nosotros nos descarriamos como ovejas,*
*cada cual se apartó por su camino".*
*(Isaías 53:6)*

**Adulto: "¿Has tratado de no hacer el mal?"**

    **Niño:** "Sí".

**Adulto: "¿Has tratado lo suficientemente fuerte? Quiero decir, ¿has hecho tu mejor esfuerzo?"**

    **Niño:** "Bueno, quizás no todo el tiempo".

**Adulto:** "¿Crees que el problema pueda ser que dentro de ti hay un "deseo" que siempre quiere hacer lo que es incorrecto?"

**Niño:** "Sí".

**Adulto:** "¿Has tratado de cambiar ese deseo?"

**Niño:** "No sé".

**Adulto:** "¿Haces lo malo a veces aun sabiendo que es malo, porque tu corazón quería hacerlo?"

**Niño:** "Sí".

**Adulto:** "Hacer lo malo es lo que Dios llama pecado. Parece que tus deseos quieren cambiar. Pero como esos deseos están en tu corazón, ¡Jesús es el único que puede cambiar tu corazón! Si dejas que Él tome el control de tu vida, Él podrá cambiar tus deseos al cambiar tu corazón".

## Cómo presentar el Evangelio a los niños

Todos los creyentes disfrutan cuando otra oveja llega al redil, pero nunca debemos presionar o manipular a un niño para que haga una oración de salvación. La salvación es del Señor. De la misma manera, nunca debemos asumir que un niño es cristiano. No desanime al niño que quiere orar para recibir la salvación diciéndole: "Tú ya hiciste esa oración". Quizás no comprendieron cabalmente lo que hicieron o el significado de ser salvo, y el niño hizo la oración solamente para...

- Agradar a su maestra de escuela dominical

- Hacer lo que sus otros amigos estaban haciendo

- Ser considerados y complacientes

- Ser una mejor persona

## Cómo presentar las buenas nuevas

### En cuanto a Dios

"Dios creó todo lo que hay en este mundo, incluyéndote a ti. Él te ama y siempre te amará".

- Establezca su autoridad (**Creador**)

  "Él hizo todo lo que ves y puedas imaginar". Señale las maravillas naturales del mundo que le rodea (árboles y pájaros, lluvia y océanos, estrellas y el sol).

  *"En el principio creó Dios los cielos y la tierra".*
  *(Génesis 1:1)*

- Establezca su carácter **(amor)**

"Él ama a todas las personas, sin importar lo que hagan, y Él te ama a ti en forma muy personal".

*"Con amor eterno te he amado; por tanto, te prolongué mi misericordia".*
*(Jeremías 31:3)*

## Pecado original

"Existe un problema entre tú y Dios, y ese problema se llama pecado. El pecado es cualquier cosa que pienses o hagas que no agrada a Dios. El pecado es hacer tu propia voluntad, y no la de Dios".

- Explique el pecado heredado.

  "Nacemos con un deseo natural de agradarnos a nosotros mismos en lugar de agradar a Dios haciendo lo que es correcto. Los recién nacidos lloran para recibir atención aunque no se les haya lastimado. Lo único que quieren es salirse con la suya".

  *"He aquí, en maldad he sido formado, y en pecado me concibió mi madre".*
  *(Salmo 51:5)*

- Explique los hechos de pecado.

  "Cuando crecemos, todos escogemos pecar. Decidimos desobedecer a nuestros padres. Cualquier cosa que pensamos, digamos o hagamos que no agrada a Dios es pecado".

  *"Y al que sabe hacer lo bueno, y no lo hace, le es pecado".*
  *(Santiago 4:17)*

## Ofrenda por el pecado

"Jesús vino desde el cielo a la tierra, vivió en un cuerpo humano y creció... igual que tú y yo".

- "Dios el Hijo vino a ayudarnos porque Él nos ama"

  *"Porque de tal manera amó Dios al mundo, que ha dado a su Hijo unigénito, para que todo aquel que en Él cree, no se pierda, mas tenga vida eterna".*
  *(Juan 3:16)*

- Jesús es santo... eso significa que es diferente a nosotros. Nosotros no siempre tenemos buenos pensamientos, pero Jesús sí. Él siempre es perfecto. Jesús nunca ha pecado porque Él es Dios.

  *"Y sabéis que Él apareció para quitar nuestros pecados, y no hay pecado en Él".*
  *(1ª Juan 3:5)*

## Muerte y resurrección

"El Señor Jesucristo murió por nuestros pecados, pero Él también hizo algo que nunca nadie ha hecho, ¡regresó a la vida!"

- "Jesús sabía que nuestro pecado nos iba a separar de Él, ese es el castigo por nuestros pecados".

    *"Pero vuestras iniquidades han hecho división entre vosotros y vuestro Dios, y vuestros pecados han hecho ocultar de vosotros su rostro para no oír".*
    *(Isaías 59:2)*

- "Jesús no quería que estuviéramos separados de Él, así que murió por nuestros pecados. Luego pusieron al Señor Jesús en una tumba (cueva), y Él volvió a vivir. Él vivió en la tierra donde la gente podía verlo y hablar con Él. Luego, regresó al cielo".

    *"Cristo murió por nuestros pecados, conforme a las Escrituras; y... fue sepultado, y... resucitó al tercer día, conforme a las Escrituras; y... apareció a Cefas, y después a los doce. Después apareció a más de quinientos hermanos a la vez, de los cuales muchos viven aún, y otros ya duermen. Después apareció a Jacobo; después a todos los apóstoles; y al último de todos, como a un abortivo, me apareció a mí".*
    *(1ª Corintios 15:3-8)*

## Necesidad

"Todos necesitamos un Salvador por el problema del pecado".

- "Necesitamos confiar y depender del Señor Jesucristo por lo que Él ha hecho por nosotros".

    *"Porque todo aquel que invocare el nombre del Señor, será salvo".*
    *(Romanos 10:13)*

- "Lo que tú tienes que hacer es creer que Él ha hecho esto".

    *"Porque no envió Dios a su Hijo al mundo para condenar al mundo, sino para que el mundo sea salvo por Él. El que en Él cree, no es condenado; pero el que no cree, ya ha sido condenado, porque no ha creído en el nombre del unigénito Hijo de Dios".*
    *(Juan 3:17-18)*

**Pregunta: "¿Qué significa creer?"**

**Respuesta:** En la Biblia, la palabra creer significa "confiar en, depender de"

*"A quien amáis sin haberle visto, en quien creyendo, aunque ahora no lo veáis, os alegráis con gozo inefable y glorioso".*
*(1ª Pedro 1:8)*

## Vida eterna

"Lo que Dios ofrece se encuentra en tres promesas para nosotros".

- "No iremos al infierno por nuestros pecados".

    *"Ahora, pues, ninguna condenación hay para los que están en Cristo Jesús".*
    *(Romanos 8:1)*

- "Viviremos por siempre en el cielo".

    *"Y todo aquel que vive y cree en mí, no morirá eternamente".*
    *(Juan 11:26)*

- "Mientras tanto, Dios nos ayudará a vivir una vida diferente mientras vivamos en la tierra".

*"El que comenzó en vosotros la buena obra, la perfeccionará hasta el día de Jesucristo".*
*(Filipenses 1:6)*

## La Palabra de Dios

"La Biblia fue escrita por Dios de manera sobrenatural".

- "Algunas personas dicen que la Biblia es igual que otros libros, pero la Biblia es santa—proviene de Dios—y ¡no tiene ningún error!"

    *"Toda la Escritura es inspirada por Dios, y útil para enseñar,*
    *para redargüir, para corregir, para instruir en justicia".*
    *(2ª Timoteo 3:16)*

- "La Biblia nos dice cómo vivir y también nos dice que necesitamos tener una relación personal con el Salvador".

    *"Lámpara es a mis pies tu palabra, y lumbrera a mi camino".*
    *(Salmo 119:105)*

## Oración de salvación

"Dios invita a que todos vayan a Él".

- Invite al niño a recibir a Cristo.

- Recuérdele una vez más de su necesidad de un Salvador.

*"Todos nosotros nos descarriamos como ovejas, cada cual se apartó por su camino;*
*mas Jehová cargó en Él el pecado de todos nosotros".*
*(Isaías 53:6)*

- Repase lo que Cristo ha hecho.

  *"Porque también Cristo padeció una sola vez por los pecados, el justo por los injustos, para llevarnos a Dios, siendo a la verdad muerto en la carne, pero vivificado en espíritu".*
  *(1ª Pedro 3:18)*

- "¿Quisieras que Jesús fuera tu Señor y Salvador personal?"

  *"Que si confesares con tu boca que Jesús es el Señor, y creyeres en tu corazón que Dios le levantó de los muertos, serás salvo".*
  *(Romanos 10:9)*

Querido Dios,

Sé que he hecho cosas que Tú repruebas y que las llamas pecados. Me doy cuenta de que mis pecados me ha separado de Ti.

Por favor, perdóname por ellos. Señor Jesús, gracias por haber llevado el castigo que yo merecía, Tú pagaste el precio de mi pecado cuando moriste por mí en la cruz. En este momento te pido que vengas a mi vida y seas mi Señor y Salvador.

Quiero ser lo que Tú quieres que sea.

Y también quiero hacer lo que me digas que haga. Amén.

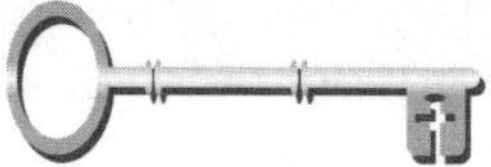

La salvación es una obra sobrenatural de Dios.
Usted no es responsable de la salvación de nadie, sea adulto o
niño. Su responsabilidad es sembrar la Palabra de Dios
y compartir la semilla de la verdad acerca del Salvador.
Al plantar las semillas, pida al Señor que caigan
en el terreno fértil del corazón de su hijo,
que reciba la semilla, eche raíces y lleve fruto.

June Hunt

# Vocabulario para niños

Los niños toman las cosas literalmente y a menudo se les dificulta entender la terminología religiosa que se usa en la iglesia. Las siguientes explicaciones se presentan como alternativas menos confusas.[6]

| | |
|---|---|
| **Resucitó** | Regresó a la vida. |
| **Cristianos** | Gente que ha confiado en Jesús como su Señor y Salvador personal, que quieren agradarle y que han recibido nueva vida de Él. |
| **Iglesia** | Un grupo de gente que ha creído en Jesús como su Señor y Salvador. (No se trata de un edificio de madera y piedras) |
| **Muerte, física** | Cuando tú yo verdadero—tu espíritu—se separa de tu cuerpo. |
| **Muerte, eterna** | Cuando una persona está separada de Dios para siempre en un lugar de oscuridad y castigo. |
| **Emociones** | Los sentimientos. |
| **Fe** | Creer que Dios hará lo que dice que hará. |
| **Perdonar** | No estar enojado con alguien por haber hecho algo malo. |
| **Evangelio** | Las buenas nuevas de que Jesús murió por mí, que fue enterrado y regresó a la vida otra vez. |
| **Culpa** | Sentirse mal por haber hecho algo que sé que está mal. |
| **Corazón** | La parte de mi ser que decide lo que quiero hacer. |
| **Cielo** | Un hogar para siempre con el Señor Jesús donde habrá gozo y alegría. |
| **Santo** | Apartado para ser lo que Dios quiere que sea. |
| **Espíritu Santo** | El Espíritu de Dios, que llega a vivir dentro de todo cristiano verdadero. |
| **Señor** | Ante quien soy responsable porque Él tiene poder sobre mí. |
| **Mente** | Lo que me hace pensar. |
| **Moralidad** | Hacer lo que es bueno o malo. |
| **Oración** | Hablar con Dios y escucharlo. |

**Arrepentirse**      Decidir que estoy triste por lo que he hecho y que no volveré a hacerlo jamás.

**Justo**      Ser bueno.

**Santificación**      Ser más y más como Jesús.

**Salvo/Salvación**      Creer que Jesús vive en mí, me guarda de ser castigado por hacer lo malo y que viviré con Él para siempre en el cielo.

**Salvador**      Alguien que me cuida del peligro.

**Pecado**      Cualquier cosa que piense o haga que no agrada a Dios.

**Espíritu**      Un ser viviente a quien no puedo ver.

**Voluntad**      La que decide.

**Obediencia**      Hacer lo que me digan que haga en el momento en que me lo pidan.

*"Y si alguno de vosotros tiene falta de sabiduría, pídala a Dios,
el cual da a todos abundantemente y sin reproche, y le será dada".*
*(Santiago 1:5)*

## Versículos bíblicos para memorizar

Génesis 1:1

1ª Juan 4:19

Isaías 53:6

Juan 3:16

1ª Juan 1:9

Hebreos 13:5

Santiago 4:8

Proverbios 20:11

Deuteronomio 6:5

Proverbios 3:5-6

**Notas**


**1.** James Strong, *Léxico Griego de Strong* (edición electrónica; Edición en línea Biblia Millennium v. 1.13) (Timnathserah Inc., Julio 6, 2002).

**2.** Strong, *Léxico Griego de Strong*; W. E. Vine, *Diccionario completo expositivo de palabras bíblicas de Vine*, ed. electrónica. (Nashville: Thomas Nelson, 1996).

**3.** Para esta sección, véase Fred Kraft, y Vickie Kraft, *Can Children Receive Christ?* "¿Pueden recibir a Cristo los niños?" (Dallas, Tex.: Titus 2:4 Ministries, 1982).

**4.** Kraft y Kraft, *Can Children Receive Christ?* "¿Pueden recibir a Cristo los niños?"

**5.** Para esta sección, véase Cos H. Davis, Jr., *Children and the Christian Faith*, "Los niños y la fe cristiana". Ed. rev. (Nashville: Broadman, 1990), 60-66.

**6.** Para esta sección, véase Davis, *Children and the Christian Faith*, "Los niños y la fe cristiana", 60-66.


**Bibliografía**


*Children's Ministry Resource Bible: The New King James Version with Bible Lesson Outlines.* "Biblia de recursos para el ministerio de niños: La nueva versión Reina Valera con bosquejos de lecciones bíblicas", Nashville: Thomas Nelson, 1993.

Davis, Cos H., Jr. *Children and the Christian Faith*. "Los niños y la fe cristiana". Ed. rev. Nashville: Broadman, 1990.

*How to Use the Wordless Book.* "Cómo usar el libro sin palabras", Warrenton, Mo.: Evangelización del niño, 1990.

Kraft, Fred, y Vickie Kraft. *Can Children Receive Christ?* "¿Pueden recibir a Cristo los niños?" Dallas, Tex.: Ministerios Tito 2:4, 1982.

McGinn, Linda R., y T. R. Hollingsworth. *The Bible Answers Questions Children Ask.* "La Biblia responde las preguntas que hacen los niños", Nashville: Broadman, 1992.

Reimer, Kathie. *1001 Ways to Introduce Your Child to God.* "100 maneras de presentar a su hijo con Dios", Wheaton, Ill.: Tyndale House, 1992.

Taylor, Kenneth N. *Everything a Child Should Know About God.* "Lo que todo niño debe saber acerca de Dios", Wheaton, Ill.: Tyndale House, 1996.

*The Wordless Book.* "El libro sin palabras", Warrenton, Mo.: Evangelización del niño, s.f., disponible en http://www.cefonline.org.

# Jesús, ¿Es Dios?
## ¿Se puede demostrar la deidad de Cristo?

En el curso de su vida, usted tendrá que enfrentar varias preguntas que podrían cambiar su vida para siempre. Estas son dos de las preguntas más cruciales que alguna vez tendrá que responder: "¿Es Jesús Dios?" y "¿qué haré con Jesús?"

Cuando Jesús estuvo en la tierra hubo muchas y variadas opiniones acerca de Él. Los líderes judíos decidieron que era un engañador. Los oficiales romanos pensaban que era una amenaza para la paz social. Durante Su ministerio terrenal ni Sus propios hermanos lo apoyaron —Él era sólo su hermano. Sin embargo, al principio de su ministerio público, Juan el Bautista vio a Jesús y proclamó con profunda admiración y reverencia,

*"He aquí el Cordero de Dios, que quita el pecado del mundo".*

*(Juan 1:29)*

## DEFINICIONES

En nuestros días abundan las creencias acerca de quién es Jesús. Algunos dicen que sólo se trata de un maestro de verdades... o de un profeta de la paz... o un hombre que hizo milagros pero dicen que no era Dios. Algunas personas han llegado a negar que Jesús viviera.

Sin embargo, a través de los siglos, los cristianos han afirmado que Jesús es el "¡Salvador y Señor, Dios y Rey!" Pero, ¿quién dice usted que Jesús? Esa es la pregunta que el Señor le hizo al apóstol Pedro...

*"El les dijo: Y vosotros, ¿quién decís que soy yo?"*

*(Mateo 16:15)*

## ¿Qué se puede aprender de los Nombres de Jesús?

Uno de los aspectos más intrigantes y desconocidos de las Escrituras es el significado de cada nombre bíblico. Los patriarcas antiguos eran muy específicos al momento de seleccionar un nombre para sus hijos, porque su significado era una descripción acerca de su personalidad. Era una característica física, una singularidad de carácter, un propósito en la vida. No podemos dudar que Dios el Padre haya elegido los nombres que dio a Jesús. Muchos de esos nombres revelan claramente varios aspectos de Su Hijo, especialmente a la luz de Su relación con los pasajes del Antiguo Testamento. Esos nombres no sólo nos comunican quién es Él sino también nos hablan de lo que sería Su misión.

*"Sea notorio a todos vosotros, y a todo el pueblo de Israel,*
*que en el nombre de Jesucristo de Nazaret, a quien vosotros crucificasteis*
*y a quien Dios resucitó de los muertos, por Él este hombre está en vuestra*
*presencia sano... Y en ningún otro hay salvación; porque no hay otro nombre*
*bajo el cielo, dado a los hombres, en que podamos ser salvos".*
*(Hechos 4:10, 12)*

- **Jesús**

  El nombre hebreo *Jesús* es su nombre personal, el cual significa "Salvador" o "el Señor salva" (literalmente, "Yahweh salva").

  El nombre *Josué* del Antiguo Testamento tiene el mismo significado. Así como Josué llevó al pueblo judío del desierto a una nueva vida, Jesús lleva a su pueblo de su desierto espiritual a una vida nueva.

  *"Y [María] dará a luz un hijo, y llamarás su nombre JESÚS,*
  *porque Él salvará a su pueblo de sus pecados".*
  *(Mateo 1:21)*

- **Mesías**

  La palabra hebrea *Mesías*, traducida "Cristo" en griego, es el nombre profético dado a Jesús y significa "el Ungido".

  La palabra *Mesías* describe al Ungido de Dios como el profeta, sacerdote y rey que fue profetizado en la Biblia y que gobernaría al pueblo de Dios.

  *"Este halló primero a su hermano Simón, y le dijo:*
  *Hemos hallado al Mesías (que traducido es, el Cristo)".*
  *(Juan 1:41)*

- **Cristo**

Originalmente el título Cristo no era parte del nombre de Jesús, pero sí se usaba para describir a Jesús como "el Ungido". Jesús fue ungido por Dios como Su elegido al momento de su bautismo.

> *"Después del bautismo que predicó Juan...*
> *Dios ungió con el Espíritu Santo y con poder a Jesús de Nazaret,*
> *y cómo éste anduvo haciendo bienes y sanando a todos los oprimidos*
> *por el diablo, porque Dios estaba con él".*
> *(Hechos 10:37-38)*

Más tarde el título Cristo llegó a ser parte del nombre de Jesús.

> *"Cristo resucitó de los muertos". (Romanos 6:4)*

- **Señor**

El nombre Señor tiene diferentes significados según su ortografía y puntuación.

En el hebreo, la palabra *Jehová (Yahweh)* se traduce Señor. Esta palabra se utiliza sólo para referirse a Dios.

> *"Y todo aquel que invocare el nombre de Jehová será salvo".*
> *(Joel 2:32)*

El vocablo griego *kurios* se traduce Señor (escrito en minúscula en la mayoría de las traducciones) y significa "maestro, regidor, dueño". Este título de honor y respeto se usa para Dios y también para el hombre. Con frecuencia, la traducción del vocablo del Antiguo Testamento "Señor" *(Yahweh o Jehová)* se tradujo en el Nuevo Testamento como "Señor" indicando así que Jesús es Dios. Pablo cita las Escrituras hebreas de *Joel 2:23* que son una alusión directa a *Yahweh* pero en su contexto él está hablando acerca de Jesús.

> *"Si confesares con tu boca que Jesús es el Señor... serás salvo...*
> *Porque no hay diferencia entre judío y griego, pues el mismo que*
> *es Señor de todos, es rico para con todos los que le invocan;*
> *porque todo aquel que invocare el nombre del Señor, será salvo".*
> *(Romanos 10:9, 12-13)*

- **Dios**

El apóstol Pablo llama a Jesús "Dios sobre todas las cosas". En varios pasajes Pablo le atribuye a Jesucristo "la plenitud de Dios".

> *"De quienes son los patriarcas, y de los cuales, según la carne, vino Cristo,*
> *el cual es Dios sobre todas las cosas, bendito por los siglos".*
> *(Romanos 9:5)*

En el Antiguo Testamento, el profeta Isaías se refirió al niño que iba a nacer (el Mesías) como el "Dios Fuerte".

> *"Porque un niño nos es nacido, hijo nos es dado, y el principado*
> *sobre su hombro; y se llamará su nombre Admirable, Consejero,*
> *Dios Fuerte, Padre Eterno, Príncipe de Paz".*
> *(Isaías 9:6)*

**Pregunta: "¿Dijo Jesús que Él era Dios?"**

**Repuesta:** Sí, con toda claridad. En *Juan 8:58* Jesús anunció que Él es el "Yo Soy". Esta frase alude a *Éxodo 3:14*, donde Dios la utiliza para describirse a Sí mismo.

- Si Jesús es el "Yo Soy" de *Éxodo 3:14*, significa que Jesús existió ¡antes de Abraham! Los judíos entendieron por quién se hacía pasar Jesús, así que lo consideraron una blasfemia y trataron de apedrearlo.

> *Abraham vuestro padre se gozó de que había de ver mi día; y lo vio, y se gozó.*
> *Entonces le dijeron los judíos: Aún no tienes cincuenta años, ¿y has visto a Abraham?*
> *Jesús les dijo: De cierto, de cierto os digo: Antes que Abraham fuese, yo soy.*
> *Tomaron entonces piedras para arrojárselas; pero Jesús se escondió*
> *y salió del templo; y atravesando por en medio de ellos, se fue".*
> *(Juan 8:56-59)*

## ¿Qué papeles desempeñó Jesús?

Durante el tiempo del Antiguo Testamento, Dios estableció tres oficios muy importantes para suplir las necesidades espirituales y físicas de Su pueblo escogido. Jesús el Mesías vino a cumplir y llenar los tres cargos:

- **Profeta**

  — Él representa a Dios ante Su pueblo.

Como profeta, Él habla en lugar de Dios con palabras que son verdaderas y dignas de confianza.

> *"De Jesús nazareno... varón profeta, poderoso en obra y*
> *en palabra delante de Dios y de todo el pueblo".*
> *(Lucas 24:19)*

- **Sacerdote**

  — Él representa al pueblo delante de Dios.

Como sacerdote, Jesús ofreció el sacrificio definitivo por nuestros pecados con Su muerte en la cruz.

*"Por tanto, teniendo un gran sumo sacerdote que traspasó los cielos,*
*Jesús el Hijo de Dios, retengamos nuestra profesión".*
*(Hebreos 4:14)*

- **Rey**

— Él reina sobre el pueblo de Dios.

Como rey, Jesús es el máximo gobernador sobre todas las cosas, y requiere total sumisión y obediencia a Él.

*"Le dijo entonces Pilato: ¿Luego, eres tú rey? Respondió Jesús: Tú dices que yo soy rey.*
*Yo para esto he nacido, y para esto he venido al mundo, para dar testimonio*
*a la verdad. Todo aquel que es de la verdad, oye mi voz".*
*(Juan 18:37)*

**Pregunta:** "Si Jesús no tuvo pecado, ¿por qué tuvo que ser bautizado? Si no tenía pecados que limpiar no tenía que pasar por el agua de la purificación. Por lo tanto, Jesús no era Dios".

**Repuesta:** El bautismo de Jesús no fue para remisión de pecados, sino para ungirlo para el ministerio. Así como David fue ungido como rey sobre Israel, así mismo Jesús fue ungido como el rey mesiánico sobre Israel.

*"Envió, pues, por el, y le hizo entrar; y era rubio, hermoso de ojos, y de buen*
*parecer. Entonces Jehová dijo: Levántate y úngelo, porque éste es.*
*Y Samuel tomó el cuerno del aceite, y lo ungió en medio de sus hermanos;*
*y desde aquel día en adelante el Espíritu de Jehová vino sobre David.*
*Se levantó luego Samuel, y se volvió a Ramá".*
*(1ª Samuel 16:12-13)*

## CARACTERÍSTICAS DE LA PERSONA DE JESUCRISTO

Ciertamente Jesús es singular—el único de su tipo—pero, ¿puede ser totalmente Dios y al mismo tiempo ser totalmente hombre? ¿Puede ser el puente entre lo humano y lo divino? ¿Puede ese puente acercarnos a Dios? Sí, porque Él fue hombre perfecto y Dios perfecto. Jesús no sólo tiene la habilidad de compadecerse de nuestros sufrimientos, sino que tiene la autoridad de mostrar misericordia y perdonar nuestros pecados.

*"Porque no tenemos un sumo sacerdote que no pueda compadecerse de nuestras*
*debilidades, sino uno que fue tentado en todo según nuestra semejanza,*
*pero sin pecado. Acerquémonos, pues, confiadamente al trono de la gracia,*
*para alcanzar misericordia y hallar gracia para el oportuno socorro".*
*(Hebreos 4:15-16)*

## ¿Cómo presentan el Antiguo y el Nuevo Testamento a Jesús como Dios?

Muchas profecías del Antiguo Testamento respecto al Mesías se cumplieron en el Nuevo Testamento en la persona de Jesús, confirmando así que Él es Dios. Todas esas citas del Antiguo Testamento se encuentran en el Nuevo.

> *"Porque hay un solo Dios, y un solo mediador*
> *entre Dios y los hombres, Jesucristo hombre".*
> *(1ª Timoteo 2:5)*

- Se demuestra que Jesús es Dios a través de las citas del Antiguo Testamento que aparecen en el Nuevo.

### Jesús es Dios, de quien proclamó Isaías que vendría.

| Antiguo Testamento | Nuevo Testamento |
|---|---|
| *"Voz que clama en el desierto: Preparad camino a Jehová; enderezad calzada en la soledad a nuestro Dios".* <br> *(Isaías 40:3)* | *"Pues éste es aquel de quien habló el profeta Isaías, cuando dijo: Voz del que clama en el desierto: Preparad el camino del Señor, enderezad sus sendas".* <br> *(Mateo 3:3)* |

### Jesús es el primero y el último.

| Antiguo Testamento | Nuevo Testamento |
|---|---|
| *"Así dice Jehová Rey de Israel, y su Redentor, Jehová de los ejércitos: Yo soy el primero, y yo soy el postrero, y fuera de mí no hay Dios".* <br> *(Isaías 44:6)* | *"Cuando le vi, caí como muerto a sus pies. Y Él puso su diestra sobre mí, diciéndome: No temas; yo soy el primero y el último".* <br> *(Apocalipsis 1:17)* |

### Jesús es el Señor que provee nuestra salvación.

| Antiguo Testamento | Nuevo Testamento |
|---|---|
| *"Y todo aquel que invocare el nombre de Jehová será salvo; porque en el monte de Sion y en Jerusalén habrá salvación, como ha dicho Jehová, y entre el remanente al cual Él habrá llamado".* <br> *(Joel 2:32)* | *"porque todo aquel que invocare el nombre del Señor, será salvo".* <br> *(Romanos 10:13)* |

### Jesús tiene las mismas funciones de Dios.

## Jesús es el Creador.

### Antiguo Testamento

*"¿No has sabido, no has oído que el Dios eterno es Jehová, el cual creó los confines de la tierra? No desfallece, ni se fatiga con cansancio, y su entendimiento no hay quien lo alcance".*
*(Isaías 40:28)*

### Nuevo Testamento

*"Todas las cosas por Él fueron hechas, y sin Él nada de lo que ha sido hecho, fue hecho".*
*(Juan 1:3)*

## Jesús es el originador y sustentador del universo.

### Antiguo Testamento

*"Tú solo eres Jehová; tú hiciste los cielos, y los cielos de los cielos, con todo su ejército, la tierra y todo lo que está en ella, los mares y todo lo que hay en ellos; y tú vivificas todas estas cosas, y los ejércitos de los cielos te adoran".*
*(Nehemías 9:6)*

### Nuevo Testamento

*"Porque en Él fueron creadas todas las cosas, las que hay en los cielos y las que hay en la tierra, visibles e invisibles; sean tronos, sean dominios, sean principados, sean potestades; todo fue creado por medio de Él y para Él. Y Él es antes de todas las cosas, y todas las cosas en Él subsisten".*
*(Colosenses 1:16-17)*

## Jesús recibe adoración.

### Antiguo Testamento

*"Porque no te has de inclinar a ningún otro dios, pues Jehová, cuyo nombre es Celoso, Dios celoso es".*
*(Éxodo 34:14)*

### Nuevo Testamento

*"Y otra vez, cuando introduce al Primogénito en el mundo, dice: Adórenle todos los ángeles de Dios".*
*(Hebreos 1:6)*

## Jesús tiene los mismos títulos de Dios.
## Jesús es el buen pastor.

### Antiguo Testamento

*"He aquí que Jehová el Señor vendrá con poder, y su brazo señoreará; he aquí que su recompensa viene con Él, y su paga delante de su rostro. Como pastor apacentará su rebaño; en su brazo llevará los corderos, y en su seno los llevará; pastoreará suavemente a las recién paridas".*
*(Isaías 40:10-11)*

### Nuevo Testamento

*"Yo soy el buen pastor; el buen pastor su vida da por las ovejas".*
*(Juan 10:11)*

## Jesús es nuestro Salvador.

| Antiguo Testamento | Nuevo Testamento |
| --- | --- |
| *"Y a los que te despojaron haré comer sus propias carnes, y con su sangre serán embriagados como con vino; y conocerá todo hombre que yo Jehová soy Salvador tuyo y Redentor tuyo, el Fuerte de Jacob".* <br> *(Isaías 49:26)* | *"Pero el ángel les dijo: No temáis; porque he aquí os doy nuevas de gran gozo, que será para todo el pueblo".* <br> *(Lucas 2:11)* |

**Pregunta: "¿Por qué es importante que Jesús sea Dios? ¿No es suficiente con que Él, como Abraham (Romanos 4:3), haya sido un hombre justo?"**

**Respuesta:** Siendo Dios, Jesús no pecó. Por eso pudo ofrecer el único sacrificio puro (al derramar su sangre en la cruz) por medio del cual quita los pecados de toda la humanidad. Sólo siendo Dios es que Jesús tuvo poder para ofrecer perdón y vida eterna a quienes confían su vida a Él.

*"Sabiendo que fuisteis rescatados de vuestra vana manera de vivir,*
*la cual recibisteis de vuestros padres, no con cosas corruptibles, como oro o*
*plata, sino con la sangre preciosa de Cristo, como de un cordero*
*sin mancha y sin contaminación".*
*(1ª Pedro 1:18-19)*

## ¿Cuáles son las pruebas de que Jesús fue humano?

¿Por qué es importante probar que Jesús fue humano cuando muchas personas tratan de probar Su deidad? Sólo siendo humano podía haber muerto como sustituto nuestro en la cruz por nuestros pecados. Y porque Él fue tentado como nosotros, se puede identificar con nuestras tentaciones. El hecho de que Jesús sea humano significa que Él puede identificarse mejor con nosotros y proveernos de un ejemplo como ser humano.

Ya que Jesús sufrió como nosotros sufrimos, Él se puede compadecer con nuestros sufrimientos. Y ya que Él fue humano y tomó las decisiones correctas, Él es nuestro ejemplo de ser humano y nosotros también podemos tomar buenas decisiones. La Biblia habla de Su humanidad de esta manera:[1]

*"Por lo cual debía ser en todo semejante a sus hermanos,*
*para venir a ser misericordioso y fiel sumo sacerdote en lo que a Dios*
*se refiere, para expiar los pecados del pueblo. Pues en cuanto Él mismo*
*padeció siendo tentado, es poderoso para socorrer a los que son tentados".*
*(Hebreos 2:17-18)*

- Tuvo padres humanos. *Lucas 1:31*
- Nació como un bebé. *Lucas 2:6-7*
- Fue circuncidado. *Lucas 2:21*
- Creció. *Lucas 2:40*
- Creció en sabiduría. *Lucas 2:52*
- Tuvo un cuerpo físico y lo pudieron tocar. *1ª Juan 1:1*
- Lloró. *Juan 11:35*
- Usó ropa. *Juan 13:4*
- Fue tentado. *Mateo 4:1*
- Tuvo hambre. *Mateo 4:2*
- Durmió. *Mateo 8:24*
- Era de carne y huesos. *Lucas 24:39*
- Se cansó. *Juan 4:6*
- Tuvo sed. *Juan 4:7*
- Comió con otros. *Mateo 9:10*
- Sufrió. *1ª Pedro 2:21*
- Fue crucificado. *Mateo 27:38*
- Sangró. *Juan 19:34*
- Murió. *Mateo 27:50*
- Fue sepultado. *Mateo 27:59-60*

**Pregunta: "La Biblia enseña que Dios no puede pecar. Si Jesús fue realmente tentado a pecar, entonces Jesús realmente podría haber pecado—así que, ¿cómo puede ser Dios?"**

**Respuesta:** Hay dos puntos de vista teológicos acerca de la tentación en el desierto descrita en Mateo capítulo 4 y Lucas capítulo 4. En el registro bíblico, se utilizó el vocablo griego *peirazo*, que significa una tentación a pecar o una prueba.[2]

- Punto de vista 1.

  Jesús sí fue tentado a pecar. Sin embargo, ya que Él es Dios, Él no quería pecar.

- Punto de vista 2.

  Jesús no podía ser tentado a pecar. Por tanto, la tentación no era para ver si Jesús pecaría, sino para probar que Él no lo haría. Cualquiera que sea su punto de vista, el hecho de que Jesús nunca haya pecado prueba que Él es Dios.

# ¿QUÉ ES LO QUE CAUSA CONFUSIÓN ACERCA DE LA PERSONA DE JESÚS?

Pocas personas se preguntan, ¿existió Jesús? La mayoría está más confundida acerca de la verdadera identidad de Él. La pregunta es: "¿Es Jesús más que un profeta, más que un gran maestro, más que un buen ejemplo a seguir?"

La Biblia responde a estas cuestiones, así que nos preguntamos, ¿por qué continúa la confusión acerca de la persona de Jesús? La gente se confunde porque su percepción de Él no se basa en lo que la Biblia enseña. Por lo tanto, están...

- Mal informados acerca de la verdad

- Engañados acerca de la verdad

- Conocen la verdad pero la han rechazado

La Biblia dice:

*"Porque vendrá tiempo cuando no sufrirán la sana doctrina, sino que teniendo comezón de oír, se amontonarán maestros conforme a sus propias concupiscencias".*
*(2ª Timoteo 4:3)*

## ¿Existió Jesús o no?

Según la historia de la Iglesia, casi todos los primeros discípulos de Jesús fueron mártires por causa de Jesucristo. Con toda certeza no habrían muerto por alguien que ¡sólo existía en su mente! Además, los historiadores judíos y romanos reconocen que la persona de Jesucristo es un personaje histórico y real.

- Un historiador judío del primer siglo registró la existencia de Jesús.

  — Flavio Josefo

*"Hubo por este tiempo un hombre sabio llamado Jesús, si es que se puede hablar de Él como hombre; puesto que fue un hacedor de obras maravillosas—un maestro de hombres que recibieron la verdad con gozo. Atrajo a muchos de los judíos y también de los gentiles. El era [el] Cristo". (Antiquities of the Jews "Antigüedades de los judíos", 18:63)*

*"Cuando, por tanto, Ananías... reunió al Sanedrín de jueces, y trajo delante de ellos al hermano de Jesús, al que llamaban Cristo, cuyo nombre era Santiago, y algunos de los otros, [o algunos de sus compañeros]; y, cuando había formulado su acusación contra ellos como desobedientes a la ley, los entregó para que los apedrearan". (Antiquities of the Jews "Antigüedades de los judíos", 20:200)*

- Un historiador romano registró la existencia de Jesús.

  — Tácito (AD 115-117)

  *"Nerón [el emperador romano] creó sus chivos expiatorios y los sujetó a las torturas más crueles entre los cuales se encontraban la gente común llamada "cristianos"... el origen de ese nombre fue Cristo, que vivió durante el reinado de Tiberio, y que fue ejecutado bajo el procurador Poncio Pilato". (Annals "Anales", 15.44)3*

- Un gobernador romano del primer siglo reportó acerca de los cristianos que adoraban a Cristo.

  — Plinio el Menor, un gobernador romano, escribió en el año 96 d.C a Trajano, el emperador romano, acerca de su primer encuentro con los cristianos:

  *"Tenían la costumbre de reunirse en un cierto día antes del amanecer, cantaban himnos con versos a Cristo, como a un dios, y estaban unidos por juramento solemne, para no hacer obras de maldad, para nunca cometer fraude, robo o adulterio, nunca falsear su palabra, ni delatar alguna confidencia cuando eran llamados a confesar..." (Plinio el Menor, Letters "Cartas", 10:96-97)4*

## ¿Fue Jesús más que un gran maestro o no?

Muchos maestros a través de toda la historia han reunido seguidores que aceptan sus enseñanzas como si fueran la "verdad". Pero Buda, Confucio, Mahoma y otros más, siguen siendo sólo maestros. A diferencia de esos fundadores de religiones mundiales, Jesús no es sólo un hombre ni un maestro. Jesús es Dios humanado. Él hizo, y todavía hace mucho más que lo que esos líderes pudieron haber hecho o pueden hacer. Para evitar toda confusión se debe vivir a la luz de la verdad.

> *"Estoy maravillado de que tan pronto os hayáis alejado del que os llamó*
> *por la gracia de Cristo, para seguir un Evangelio diferente.*
> *No que haya otro, sino que hay algunos que os perturban y*
> *quieren pervertir el Evangelio de Cristo".*
> *(Gálatas 1:6-7)*

## Verdades acerca de Jesús

### Jesús fue un maestro extraordinario.

> *"Y se admiraban de su doctrina; porque les enseñaba como*
> *quien tiene autoridad, y no como los escribas".*
> *(Marcos 1:22)*

### Jesús hizo milagros.

*"Jesús les respondió: Muchas buenas obras os he mostrado*
*de mi Padre; ¿por cuál de ellas me apedreáis?".*
*(Juan 10:32)*

### Jesús da vida.

*"Porque como el Padre levanta a los muertos, y les da vida,*
*así también el Hijo a los que quiere da vida".*
*(Juan 5:21)*

### Jesús tiene autoridad para juzgar.

*"Porque el Padre a nadie juzga, sino que todo el juicio dio al Hijo".*
*(Juan 5:22)*

### Jesús murió por nuestros pecados.

*"Porque también Cristo padeció una sola vez por los pecados,*
*el justo por los injustos, para llevarnos a Dios, siendo a la verdad*
*muerto en la carne, pero vivificado en espíritu".*
*(1ª Pedro 3:18)*

### Jesús provee salvación.

*"Porque no nos ha puesto Dios para ira, sino para alcanzar*
*salvación por medio de nuestro Señor Jesucristo".*
*(1ª Tesalonicenses 5:9)*

### Jesús envió al Espíritu Santo.

*"Así que, exaltado por la diestra de Dios, y habiendo recibido del Padre la promesa*
*del Espíritu Santo, ha derramado esto que vosotros veis y oís".*
*(Hechos 2:33)*

## ¿Cuáles son las falsedades más grandes acerca de Jesucristo?

Aunque las Escrituras aclaran muy bien quién es Jesús, ciertos falsos maestros continúan hasta el día de hoy tratando de convencer a la gente. Con toda facilidad hacen declaraciones falsas que suenan a verdad a quienes no conocen la Palabra de verdad. Algunos enseñan falsas doctrinas por ignorancia, pero otros lo hacen por ganancia económica o personal. El apóstol Pablo dijo,

*"Porque éstos son falsos apóstoles, obreros fraudulentos,*
*que se disfrazan como apóstoles de Cristo".*
*(2ª Corintios 11:13)*

## Liberalismo

"Jesús fue un maestro de moral, pero no era Dios"

**Respuesta bíblica:** Jesús es completamente Dios. Entre muchas otras declaraciones que hablan de su posición como Dios, Jesús dijo,

> *"Jesús le dijo: Yo soy el camino, y la verdad,*
> *y la vida; nadie viene al Padre, sino por mí".*
> *(Juan 14:6)*

El apologista C. S. Lewis dio lo que ahora se conoce como su respuesta clásica a este argumento de "gran maestro/pero no Dios". "Un hombre que sólo es humano y dice el tipo de cosas que Jesús dijo no es un gran maestro de moral. Sería un lunático. Estaría al nivel del hombre que dice que es un huevo tibio. O tendría que ser un demonio del infierno. Se debe elegir una opción. O este hombre era, y es, el Hijo de Dios: o un loco, o algo peor. Se le puede considerar un tonto, se le puede escupir y matar como si fuera un demonio; o puedes caer de rodillas a sus pies y llamarlo Señor y Dios. Pero no vengamos con estas locuras condescendientes acerca de que fue un gran maestro humano. Él no nos dio otra opción. Ni quiso hacerlo".[5]

> *"Aguardando la esperanza bienaventurada y la manifestación*
> *gloriosa de nuestro gran Dios y Salvador Jesucristo".*
> *(Tito 2:13)*

## Mormonismo:

"Jesús es el Hijo de Dios, pero no cuenta con la esencia singular que lo hace diferente a los demás seres humanos.[6] Jesús fue sólo uno de los hijos espirituales de Dios, de la misma manera que su hermano Lucifer".

**Respuesta bíblica:** Jesús es el único Hijo de Dios, totalmente Dios y totalmente hombre. Lea las palabras exactas de José Smith: "Regresaré hasta el principio antes de que el mundo fuera creado, para demostrar qué tipo de ser es Dios... Dios mismo fue desde el principio como nosotros somos ahora, es un hombre exaltado... Voy a decirles cómo Dios llegó a ser Dios. Hemos imaginado y supuesto que Dios fue Dios desde toda la eternidad. Voy a refutar esa idea, y quitar el velo, para que ustedes puedan ver...

> *"Él fue un hombre como todos nosotros... Dios mismo, el Padre de todos nosotros, habitó en la tierra, lo mismo que Jesucristo... Aquí, entonces, se encuentra la vida eterna —conocer al único sabio y verdadero Dios; y deben aprender a ser dioses en sí mismos, y a ser reyes y sacerdotes para Dios, así como todos los dioses lo han hecho antes que ustedes."[7]*

Esta enseñanza tan básica para la enseñanza de los Santos de los Últimos Días está en conflicto con sus propios libros sagrados autoritativos:

**Libro del Mormón:** "Sé que Dios no es un ser que cambia, sino que es inmutable desde la eternidad y por toda la eternidad". (Moroni 8:18)

**Biblia:** *"Antes que naciesen los montes y formases la tierra y el mundo desde el siglo y hasta el siglo, tú eres Dios". (Salmo 90:2)*

## Modalismo presentado por la Unicidad Pentecostal

(Iglesia Pentecostal Unida Internacional): "No existe la Trinidad. Jesús es Padre, Hijo y Espíritu Santo. Dios aparece en diferentes momentos de la historia con una persona o manifestación diferente".[8]

**Respuesta bíblica:** Jesús es totalmente Dios, diferente de Dios el Padre y de Dios el Espíritu Santo.

El Modalismo no es posible desde el punto de vista bíblico como se puede apreciar en el relato del bautismo de Jesús. Como una fotografía en el tiempo, cuando Juan bautizó a Jesús, debe notarse como Él Padre, el Hijo y el Espíritu Santo—tres personas distintas—se revelaron a sí mismas al mismo tiempo. Jesús ascendió del agua, el Espíritu de Dios descendió como una paloma y la voz de su Padre se escuchó desde el cielo. Cada una de las tres personas individuales de la Trinidad estuvo en el mismo lugar, al mismo tiempo, pero su forma de actuar era diferente.

*"Y Jesús, después que fue bautizado, subió luego del agua;*
*y he aquí los cielos le fueron abiertos, y vio al Espíritu de Dios*
*que descendía como paloma, y venía sobre Él. Y hubo una voz de los cielos,*
*que decía: Este es mi Hijo amado, en quien tengo complacencia".*
*(Mateo 3:16-17)*

**Pregunta: "Si es Dios, ¿cómo pudo Él orar diciendo, 'Padre nuestro que estás en los cielos?'"**

**Respuesta:** Tanto en el Antiguo como en el Nuevo Testamentos, la Biblia enseña que existe un solo Dios. Al mismo tiempo, la Biblia presenta el concepto de la Trinidad—tres personas iguales que son Dios el Padre, Dios el Hijo y Dios el Espíritu Santo—no tres Dioses, sino tres personas que en esencia son una sola. Sólo existe un sólo Dios. Cuando Jesús dio "la gran comisión" dijo: "Por tanto, id, y haced discípulos a todas las naciones, bautizándolos en el nombre del Padre, y del Hijo, y del Espíritu Santo". (Mateo 28:19)

## Islamismo

"Jesús es sólo un profeta, pero no es Dios"

**Respuesta bíblica:** Jesús es totalmente Dios.

Todo musulmán fiel cree que Jesús fue un profeta y, según Mahoma, un profeta no puede mentir. Entre muchos de sus milagros, Jesús no sólo sanó a un paralítico, sino que perdonó pecados. Puesto que sólo Dios puede perdonar pecados, la gente acusó a Jesús de decir blasfemias. *"¿Por qué habla éste así? Blasfemias dice. ¿Quién puede perdonar pecados, sino sólo Dios?". (Marcos 2:7)*

**Conclusión:** Ya que Jesús es un profeta que no puede mentir, y que hizo lo que sólo Dios podía hacer—perdonar pecados—Jesús debe ser Dios.

— Todos los musulmanes fieles creen que "El [Alá]... envió... el Evangelio (de Jesús)... como la guía para la humanidad" (Surah 3:3) y también saben que Alá no diría mentiras. El Evangelio de Juan dice que el discípulo llamado Tomás dudó de la deidad de Jesús, no creía que Él había resucitado de los muertos. Pero cuando Tomás vio a Jesús con las cicatrices de los clavos en sus manos, *"Entonces Tomás respondió y le dijo: ¡Señor mío, y Dios mío!" (Juan 20:28)*

**Conclusión:** Ya que Alá envió el "Evangelio de Jesús," y puesto que Él no mentiría, el relato de Tomás debe ser verdad: es decir, Jesús es el Señor y es Dios.

**Argumento:** "El cuadro que la Biblia presenta de Jesús es incorrecto. Los cristianos han tergiversado la Biblia para apoyar su creencia de que Jesús es Dios. El Corán es la revelación incorruptible directa de Dios".

**Respuesta:** Los musulmanes dicen que la Biblia está adulterada, pero no pueden presentar pruebas de que la Biblia ha sido tergiversada y que su mensaje está cambiado. Los musulmanes deben insistir en que la Biblia está equivocada porque dicen que los profetas bíblicos enseñaron el mismo mensaje de sus profetas islámicos.

• De hecho, las propias palabras del Corán acerca de la Biblia apoyan que es correcta, puesto que el Corán mismo dice que nadie puede alterar la Palabra de Dios. (Los musulmanes afirman categóricamente que el Corán no puede ser alterado)

"No hay nadie que pueda alterar las palabras (y decretos) de Alá". (Surah 6:34)

• El Corán reconoce que la ley del Antiguo Testamento y el Evangelio provinieron de Dios.

"Fuimos nosotros quienes revelamos la ley (a Moisés): así fue como hubo guía y luz... Y en sus mismas pisadas enviamos a Jesús el hijo de María, confirmando así la ley que Él había venido antes que Él, enviamos el Evangelio como una guía y luz, y la confirmación de la ley que vino antes que Él, una guía y una amonestación para todos los que temen a Alá. Que el pueblo del Evangelio juzgue por lo que Alá les ha revelado. Si alguno falla en juzgar (la luz de) lo que Alá ha revelado, son (peores) que los rebeldes. A ustedes les enviamos las verdaderas Escrituras, confirmando la Escritura que vino antes que Él, a guardarla en toda seguridad". (Surah 5:44, 46-48)

- ¿Cuándo fue que la Biblia se corrompió? Es obvio que no fue antes de que se escribiera el Corán, o Mahoma le hubiera dicho a sus seguidores qué copias de la Biblia no estaban tergiversadas.

- Por tanto, si la Biblia se corrompió debió haber sido después de la escritura del Corán (alrededor del 650 d.C.). Pero se cuenta con manuscritos anteriores a 650 d.C. de todos los libros de la Biblia, y todos contienen el mismo mensaje que encontramos en las Biblias modernas.

**Conclusión:** La Biblia no puede estar tergiversada como dicen los musulmanes. Si un musulmán acepta la enseñanza del Corán acerca de que la Biblia es la revelación de Dios, entonces debe aceptar también el mensaje que contiene acerca de que Jesucristo es Dios.

## Testigos de Jehová

"Jesús no es Dios, es un ser creado"

**Respuesta bíblica:** Jesús es totalmente Dios.

Para algunos de los que están confundidos acerca de la deidad de Jesús, hágales estas tres preguntas con amabilidad y espere la respuesta a cada una de ellas.

**#1** "¿A quién se menciona en Isaías 44:6?

*"Así dice Jehová Rey de Israel, y su Redentor, Jehová de los ejércitos: Yo soy el primero, y yo soy el postrero, y fuera de mí no hay Dios". (Isaías 44:6)*

**#2** "¿De quién habla Apocalipsis 1:5-8?"

*"Jesucristo el testigo fiel... que nos amó, y nos lavó de nuestros pecados con su sangre. He aquí que viene con las nubes, y todo ojo le verá, y los que le traspasaron; y todos los linajes de la tierra harán lamentación por Él. Sí, amén. Yo soy el Alfa y la Omega, principio y fin, dice el Señor, el que es y que era y que ha de venir, el Todopoderoso". (Apocalipsis 1:5-8)*

**#3** "¿Puede ver que la santa Palabra de Dios muestra con toda claridad que Jesucristo, el primero y el último (el Alfa y la Omega) es Jehová, el Señor Todopoderoso?"

(El Alfa y la Omega significa "el primero y el último" porque son la primera y última letras del alfabeto griego)

*"Yo soy el Alfa y la Omega, el principio y el fin, el primero y el último... Yo Jesús... soy la raíz y el linaje de David, la estrella resplandeciente de la mañana". (Apocalipsis 22:13,16)*

**Pregunta: "A Cristo se le llama el "primogénito de toda la creación". (Colosenses 1:15). Puesto que Cristo nació, ¿cómo puede entonces ser Dios?"**

**Respuesta:** El nacimiento de Jesús es un hecho singular en la historia de la humanidad. Él siempre fue completamente Dios pero también se hizo humano al momento de su encarnación. *Juan 1:14* dice,

*"Y aquel Verbo fue hecho carne, y habitó entre nosotros".*

La palabra "primogénito" de *Colosenses 1:15* nos indica la posición de Cristo: El está sobre toda la creación. Nótese que el siguiente versículo (v. 16) dice que Él creó todas las cosas—eso es algo que sólo Dios puede hacer.

*"Porque en Él fueron creadas todas las cosas, las que hay en los cielos
y las que hay en la tierra, visibles e invisibles; sean tronos, sean dominios,
sean principados, sean potestades; todo fue creado por medio de Él y para Él".*
*(Colosenses 1:16)*

## La causa para negar que Jesús es Dios

**Creencia errónea:** "No importa cuánta evidencia presente la Biblia acerca de Jesús, de todos modos no puedo depositar mi fe en Él. En realidad no importa cuántos milagros haya hecho, no quiero aceptar que Jesús es Dios. No lo necesito en mi vida".

*"Pero a pesar de que había hecho tantas señales
delante de ellos, no creían en Él".*
*(Juan 12:37)*

**Creencia correcta:** Acepto la evidencia que la Biblia presenta acerca de Jesús. Ahora veo que tengo necesidad de Él porque he pecado y no quiero estar separado de Dios por mis pecados. También reconozco que Jesús es Dios y tiene el poder de perdonarme, de limpiarme, de cambiarme y de darme vida eterna. Al confiar en Él y en lo que Él hizo por mí en la cruz, quiero que entre en mi vida y me haga la persona para lo cual me creó.

*"Pero éstas se han escrito para que creáis que Jesús es el Cristo, el Hijo de Dios,
y para que creyendo, tengáis vida en su nombre".*
*(Juan 20:31)*

## PASOS PARA ENCONTRAR LA SOLUCIÓN

Conocer a Jesús es conocer a Dios, es tener el perdón de nuestros pecados y tener vida eterna. Millones de personas de diferentes culturas y a través de los siglos han experimentado el cambio de vida que sucede cuando se dan cuenta de que Jesús es Dios y deciden depositar su fe en Él.

> *"De modo que si alguno está en Cristo, nueva criatura es;*
> *las cosas viejas pasaron; he aquí todas son hechas nuevas".*
> *(2ª Corintios 5:17)*

## Versículo clave para memorizar

La siguiente porción de las Escrituras es la declaración más clara y directa de que Jesús [llamado el Verbo] es Dios. (También véase Juan capítulo 14).

> *"En el principio era el Verbo, y el Verbo*
> *era con Dios, y el Verbo era Dios".*
> *(Juan 1:1)*

## Pasaje clave para leer y meditar

### El Evangelio de Juan

Los cuatro Evangelios (que literalmente significan, "buenas nuevas") son cuatro biografías que revelan las buenas nuevas acerca de la vida y el plan de Jesucristo. Cada biógrafo tuvo lectores diferentes y un propósito distinto al escribir.

- Mateo escribió a los judíos para mostrar a Jesús como el Mesías prometido.

- Marcos escribió a los romanos para demostrar que Jesús es el siervo obediente.

- Lucas escribió a los griegos para mostrar que Jesús es el hombre perfecto.

- Juan escribió a todo el mundo para mostrar que Jesús es el Dios Altísimo.

Puesto que el propósito principal del Evangelio de Juan es demostrar que Jesús es Dios, si desea ver lo que Juan quería que viéramos, lea cada capítulo con papel y lápiz en mano. Haga una lista de cada nombre dado a Jesús, así como cada situación que indica que en verdad Él es Dios.

- Capítulo 1     ***El Dios creador (el Verbo)*** que viene en forma humana.
- Capítulo 2     ***El hacedor de milagros*** profetiza Su propia resurrección.
- Capítulo 3     ***El único Hijo*** que ofrece salvación.

- Capítulo 4    ***El Mesías*** que sacia la sed con agua viva.
- Capítulo 5    ***El Hijo de Dios*** que es igual al Padre.
- Capítulo 6    ***El pan de vida*** que alimentó a los 5,000.
- Capítulo 7    ***El Cristo*** que asombró a los judíos con Sus enseñanzas.
- Capítulo 8    ***La verdad*** que da libertad al pueblo.
- Capítulo 9    ***La luz*** que sana la ceguera.
- Capítulo 10    ***El pastor*** que cuida de Sus ovejas.
- Capítulo 11    ***La resurrección*** que levantó a Lázaro de los muertos.
- Capítulo 12    ***El rey de Israel*** que es ungido y cumple la profecía.
- Capítulo 13    ***El siervo*** que predice al que lo traicionaría.
- Capítulo 14    ***El camino, la verdad y la vida:*** Él y Su Padre son uno solo.
- Capítulo 15    ***La vid verdadera*** que produce fruto por medio de Sus ramas.
- Capítulo 16    ***El conquistador*** ha vencido sobre el mundo.
- Capítulo 17    ***El intercesor*** que ora por Sus seguidores.
- Capítulo 18    ***El nazareno*** que sorprende a los soldados con Su poderosa presencia.
- Capítulo 19    ***El rey de los judíos*** que cumple las profecías con Su muerte.
- Capítulo 20    ***El Señor Dios*** que resucitó y satisfizo a los escépticos.
- Capítulo 21    ***El Señor de amor*** llena la red y perdona y restaura a Pedro.

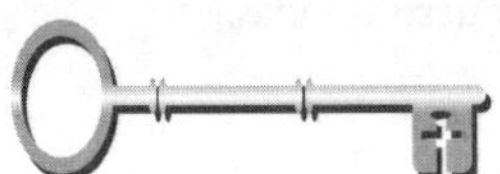

## ¿Cómo describe la Biblia a Jesús?

En la historia bíblica, el nombre de una persona comunicaba una característica específica, un "algo" significativo acerca de esa persona. Podía ser una cualidad física, una singularidad familiar o un acontecimiento durante su nacimiento. Lo mismo es cierto para Jesús de Nazaret, a quien la Biblia identifica con más de 100 nombres. Si realmente quiere conocer a Jesús, tómese el tiempo para estudiarlos.

> *"En ti confiarán los que conocen tu nombre por cuanto tú,*
> *oh Jehová, no desamparaste a los que te buscaron".*

> *(Salmo 9:10)*

La siguiente lista contiene muchos de los nombres, títulos y descripciones de Jesús:[9]

- **Abogado** *1ª Juan 2:1*
  Él ruega a favor nuestro ante el Padre celestial.

- **Todopoderoso** *Apocalipsis 1:8; 22:13, 16*
  Él tiene todo poder.

- **Alfa y Omega** *Apocalipsis 1:8*
  Él es el primero y el último, soberano sobre toda la historia humana.

- **Apóstol** *Hebreos 3:-2*
  Fue enviado con un mensaje para nosotros.

- **Sacrificio expiatorio** *1ª Juan 2:2; 4:10*
  Él es nuestro abogado y el sacrificio vicario.

- **Autor y consumador** *Hebreos 12:2*
  Él es creador y perfeccionador de nuestra fe.

- **Bendito y único Rey** *1ª Timoteo 6:15*
  Él es rey soberano del universo.

- **Serpiente de bronce** *Juan 3:14*
  Él es el símbolo de la sanidad.

- **Pan de vida** *Juan 6:35*
  Es el sustento esencial de nuestras vidas.

- **Novio** *Mateo 9:15*
  Ama, protege y provee para Su Iglesia, Su esposa.

- **Estrella de la mañana** *Apocalipsis 22:16*
  Es la luz más brillante de sabiduría en nuestro corazón y vida.

- **Cristo/Mesías** *Mateo 1:16; Juan 1:41*
  Él es el Ungido y elegido de Dios.

- **Piedra angular** *Efesios 2:20*
  Él es el elemento esencial de nuestro fundamento.

- **Liberador** *Romanos 11:26*
  Es quien nos salva de la paga de nuestros pecados.

- **Descendiente de David** *2ª Timoteo 2:8*
  Es el Mesías prometido a través de la descendencia de David.

- **La puerta** *Juan 10:7*
  Es el único camino a la vida eterna.

- **Representación exacta de Dios** *Hebreos 1:3*
  Nos presenta a Dios con exactitud porque Él es Dios.

- **Primogénito** *Hebreos 1:6*
  Jesús tiene la preeminencia sobre todo.

- **Primeros frutos** *1ª Corintios 15:23*
  Fue el primero en resucitar de los muertos.

- **Precursor** *Hebreos 6:20*
  Es el primero en haber entrado en la presencia de Dios a nuestro favor.

- **Amigo de los pecadores** *Mateo 11:19*
  Ofrece el perdón de nuestros pecados.

- **Don de Dios** *2ª Corintios 9:15*
  Es un regalo a nosotros para que seamos salvos.

- **Dios** *Juan 1:1*
  Es la segunda persona de la Trinidad, Dios el Hijo.

- **Cabeza de la Iglesia** *Efesios 5:23*
  Es el líder de Su Iglesia.

- **Heredero de todas las cosas** *Hebreos 1:2*
  Él es el dueño de toda la creación.

- **Sumo sacerdote** *Hebreos 3:1; 7:17*
  Es nuestra máxima autoridad espiritual, nuestro puente para llegar a Dios.

- **El Santo de Dios** *Marcos 1:24*
  Es apartado por Dios, como nadie más.

- **Siervo santo** *Hechos 4:30*
  Está apartado como el supremo ejemplo de siervo.

- **Emanuel** *Mateo 1:23*
  Él es la presencia de "Dios con nosotros".

- **Yo soy** *Juan 8:58*
  Él es Yahweh, Señor Dios del Antiguo Testamento.

- **Juez** *Hechos 10:42*
  Es el juez justo sobre los vivos y muertos.

- **Rey de reyes** *Apocalipsis 17:14; 19:16*
  Es soberano sobre todos los reyes.

- **Cordero de Dios** *Juan 1:29, 36*
  Es el sacrificio perfecto para quitar nuestros pecados.

- **Vida** *Juan 14:6; 1ª Juan 5:11*
  Es la personificación de la vida eterna.

- **Luz del mundo** *Juan 9:5*
  El provee la luz espiritual en un mundo de oscuridad.

- **León de la tribu de Judá** *Apocalipsis 5:5*
  Él es el jefe de la descendencia de Judá, el Mesías (Génesis 49:9).

- **Señor de señores** *Apocalipsis 19:16*
  Es la autoridad soberana sobre todas las autoridades.

- **Mediador** *1ª Timoteo 2:5*
  Es nuestro árbitro, quien nos reconcilia con Dios.

- **Dios todopoderoso** *Isaías 9:6*
  Él es divino, poseedor de todo poder.

- **Estrella de la mañana** *2ª Pedro 1:19*
  Es la estrella de la mañana que ilumina nuestros corazones y mentes.

- **Uno y único Hijo el Padre** *Juan 1:14, 18*
  Él es el único Hijo del Padre celestial.

- **El amado de Dios** *Efesios 1:6*
  Ocupa un lugar especial en el corazón del Padre.

- **Nuestra esperanza** *1ª Timoteo 1:1*
  Es nuestra seguridad de salvación a través de la fe en Él.

- **Protector** *1ª Pedro 2:25*
  Él es el pastor de la Iglesia.

- **Cordero pascual** *1ª Corintios 5:7*
  Derramó Su sangre para pagar nuestra salvación.

- **Médico** *Mateo 8:5-13*
  Él es nuestro gran sanador.

- **Poder de Dios** *1ª Corintios 1:24*
  Él es la expresión del poder de Dios para la salvación.

- **Profeta** *Hechos 3:22*

  Él proclama la verdad de Dios.

- **Rabí** *Juan 3:2*

  Es el más importante maestro de la verdad espiritual.

- **Resplandor de la gloria de Dios** *Hebreos 1:3*

  Él muestra la grandeza de la gloria de Dios.

- **Rescate** *1ª Timoteo 2:6*

  Pagó el precio con Su vida para salvarnos de la muerte eterna.

- **Segador** *Apocalipsis 14:15*

  Es el que reunirá a los que no se arrepientan para su destino final.

- **Redención** *1ª Corintios 1:30*

  Pagó el precio de nuestros pecados y nos reconcilia con Dios.

- **Resurrección** *Juan 11:25*

  Es quien nos levantará de la muerte.

- **Sol naciente** *Lucas 1:78*

  Es como el amanecer que disipa la oscuridad y alumbra nuestra camino.

- **Raíz de David** *Apocalipsis 22:16*

  Es la fuente y el Hijo de David, un requisito indispensable del Mesías.

- **Regidor** *Mateo 2:6*

  Es soberano sobre todo.

- **Salvador** *Lucas 2:11*

  Es quien nos redime.

- **Simiente de Abraham** *Gálatas 3:16, 19*

  Es el Mesías prometido de la descendencia de Abraham por medio de quien los judíos y los gentiles pueden ser redimidos.

- **Pastor**

**Príncipe de los pastores** *1ª Pedro 5:4*

Es el mayor ejemplo de pastor que con amor cuida de Su rebaño

**El buen Pastor** *Juan 10:11, 14*

Conoce y protege a Sus ovejas y da Su vida por la de ellas

**El gran Pastor** *Hebreos 13:20*

Nos guía para hacer la voluntad de Dios.

- **Hijo de David** *Mateo 21:9*

  Es el verdadero Rey de Israel que vino en el nombre del Señor.

- **Hijo de Dios** *Mateo 16:16*

  Es la deidad en forma humana.

- **Hijo del hombre** Mateo 8:20

  Es totalmente humano y totalmente Dios por eso, se puede identificar con nuestras debilidades y sufrimientos humanos.

- **Hijo de María** *Marcos 6:3*

  Nació de María por el poder del Espíritu de Dios.

- **Hijo del Altísimo** *Lucas 1:32*

  Es el Hijo de Dios, cuyo reino no tendrá fin.

- **Piedra de tropiezo** *Romanos 9:33*

  Es la piedra que ofende a quienes buscan a Dios a través de las obras y no de la fe.

- **Verdad** *Juan 14:6*

  Es la personificación de toda sabiduría y toda verdad.

- **Viña** *Juan 15:1*

  Es el proveedor y sustentador de la fortaleza espiritual de la cual debemos depender.

- **Camino** *Juan 14:6*

  Es el único camino para conocer a Dios.

- **Sabiduría de Dios** *1ª Corintios 1:24*

  Es la expresión de la sabiduría de Dios para obtener la Salvación.

- **Verbo** *Juan 1:1*

  Es la personificación viviente de la revelación de Dios para nosotros.

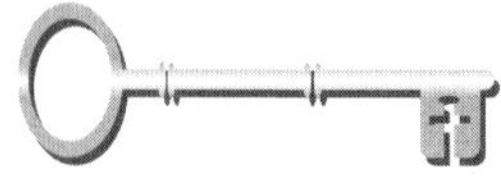

## Prueba de que Jesús es Dios

Si tuviera que hacer una evaluación de un hombre que tiene una posición de alto honor y autoridad, tendría que buscar cualquier evidencia que reflejara su verdadero carácter y habilidades. Leería su currículo, consideraría sus logros, leería las cartas de recomendación, llamaría y revisaría sus referencias personales y trataría de observar cómo reacciona en situaciones normales de la vida.

Al leer las afirmaciones de la deidad de Cristo, su meta sería descubrir la verdad y hacer un juicio inteligente en cuanto al carácter y aptitudes del Señor. Aplique el siguiente procedimiento para determinar cuán viable es que Él sea divino.

> *"El corazón del entendido adquiere sabiduría*
> *y el oído de los sabios busca la ciencia".*
> *(Proverbios 18:15)*

- **Lea** Su currículo

  *¿Quién es Él y que es lo que la Biblia establece claramente acerca de la persona de Jesucristo?*

- **Considere** Sus logros pasados

  *¿Qué eventos en la vida de Jesús prueban Su autoridad sobrenatural y divina?*

- **Lea** Sus cartas de recomendación

  *¿Qué dijeron los testigos que presenciaron Su vida y Sus milagros — aquellos que conocieron personalmente a Jesús?*

- **Revise** las referencias personales

  *¿Qué impacto tuvo Jesús en la vida de las personas?*

- **Descubra** cómo actuaba Jesús "de manera natural"

  *¿Cuáles eran Sus dones naturales o sobrenaturales?*

Si tiene preguntas acerca de Jesús, necesita discernir cuáles son Sus credenciales. Si realmente quiere conocer la esencia de Su identidad—"¿Es Jesús realmente Dios?"— busque la verdad acerca de Él con todo su corazón... y cuando la encuentre, Él se manifestará a usted. La promesa de Dios para nosotros dice:

> *"Y me buscaréis y me hallaréis, porque me*
> *buscaréis de todo vuestro corazón".*
> *(Jeremías 29:13-14)*

## Evidencias que validan el Veredicto

La pregunta acerca de la deidad de Cristo es una que no se puede postergar o ignorar. Existen suficientes evidencias que confirman y validan la verdad de que Jesús es Dios. Él mismo dijo, *"El que me ha visto a mí ha visto al Padre"* (Juan 14:9). Jesús fue enviado a esta Tierra para darnos de Su entendimiento para conocer a Dios. Jesús es Dios y en Él se encuentra la vida eterna.

*"Pero sabemos que el Hijo de Dios ha venido, y*
*nos ha dado entendimiento para conocer al que es verdadero;*
*y estamos en el verdadero, en su Hijo Jesucristo.*
*Este es el verdadero Dios, y la vida eterna".*
*(1ª Juan 5:20)*

## EVIDENCIA PROFECÍAS CUMPLIDAS EN JESÚS

### Compare las profecías del Antiguo Testamento con su cumplimiento en el Nuevo.

*"Porque nunca la profecía fue traída por voluntad humana,*
*sino que los santos hombres de Dios hablaron*
*siendo inspirados por el Espíritu Santo".*
*(2ª Pedro 1:21)*

- **Resurrección de Jesús de los muertos**

  Compare las teorías falsas con los hechos reales de la resurrección.

  *"Después[de que fue sepultado] apareció a Jacobo;*
  *después a todos los apóstoles; y al último de todos,*
  *como a un abortivo, me apareció a mí".*
  *(1ª Corintios 15:7-8)*

- **Testimonio verbal de los testigos y mártires**

  Escuche con su corazón a los testigos que arriesgaron su vida para proclamar la verdad. Tomás, quien fue testigo de las cicatrices de Sus manos, dijo,

  *"¡Señor mío, y Dios mío!".*
  *(Juan 20:28)*

- **Testimonio de vidas transformadas**

Considere cómo fueron cambiadas las vidas de quienes depositaron su fe en el poder del Cristo resucitado.

*"Porque somos sepultados juntamente con Él para muerte*
*por el bautismo, a fin de que como Cristo resucitó de los muertos*
*por la gloria del Padre, así también nosotros andemos en vida nueva".*
*(Romanos 6:4)*

## Obras que hizo Jesús que sólo Dios puede hacer

Examine las obras sobrenaturales de Jesús que revelan que Él es Dios.

*"Al ver Jesús la fe de ellos, dijo al paralítico: Hijo, tus pecados*
*te son perdonados. Estaban allí sentados algunos de los escribas,*
*los cuales cavilaban en sus corazones: ¿Por qué habla éste así?*
*Blasfemias dice. ¿Quién puede perdonar pecados, sino sólo Dios?".*
*(Marcos 2:5-7)*

## Profecías cumplidas en Jesús

Cuando Jesús apareció en la tierra como el Mesías, Su arribo fue ampliamente profetizado. Por cientos de años los profetas del Antiguo Testamento proclamaron la llegada del Mesías. De hecho, cuando examina las profecías, nadie más que Jesús pudo haber cumplido todas ellas. Y todas esas profecías provienen del corazón de Dios.

*"Porque nunca la profecía fue traída por voluntad humana, sino que los santos*
*hombres de Dios hablaron siendo inspirados por el Espíritu Santo".*
*(2ª Pedro 1:20-21)*

| **Predicción del Antiguo Pacto** | **Cumplimiento en el Nuevo Pacto** |
|---|---|
| **La descendencia del Mesías desde Abraham** | |
| *"En tu **simiente** serán benditas todas las naciones de la tierra, por cuanto obedeciste a mi voz".* *(Génesis 22:18)* | *"Ahora bien, a Abraham fueron hechas las promesas, y a su **simiente**. No dice: Y a las simientes, como si hablase de muchos, sino como de uno: Y a tu simiente, la cual es Cristo".* *(Gálatas 3:16)* |

| **Predicción del Antiguo Pacto** | **Cumplimiento en el Nuevo Pacto** |
|---|---|

### El Mesías era del linaje de Judá

*"No será quitado el cetro de **Judá**, ni el legislador de entre sus pies, hasta que venga Siloh; y a Él se congregarán los pueblos".*
*(Génesis 49:10)*

*"Uno de los ancianos me dijo: No llores. He aquí que el León de la tribu de **Judá**, la raíz de David, [Jesús] ha vencido para abrir el libro y desatar sus siete sellos".*
*(Apocalipsis 5:5)*

### El Mesías vendría del linaje de David

*"Hice pacto con mi escogido; juré a **David** mi siervo, diciendo: para siempre confirmaré tu descendencia, y edificaré tu trono por todas las generaciones".*
*(Salmo 89:3-4)*

*"Quitado éste, [Dios] les levantó por rey a **David**, de quien dio también testimonio diciendo: He hallado a David hijo de Isaí, varón conforme a mi corazón, quien hará todo lo que yo quiero. De la descendencia de éste, y conforme a la promesa, Dios levantó a Jesús por Salvador a Israel".*
*(Hechos 13:22-23)*

### Lugar de nacimiento del Mesías

*"Pero tú, **Belén** Efrata, pequeña para estar entre las familias de Judá, de ti me saldrá el que será Señor en Israel; y sus salidas son desde el principio, desde los días de la eternidad".*
*(Miqueas 5:2)*

*"Cuando Jesús nació en **Belén** de Judea en días del rey Herodes, vinieron del oriente a Jerusalén unos magos, diciendo: ¿Dónde está el rey de los judíos, que ha nacido? Porque su estrella hemos visto en el oriente, y venimos a adorarle".*
*(Mateo 2:1-2)*

### El precursor del Mesías

*"'He aquí, yo envío mi **mensajero**, el cual **preparará el camino** delante de mí; y vendrá súbitamente a su templo el Señor a quien vosotros buscáis, y el ángel del pacto, a quien deseáis vosotros. He aquí viene, ha dicho Jehová de los ejércitos".*
*(Malaquías 3:1)*

[Acerca de Juan el Bautista]

*"Este es de quien está escrito: He aquí, envío mi **mensajero** delante de tu faz, el cual **preparará tu camino** delante de ti".*
*(Lucas 7:27)*

| **Predicción del Antiguo Pacto** | **Cumplimiento en el Nuevo Pacto** |

### Ministerio del Mesías en Galilea

*"Mas no habrá siempre oscuridad para la que está ahora en angustia, tal como la aflicción que le vino en el tiempo que livianamente tocaron la primera vez a la tierra de Zabulón y a la tierra de Neftalí; pues al fin llenará de gloria el camino del mar, de aquel lado del Jordán, en **Galilea** de los gentiles".*
(Isaías 9:1)

*"Cuando Jesús oyó que Juan estaba preso, volvió a Galilea; y dejando a Nazaret, vino y habitó en Capernaum, ciudad marítima, en la región de Zabulón y de Neftalí, para que se cumpliese lo dicho por el profeta Isaías, cuando dijo: Tierra de Zabulón y tierra de Neftalí, camino del mar, al otro lado del Jordán, **Galilea** de los gentiles; el pueblo asentado en tinieblas vio gran luz; y a los asentados en región de sombra de muerte, luz les resplandeció'".*
(Mateo 4:12-16)

### El Mesías como profeta

*[Moisés dijo]*

*"**Profeta** de en medio de ti, de tus hermanos, como yo, **te levantará** Jehová tu Dios; a Él oiréis".*
(Deuteronomio 18:15)

*[Acerca del discípulo judío llamado Pedro respecto a Jesús]*
*"Porque Moisés dijo a los padres: El Señor vuestro Dios **os levantará profeta** de entre vuestros hermanos, como a mí; a Él oiréis en todas las cosas que os hable'".*
(Hechos 3:22)

### La entrada del Mesías en Jerusalén sobre un asno

*"Alégrate mucho, hija de Sion; da voces de júbilo, hija de Jerusalén; he aquí tu rey vendrá a ti, justo y salvador, humilde, y cabalgando sobre un asno, sobre un **pollino hijo de asna**".*
(Zacarías 9:9)

*"Y halló Jesús un asnillo, y montó sobre Él, como está escrito: No temas, hija de Sion; he aquí tu Rey viene, montado sobre un **pollino de asna**".*
(Juan 12:14-15)

### Burla e insultos al Mesías

*"Todos los que me ven me escarnecen; estiran la boca, menean la cabeza, diciendo: se encomendó a Jehová; líbrele Él; sálvele, puesto que en Él se complacía".*
(Salmo 22:7-8)

*"Y el pueblo estaba mirando; y aun los gobernantes se burlaban de Él, diciendo: A otros salvó; sálvese a sí mismo, si éste es el Cristo, el escogido de Dios".*
(Lucas 23:35)

| Predicción del Antiguo Pacto | Cumplimiento en el Nuevo Pacto |
|---|---|

### El Mesías vendido por plata

*"Y les dije: Si os parece bien, dadme mi salario; y si no, dejadlo. Y pesaron por mi salario **treinta piezas de plata**".*
*(Zacarías 11:12)*

*"Y [Judas] les dijo: ¿Qué me queréis dar, y yo os lo entregaré? Y ellos le asignaron treinta piezas de plata".*
*(Mateo 26:15)*

### El Mesías traicionado por un amigo

*"Aun el hombre de mi paz, en quien yo confiaba, el que de mi pan comía, alzó contra mí el calcañar".*
*(Salmo 41:9)*

*"Y mientras comían, [Jesús] dijo: De cierto os digo, que uno de vosotros me va a entregar... Entonces respondiendo Judas, el que le entregaba, dijo: ¿Soy yo, Maestro? Le dijo: Tú lo has dicho".*
*(Mateo 26:21, 25)*

### Se le ofreció al Mesías vinagre y hiel

*"Me pusieron además **hiel** por comida, Y en mi sed me dieron a beber **vinagre**".*
*(Salmo 69:21)*

*Lle dieron a beber **vinagre mezclado con hiel**; pero después de haberlo probado, no quiso beberlo".*
*(Mateo 27:34)*

### El Mesías ora por sus detractores

*"Habiendo Él llevado el pecado de muchos, y orado por los transgresores".*
*(Isaías 53:12)*

*"Y Jesús decía: Padre, perdónalos, porque no saben lo que hacen".*
*(Lucas 23:34)*

### El Mesías encomienda su espíritu a Dios

*"En tu mano **encomiendo mi espíritu**; Tú me has redimido, oh Jehová, Dios de verdad".*
*(Salmo 31:5)*

*"Entonces Jesús, clamando a gran voz, dijo: Padre, en tus manos **encomiendo mi espíritu.** Y habiendo dicho esto, expiró".*
*(Lucas 23:46)*

### La ropa del Mesías se reparte por suertes

*"**Repartieron** entre sí mis vestidos, y sobre mi ropa echaron suertes".*
*(Salmo 22:18)*

*"Cuando le hubieron crucificado, **repartieron** entre sí sus vestidos, echando suertes".*
*(Mateo 27:35)*

| **Predicción del Antiguo Pacto** | **Cumplimiento en el Nuevo Pacto** |
|---|---|

### Los huesos del Mesías no fueron quebrados

*"Él guarda todos sus huesos; **Ni uno** de ellos **será quebrantado**".*
*(Salmo 34:20)*

*"Mas cuando llegaron a Jesús, como le vieron ya muerto, **no le quebraron** las piernas".*
*(Juan 19:33)*

### El cuerpo del Mesías fue traspasado

*"Y derramaré sobre la casa de David, y sobre los moradores de Jerusalén, espíritu de gracia y de oración; y mirarán a mí, a quien **traspasaron**, y llorarán como se llora por hijo unigénito, afligiéndose por Él como quien se aflige por el primogénito".*
*(Zacarías 12:10)*

*"Pero uno de los soldados le **abrió el costado** con una lanza, y al instante salió sangre y agua".*
*(Juan 19:34)*

### El Mesías resucitó y no vio corrupción

*"Porque no dejarás mi alma en el Seol, ni permitirás que tu santo vea **corrupción**".*
*(Salmo 16:10)*

*"Viéndolo antes, habló de la resurrección de Cristo, que su alma no fue dejada en el Hades, ni su carne vio **corrupción**".*
*(Hechos 2:31)*

**Pregunta:** "Como conocía las Escrituras judías, ¿no pudo Jesús sólo conformar Sus palabras y hechos a las profecías mesiánicas?"

**Respuesta:** Aun si se quitaran algunas de Sus palabras y hechos, las que en teoría Él habría podido controlar, hay muchas otras profecías cumplidas que Él mismo no habría podido manipular. Por ejemplo:

- Como un hombre común, Jesús no habría podido planear su nacimiento en Belén (Miqueas 5:2) siendo que su familia vivía en Nazaret.

- Jesús fue traicionado por 30 piezas de plata (Zacarías 11:12).

- Jesús fue sepultado en la tumba de un hombre rico (Isaías 53:9).

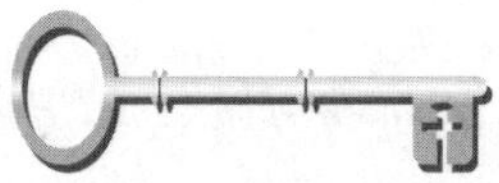

# RESURRECCIÓN DE JESÚS

Los milagros de Jesús durante Su ministerio terrenal y Su resurrección son testimonio fiel de Su deidad. Ninguno de los individuos que volvieron a la vida en el registro Bíblico dijeron que su restauración era prueba de su deidad, ni lo declararon así ninguno de los profetas o apóstoles inspirados. Por otro lado, Jesús sí lo hizo y los escritores del Nuevo Testamento lo confirmaron. (Lea *Juan 2:19.*) Su resurrección fue diferente por quién era y por quién es—totalmente Dios y totalmente hombre. En consecuencia, Su resurrección representa una de las evidencias más importantes de su deidad.

> *"Acerca de su Hijo, nuestro Señor Jesucristo, que era del linaje de David*
> *según la carne, que fue declarado Hijo de Dios con poder, según el*
> *Espíritu de santidad, por la resurrección de entre los muertos".*
> *(Romanos 1:3-4)*

## Cuatro teorías falsas acerca de la resurrección de Jesús[10]

Mucha gente es como el "incrédulo Tomás"—se rehúsa a creer la clara evidencia de la resurrección de Jesús. Esta evidencia es tan contundente—que sólo los prejuicios contra de Jesús o la negación de Su existencia podría provocar que una persona negara la resurrección.

> *"Pero Tomás, uno de los doce, llamado Dídimo,*
> *no estaba con ellos cuando Jesús vino.*
> *Le dijeron, pues, los otros discípulos: Al Señor hemos visto.*
> *El les dijo: Si no viere en sus manos la señal de los clavos, y metiere mi dedo*
> *en el lugar de los clavos, y metiere mi mano en su costado, no creeré".*
> *(Juan 20:24-25)*

### Teoría #1: Los discípulos robaron el cuerpo de Jesús y luego declararon que Él resucitó de los muertos.

Esta es la teoría falsa de la resurrección de Jesús más antigua. Mateo dice que los líderes judíos fabricaron esa historia para explicar la desaparición del cuerpo. Los discípulos lo entregaron todo, incluyendo sus vidas, para predicar que Cristo había resucitado. Ciertamente no hubieran hecho algo así si supieran que estaban ¡mintiendo acerca de la resurrección!

> *"Y reunidos con los ancianos, y habido consejo, dieron mucho dinero a los soldados,*
> *diciendo: Decid vosotros: Sus discípulos vinieron de noche, y lo hurtaron, estando*
> *nosotros dormidos. Y si esto lo oyere el gobernador, nosotros le persuadiremos,*
> *y os pondremos a salvo. Y ellos, tomando el dinero, hicieron como se les había*
> *instruido. Este dicho se ha divulgado entre los judíos hasta el día de hoy".*
> *(Mateo 28:12-15)*

**Realidad 1:** Después de su crucifixión, Jesús fue sepultado por José de Arimatea en una tumba.[11]

José era miembro del Sanedrín judío que ordenó crucificar a Jesús, así que no es probable que la primera Iglesia hubiera declarado que José sepultó a Jesús si fuera mentira.

*"[José] compró una sábana, y quitándolo, lo envolvió en la sábana,*
*y lo puso en un sepulcro que estaba cavado en una peña,*
*e hizo rodar una piedra a la entrada del sepulcro".*

*(Marcos 15:46)*

**Teoría #2: Las mujeres se equivocaron de sepulcro.**

Esta teoría no es creíble. Las mujeres sabían muy bien en qué sepulcro había sido puesto Jesús. No habrían cometido semejante error. Aun si las mujeres se hubieran equivocado, los discípulos habrían ido a la correcta y habrían encontrado Su cuerpo.

*"Y las mujeres que habían venido con Él desde Galilea,*
*siguieron también, y vieron el sepulcro, y cómo fue puesto su cuerpo".*

*(Lucas 23:55)*

**Realidad 2: El día domingo después de la crucifixión, la tumba de Jesús fue hallada vacía por un grupo de sus seguidoras.[12]**

Si la primera Iglesia hubiera inventado la historia de la tumba vacía, ciertamente no habría dicho que las mujeres fueron los primeros testigos de la tumba vacía. El testimonio de una mujer era prácticamente nulo en la Palestina del primer siglo. Aun los doce discípulos no creían a las mujeres de la resurrección de Jesús hasta que lo investigaron y comprobaron por sí mismos.

*"Eran María Magdalena, y Juana, y María madre de Jacobo,*
*y las demás con ellas, quienes dijeron estas cosas a los apóstoles.*
*Mas a ellos les parecían locura las palabras de ellas, y no las creían.*
*Pero levantándose Pedro, corrió al sepulcro; y cuando miró dentro,*
*vio los lienzos solos, y se fue a casa maravillándose de lo que había sucedido".*

*(Lucas 24:10-12)*

**Teoría #3: La resurrección es sólo una metáfora que indica la continuidad espiritual de Jesús en sus seguidores.[13]**

Los escritores del Nuevo Testamento afirman que Jesús resucitó corporalmente, no solo espiritualmente. Los judíos creían en la resurrección corporal, no simplemente en una espiritual. Ninguna teoría de resurrección espiritual puede explicar el hecho de la tumba vacía.

> *"Porque primeramente os he enseñado lo que asimismo recibí:*
> *Que Cristo murió por nuestros pecados, conforme a las Escrituras;*
> *y que fue sepultado, y que resucitó al tercer día, conforme a las Escrituras;*
> *y que apareció a Cefas, y después a los doce. Después apareció a más de quinientos*
> *hermanos a la vez, de los cuales muchos viven aún, y otros ya duermen".*

*(1ª Corintios 15:3-6)*

**Realidad 3:** En varias ocasiones y bajo diversas circunstancias, diferentes individuos y grupos de personas observaron la aparición del Jesús vivo de entre los muertos.[14]

Pablo provee una lista de las personas que vieron a Jesús resucitado *(1ª Corintios 15:5-8)*. Las apariciones después de la resurrección en los Evangelios proveen otros testimonios de la resurrección de Jesús. Ciertamente todos estos testigos no tuvieron alucinaciones de haber visto a Jesús resucitado de entre los muertos.

> *"Y que apareció a Cefas, y después a los doce. Después apareció a más de quinientos*
> *hermanos a la vez, de los cuales muchos viven aún, y otros ya duermen.*
> *Después apareció a Jacobo; después a todos los apóstoles;*
> *y al último de todos, como a un abortivo, me apareció a mí".*

*(1ª Corintios 15:5-8)*

### Teoría #4: La resurrección de Jesús es sólo una leyenda.

Los que sostienen este punto de vista declaran que los discípulos estaban tan ofuscados por la muerte de Jesús, que tenían alucinaciones de verlo levantado de los muertos. Pero más de 500 personas vieron al Señor resucitado. Algunos de ellos, como Pablo, no estaban aturdidos por el dolor. No hay nada que pueda hacer que ¡500 personas alucinen sobre el mismo evento! El hermano de Jesús, Santiago, no creía que Jesús era el Mesías antes de Su crucifixión, pero también lo vio resucitado. La tumba vacía y los cientos de testigos oculares son evidencia de que Jesús sí resucitó de los muertos.

> *"Después [Jesús] apareció a Jacobo; después a todos los apóstoles,*
> *y al último de todos, como a un abortivo, me apareció a mí [Pablo]".*

*(1ª Corintios 15:7-8)*

**Realidad 4:** Los primeros discípulos creyeron que Jesús resucitó de los muertos a pesar de que tenían todos los argumentos para no hacerlo.[15]

Los seguidores de Jesús no creían que el Mesías iba a morir, mucho menos que iba a resucitar. Pero ya que sí fue crucificado, se le consideraría un hereje según la ley del Antiguo Testamento. Los judíos creyeron en la resurrección, pero sólo en la resurrección de todos en el fin del mundo. Ellos no creían que los individuos resucitarían antes de ese tiempo.

*"Luego llegó Simón Pedro tras Él, y entró en el sepulcro, y vio los lienzos puestos allí, y el sudario, que había estado sobre la cabeza de Jesús, no puesto con los lienzos, sino enrollado en un lugar aparte. Entonces entró también el otro discípulo, que había venido primero al sepulcro; y vio, y creyó".*

*(Juan 20:6-8)*

Aun el incrédulo Tomás se convirtió en el creyente Tomás cuando el Señor se le presentó como evidencia viva de Su resurrección.

*"[Jesús] luego dijo a Tomás: Pon aquí tu dedo, y mira mis manos; y acerca tu mano, y métela en mi costado; y no seas incrédulo, sino creyente. Entonces Tomás respondió y le dijo: ¡Señor mío, y Dios mío! Jesús le dijo: Porque me has visto, Tomás, creíste; bienaventurados los que no vieron, y creyeron".*

*(Juan 20:27-29)*

## ¿Cuál es su veredicto?

Siempre habrá quienes se resistan a creer que Jesús resucitó de los muertos. Sin embargo, todas las evidencias son reconocidas por la mayoría de los eruditos. Son pruebas contundentes de que la primera Iglesia no inventó la historia de la resurrección. Los que son sabios tendrán una mente abierta a todos los hechos antes de llegar a la convicción de que la resurrección es una falsedad.

*"Pero cuando oyeron lo de la resurrección de los muertos, unos se burlaban, y otros decían: Ya te oiremos acerca de esto otra vez".*

*(Hechos 17:32)*

## Pregunta: "¿Por qué es tan importante la resurrección de Jesús?"

**Respuesta:** La esperanza del cristianismo se basa en la resurrección de Jesús. Si Jesús no resucitó de los muertos, no hay victoria sobre la muerte o sobre el pecado. Estaríamos sin esperanza de vida eterna y de perdón de pecados.

*"Y si Cristo no resucitó, vuestra fe es vana; aún estáis en vuestros pecados".*

*(1ª Corintios 15:17)*

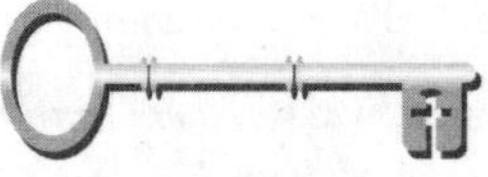

## El Testimonio de los mártires es una prueba de la identidad de Jesús

Los primeros discípulos proclamaron que Jesús era el Mesías, el único Salvador y el único Dios verdadero. La mayoría de ellos murió porque continuaron proclamando ese mensaje. Si no hubieran estado totalmente convencidos de la identidad de Jesús, habrían dejado de testificar acerca de Cristo porque ellos sabían que tal hecho pondría su vida en verdadero peligro. El apóstol Pablo explicó la persecución de la que fue objeto por testificar de Cristo:

*"Yo más; en trabajos más abundante; en azotes sin número;*
*en cárceles más; en peligros de muerte muchas veces.*
*De los judíos cinco veces he recibido cuarenta azotes menos uno.*
*Tres veces he sido azotado con varas; una vez apedreado;*
*tres veces he padecido naufragio; una noche y un día he estado como náufrago*
*en alta mar; en caminos muchas veces; en peligros de ríos,*
*peligros de ladrones, peligros de los de mi nación, peligros de los gentiles,*
*peligros en la ciudad, peligros en el desierto,*
*peligros en el mar, peligros entre falsos hermanos".*
*(2ª Corintios 11:23-26)*

## ¿Qué dice la gente y los libros de la Biblia acerca de la deidad de Cristo?

- **Pablo** de refiere a Jesús como "Dios" y "Salvador".

  *"Aguardando la esperanza bienaventurada y la manifestación*
  *gloriosa de nuestro gran Dios y Salvador Jesucristo".*
  *(Tito 2:13)*

- **Pedro** habla de Jesús como "Dios" y "Salvador".

  *"Simón Pedro, siervo y apóstol de Jesucristo, a los que habéis alcanzado,*
  *por la justicia de nuestro Dios y Salvador Jesucristo,*
  *una fe igualmente preciosa que la nuestra".*
  *(2ª Pedro 1:1)*

- **Tomás** hizo alusión a Jesús como "Señor mío y Dios mío".

  *"Entonces Tomás respondió y le dijo: ¡Señor mío, y Dios mío!".*
  *(Juan 20:28)*

- **Juan** escribió de Jesús como "el Verbo" y como "Dios".

  *"En el principio era el Verbo, y el Verbo era con Dios, y el Verbo era Dios".*
  *(Juan 1:1)*

- **Jesús** dijo que Él y Dios el Padre son uno.

> *"Yo y el Padre uno somos".*
> *(Juan 10:30)*

- **En Hebreos,** Jesús es llamado "Dios".

> *"Mas del Hijo dice: Tu trono, oh Dios, por el siglo del siglo;*
> *cetro de equidad es el cetro de tu reino'".*
> *(Hebreos 1:8)*

- **En 1ª Juan,** Jesús se llama "el Dios verdadero y la vida eterna".

> *"Pero sabemos que el Hijo de Dios ha venido, y nos ha dado entendimiento*
> *para conocer al que es verdadero; y estamos en el verdadero, en su Hijo Jesucristo.*
> *Este es el verdadero Dios, y la vida eterna".*
> *(1 Juan 5:20)*

- **En Filipenses,** Jesús se describe como teniendo "la misma naturaleza de Dios".

> *"Haya, pues, en vosotros este sentir que hubo también en Cristo Jesús,*
> *el cual, siendo en forma de Dios, no estimó el ser*
> *igual a Dios como cosa a que aferrarse".*
> *(Filipenses 2:5-6)*

- **En Colosenses,** Jesús es completamente Dios.

> *"Porque en Él habita corporalmente toda la plenitud de la Deidad,*
> *y vosotros estáis completos en Él, que es la cabeza de todo principado y potestad".*
> *(Colosenses 2:9-10)*

- **En el Evangelio de Juan,** Jesús es el gran "yo soy". (Véase *Éxodo 3:14*.)

> *"Jesús les dijo: De cierto, de cierto os digo:*
> *Antes que Abraham fuese, yo soy".*
> *(Juan 8:58)*

- **En Romanos,** Jesús es el "Dios sobre todas las cosas".

> *"De quienes son los patriarcas, y de los cuales, según la carne, vino Cristo,*
> *el cual es Dios sobre todas las cosas, bendito por los siglos. Amén".*
> *(Romanos 9:5)*

## El testimonio de las vidas cambiadas por la fe en Jesús

¿Qué es lo que tienen en común innumerable cantidad de alcohólicos, adúlteros, prostitutas, ladrones y hombres y mujeres impías que han aceptado a Jesucristo como su Salvador personal y Señor? Todos han experimentado la transformación interna de su vida que sólo proviene de Jesucristo. Sólo Jesús da perdón de pecados y el poder del Espíritu Santo para transformar la vida de pecadores a santos.

*"¿No sabéis que os injustos no heredarán el reino de Dios?*
*No erréis; ni los fornicarios, ni los idólatras, ni los adúlteros,*
*ni los afeminados, ni los que se echan con varones, ni los ladrones,*
*ni los avaros, ni los borrachos, ni los maldicientes,*
*ni los estafadores, heredarán el reino de Dios.*
*Y esto erais algunos; mas ya habéis sido lavados,*
*ya habéis sido santificados,*
*ya habéis sido justificados en el nombre del Señor Jesús,*
*y por el Espíritu de nuestro Dios".*
*(1ª Corintios 6:9-11)*

- **Martín Lutero:** Un alma atribulada encuentra paz con Dios.

  Un temeroso Martín Lutero se hizo sacerdote pero encontró que las actividades religiosas no podían quitarle la culpa que inundaba su alma vacía. Cuando acepto la verdad de las Escrituras de que la salvación es por fe y no por obras, Dios quitó toda culpa y Lutero experimentó la paz con Dios.

- **Agustín de Hipona:** Un hombre inmoral experimenta la limpieza de Cristo.

  Agustín era un hombre inmoral que no podía alejarse de sus concubinas por muchos esfuerzos que hiciera. Finalmente se dio cuenta de la verdad de su estado de pecado y aceptó la redención que viene de Cristo. Dios cambió su vida y dejó sus aventuras inmorales.

- **William Cetnar:** Dios liberó a un hombre atrapado en una secta.[16]

  William Cetnar estuvo en las garras de los Testigos de Jehová por muchos años. Después de haber sido excomulgado por causa de la discusión acerca de las transfusiones de sangre, Cetnar investigó las Escrituras con una nueva perspectiva. Sin la influencia de vios Testigos de Jehová, William Cetnar pudo ver la verdad—Jesús es Dios y la salvación proviene sólo a través de Él.

- **Perpetua:** Sólo Cristo debe recibir adoración, y no los ídolos.[17]

  El emperador romano Septimius Severus requería que todos ofrecieran sacrificios para el emperador. Pero Perpetua, una chica cristiana de veintidós años, no practicaba la idolatría. Ella y sus amigos fueron asesinados en el Coliseo por causa de su fe en Jesucristo.

- **John y Betty Stamm:** Vivir por Cristo vale la pena morir martirizados.

Eran misioneros cristianos en China en los años 1930s y sabían que corrían peligro de los soldados comunistas. Pero también sabían qué era lo que Dios quería de ellos. Fueron fieles a Cristo hasta el momento de su martirio. No hubo poder terrenal que los separara del amor de Dios, y de la seguridad de la vida eterna con Él.

## Considere las vidas cambiadas de quienes creen en Jesús

Depositar su fe en Jesucristo es una decisión seria y muy importante. Quienes confían su vida a Cristo experimentan paz, libertad y perdón de sus pecados. Muchos han sacrificado voluntariamente sus vidas por la causa de Cristo—saben que Cristo sacrificó Su vida por ellos. Nada de este mundo puede arrebatarles el amor eterno de Dios y la paz que inunda a quienes confían en Jesús.

*"Como está escrito: He aquí pongo en Sion piedra de tropiezo y roca de caída;*
*y el que creyere en Él, no será avergonzado".*
*(Romanos 9:33)*

## Hechos de Jesús que sólo Dios puede hacer

Jesús no vino al mundo declarando abiertamente que Él era el Mesías y Dios en forma humana. Él hizo las obras que sólo el Mesías y Dios podrían hacer. Sus opositores podrían haber rebatido todas las afirmaciones de Jesús acerca de sí mismo, pero no podían dejar de advertir la gran cantidad de obras milagrosas que hizo.

## ¿QUÉ HIZO JESÚS CUANDO ESTUVO EN LA TIERRA?

### Jesús hizo milagros.

*"Jesús les respondió:*
*Muchas buenas obras os he mostrado de mi Padre;*
*¿por cuál de ellas me apedreáis?".*
*(Juan 10:32)*

La siguiente es una lista parcial de los milagros de Jesús:

- Convirtió el agua en vino. *Juan 2:6-10*

- Dijo a Sus discípulos dónde pescar muchos peces. *Lucas 5:4-6; Juan 21:6*

- Echó fuera demonios. *Mateo 8:28-32; 9:32-33; 15:22-28; 17:14-18; Marcos 1:23-27*

- Calmó la tormenta. *Mateo 8:23-26; 14:32*

- Resucitó muertos. *Mateo 9:18; Lucas 7:12-15; Juan 11:11-44*

- Alimentó multitudes. *Mateo 14:15-21; 15:32-38*

- Caminó sobre el agua. *Mateo 14:25-27*

- Proveyó dinero para el tributo. *Mateo 17:27*

- Maldijo a la higuera estéril. *Mateo 21:19*

- Se transfiguró delante de Sus discípulos. *Mateo 17:1-8*

- Predijo Su muerte. *Mateo 16:21-26; Marcos 8:31-38; Lucas 9:22-25*

- Predijo Su resurrección. *Mateo 26:32; Marcos 14:28; Lucas 18:33*

- Se levantó de los muertos. *Lucas 24:6; Juan 10:18*

- Apareció a Sus discípulos, estando la puerta cerrada. *Juan 20:19*

- Ascendió a los cielos. *Hechos 1:9*

- Profetizó eventos futuros que se cumplieron. *Marcos 13:1-37; Lucas 21:5-36*

## Jesús sanó gente

Lucas, el médico—autor del Evangelio de Lucas y del libro de los Hechos—atestiguó muchas veces la realidad del poder sobrenatural de Jesús para sanar a los enfermos

*"Al ponerse el sol, todos los que tenían enfermos
de diversas enfermedades los traían a Él; y Él, poniendo
las manos sobre cada uno de ellos, los sanaba".*

*(Lucas 4:40)*

La siguiente es una lista parcial de las sanidades de Jesús:

- Sanó al paralítico. *Lucas 5:17-26*

- Sanó a mucha gente de sus enfermedades. *Lucas 6:17-19*

- Sanó al siervo del centurión. *Lucas 7:1-10*

- Sacó fuera siete demonios de María Magdalena. *Lucas 8:2*

- Sanó a un hombre poseído por demonios. *Lucas 8:36*

- Sanó a la mujer del flujo de sangre. *Lucas 8:43-44*

- Sanó al niño con espíritu maligno. *Lucas 9:42*

- Sanó al hidrópico. *Lucas 14:1-4*

- Sanó al epiléptico. *Lucas 9:37-42*

- Sanó a la mujer encorvada. *Lucas 13:10-13*

- Sanó a los leprosos. *Lucas 17:12-14*

- Sanó al hombre cuya oreja fue cortada. *Lucas 22:51*

- Sanó a la suegra de Pedro. *Mateo 8:14-15*

- Sanó a los ciegos. *Mateo 9:27-31*

- Sanó a los sordos y mudos. *Marcos 7:32-35*

- Sanó al hombre de la mano seca en el templo. *Mateo 12:10-13*

- Sanó al inválido. *Juan 5:5-9*

*"Pero su fama se extendía más y más; y se reunía mucha gente para oírle,*
*y para que les sanase de sus enfermedades".*
*(Lucas 5:15)*

## Considere el sufrimiento de Jesús en la cruz por usted

La muerte de Jesús no fue ni rápida ni sin dolor. Él sufrió mucho antes de morir. Aunque Él es el Rey de reyes, tuvo un tipo de muerte reservada para los criminales comunes. Sufrió y aguantó la vergüenza ¡por el gran amor con que lo amó a usted![18]

- **El sufrimiento que Jesús soportó fue tremendamente doloroso.**

— El látigo tenía una o más hileras de cuero a las que se amarraban pelotas de hierro o partes de huesos. Cuando la víctima recibía un azote del centurión, el látigo abría la carne de la víctima.

— Los latigazos provocaban tal pérdida de sangre, que la víctima podía entrar en shock.

*"Y Pilato, queriendo satisfacer al pueblo, les soltó a Barrabás,*
*y entregó a Jesús, después de azotarle, para que fuese crucificado".*
*(Marcos 15:15)*

- **La muerte por medio de la crucifixión era una manera de torturar a los prisioneros.**

— Clavaban a las víctimas en una cruz. El clavo atravesaba la muñeca (no las manos, como se ve en algunos cuadros populares) y un clavo atravesaba ambos pies.[19] No se trataba de clavos pequeños, sino de picos largos—lo suficientemente fuertes como para sostener el cuerpo de la víctima en la cruz.

— Todo el peso de la víctima colgaba de tres puntos de donde había sido clavado a la cruz. El dolor era indescriptible.

— La cruz estaba hecha de un tronco irregular. La espalda lacerada de la víctima se tallaba contra la madera dura, provocando mayor dolor y desangre.

— Colgar de la cruz distendía la cavidad de pecho, lo cual hacía muy difícil la respiración. En esencia, la víctima moría lentamente por asfixia. Jesús podría empujarse hacia arriba si hundía más el clavo por sus pies y se recargaba en los clavos de sus muñecas. Si los centuriones le hubieran roto las piernas, habría tenido que soportar todo el dolor sobre sus muñecas, siendo así su muerte más rápida.

*"Mas cuando llegaron a Jesús, como le vieron ya muerto,*
*no le quebraron las piernas. Pero uno de los soldados le abrió el costado*
*con una lanza, y al instante salió sangre y agua...*
*Porque estas cosas sucedieron para que se cumpliese la Escritura:*
*No será quebrado hueso suyo".*
*(Juan 19:33-34, 36)*

- **La muerte por crucifixión era una muerte vergonzosa y estaba reservada para los criminales.**

— Los romanos utilizaban la crucifixión para castigar a los opositores políticos y los criminales. La crucifixión se realizaba en público. Las víctimas colgaban desnudas en la cruz por varios días antes de morir.

— Habiendo muerto, los romanos por lo general dejaban los cuerpos colgando de la cruz como señal de advertencia para los demás. Mientras tanto, los pájaros comían sus cuerpos. (En Judea, los romanos quitaban el cuerpo el mismo día de la muerte por causa de la ley de los judíos.) Ser crucificado era lo mismo que ser avergonzado de la peor manera.

*"Puestos los ojos en Jesús, el autor y consumador*
*de la fe, el cual por el gozo puesto delante de Él sufrió la cruz,*
*menospreciando el oprobio, y se sentó a la diestra del trono de Dios".*
*(Hebreos 12:2)*

— Según la ley de los judíos, cualquiera que fuera colgado de un árbol (lo mismo aplica a la crucifixión) era maldito por Dios.

*"Cristo nos redimió de la maldición de la ley, hecho por nosotros maldición*
*(porque está escrito: Maldito todo el que es colgado en un madero)".*
*(Gálatas 3:13)*

**Pregunta: "¿Quién mató a Jesús?"**

**Respuesta:** Ningún grupo lo hizo. Los líderes judíos lo condenaron, pero tenían prohibido matarlo por la ley romana. Los romanos condenaron a Jesús y lo crucificaron. Pero era el plan de Dios. Por su autoridad divina, Jesús murió para pagar por el pecado del mundo. En realidad, todos nosotros lo hicimos.

*"Porque verdaderamente se unieron en esta ciudad contra tu santo Hijo Jesús,*
*a quien ungiste, Herodes y Poncio Pilato, con los gentiles y el pueblo de Israel"*
*(Hechos 4:27-28)*

## El sufrimiento de Jesús fue el cumplimiento de la Profecía

Cientos de años antes de la crucifixión de Cristo (alrededor del año 700 a.C.), el profeta Isaías escribió acerca del Siervo sufriente que murió por los pecados del mundo. Para entender la profecía en toda su extensión, primero lea todos los versículos de *Isaías 52:13* hasta *Isaías capítulo 53* que se encuentran en la columna de la izquierda. Luego regrese al principio y lea cada punto de la descripción de Isaías junto con el paralelismo del Nuevo Pacto.

### Descripción de Isaías

### Descripción del Nuevo Pacto

#### El Mesías es exaltado

*"He aquí que mi siervo será prosperado,*
*será engrandecido y exaltado, y será*
*puesto muy en alto".*
*(Isaías 52:13)*

*"Y la gente que iba delante y la que iba*
*detrás aclamaba, diciendo: ¡Hosanna al*
*Hijo de David! ¡Bendito el que viene en*
*el nombre del Señor!*
*¡Hosanna en las alturas!".*
*(Mateo 21:9)*

#### El Mesías fue desfigurado por el sufrimiento

*"Como se asombraron de ti muchos,*
*de tal manera fue desfigurado de los*
*hombres su parecer, y su hermosura más*
*que la de los hijos de los hombres".*
*(Isaías 52:14)*

*"[Pilato] le entregó para ser*
*crucificado... Entonces los soldados del*
*gobernador llevaron a Jesús al pretorio...*
*Y escupiéndole, tomaban la caña y le*
*golpeaban en la cabeza".*
*(Mateo 27:26-27,30)*

| Descripción de Isaías | Descripción del Nuevo Pacto |
|---|---|

### El Mesías asombró a reyes y naciones

*"Así asombrará Él a muchas naciones; los reyes cerrarán ante Él la boca, porque verán lo que nunca les fue contado, y entenderán lo que jamás habían oído".*
*(Isaías 52:15)*

*"Cuando Jesús nació en Belén de Judea en días del rey Herodes, vinieron del oriente a Jerusalén unos magos, diciendo: ¿Dónde está el rey de los judíos, que ha nacido? Porque su estrella hemos visto en el oriente, y venimos a adorarle".*
*(Mateo 2:1-2)*

### No le creerían al Mesías

*"¿Quién ha creído a nuestro anuncio? ¿Y sobre quién se ha manifestado el brazo de Jehová? Subirá cual renuevo delante de Él, y como raíz de tierra seca; no hay parecer en Él, ni hermosura; le veremos, mas sin atractivo para que le deseemos".*
*(Isaías 53:1-2)*

*"Pero a pesar de que había hecho tantas señales delante de ellos, no creían en Él; para que se cumpliese la palabra del profeta Isaías, que dijo: Señor, ¿quién ha creído a nuestro anuncio? ¿Y a quién se ha revelado el brazo del Señor?".*
*(Juan 12:37-38)*

### Burla contra el Mesías

*"Despreciado y desechado entre los hombres, varón de dolores, experimentado en quebranto; y como que escondimos de Él el rostro, fue menospreciado, y no lo estimamos". (Isaías 53:3)*

*"Y el pueblo estaba mirando; y aun los gobernantes se burlaban de Él, diciendo: A otros salvó; sálvese a sí mismo, si éste es el Cristo, el escogido de Dios".*
*(Lucas 23:35)*

### El Mesías es el que lleva nuestras cargas

*"Ciertamente llevó Él nuestras enfermedades, y sufrió nuestros dolores; y nosotros le tuvimos por azotado, por herido de Dios y abatido".*
*(Isaías 53:4)*

*"Para que se cumpliese lo dicho por el profeta Isaías, cuando dijo: El mismo tomó nuestras enfermedades, y llevó nuestras dolencias".*
*(Mateo 8:17)*

### El Mesías fue herido

*"Mas Él herido fue por nuestras rebeliones..."...*
*(Isaías 53:5)*

*"Pero uno de los soldados le abrió el costado con una lanza, y al instante salió sangre y agua".*
*(Juan 19:34)*

| **Descripción de Isaías** | **Descripción del Nuevo Pacto** |
|---|---|

### El Mesías es el sanador espiritual

*"...molido por nuestros pecados; el castigo de nuestra paz fue sobre Él, y por su llaga fuimos nosotros curados".*
*(Isaías 53:5)*

*"Quien llevó Él mismo nuestros pecados en su cuerpo sobre el madero, para que nosotros, estando muertos a los pecados, vivamos a la justicia; y por cuya herida fuisteis sanados".*
*(1ª Pedro 2:24)*

### El Mesías quita el pecado

*"Todos nosotros nos descarriamos como ovejas, cada cual se apartó por su camino; mas Jehová cargó en Él el pecado de todos nosotros"...*
*(Isaías 53:6)*

*"Porque también Cristo padeció una sola vez por los pecados, el justo por los injustos, para llevarnos a Dios, siendo a la verdad muerto en la carne, pero vivificado en espíritu".*
*(1ª Pedro 3:18)*

### El Mesías sufrió en silencio

*"Angustiado Él, y afligido, no abrió su boca; como cordero fue llevado al matadero; y como oveja delante de sus trasquiladores, enmudeció, y no abrió su boca".*
*(Isaías 53:7)*

*"Pero Jesús no le respondió ni una palabra; de tal manera que el gobernador se maravillaba mucho".*
*(Mateo 27:14)*

### El Mesías fue cortado

*"Por cárcel y por juicio fue quitado; y su generación, ¿quién la contará? Porque fue cortado de la tierra de los vivientes, y por la rebelión de mi pueblo fue herido".*
*(Isaías 53:8)*

*"En su humillación no se le hizo justicia; mas su generación, ¿quién la contará? Porque fue quitada de la tierra su vida. Respondiendo el eunuco, dijo a Felipe: Te ruego que me digas: ¿de quién dice el profeta esto; de sí mismo, o de algún otro? Entonces Felipe, abriendo su boca, y comenzando desde esta escritura, le anunció el Evangelio de Jesús".*
*(Hechos 8:33-35)*

| **Descripción de Isaías** | **Descripción del Nuevo Pacto** |
|---|---|

### El Mesías fue sepultado en la tumba de un hombre rico

*"Y se dispuso con los impíos su sepultura, mas con los ricos fue en su muerte".*
*(Isaías 53:9)*

*"Un hombre rico de Arimatea, llamado José... tomando José el cuerpo, lo envolvió en una sábana limpia, y lo puso en su sepulcro nuevo, que había labrado en la peña; y después de hacer rodar una gran piedra a la entrada del sepulcro, se fue".*
*(Mateo 27:57, 59-60)*

### El Mesías tuvo un comportamiento intachable

*"Aunque nunca hizo maldad, ni hubo engaño en su boca".*
*(Isaías 53:9)*

*"[Jesús] el cual no hizo pecado, ni se halló engaño en su boca".*
*(1ª Pedro 2:22)*

### El Mesías, la ofrenda de pecado por el pueblo

*"Con todo eso, Jehová quiso quebrantarlo, sujetándole a padecimiento. Cuando haya puesto su vida en expiación por el pecado".*
*(Isaías 53:10)*

*"Y andad en amor, como también Cristo nos amó, y se entregó a sí mismo por nosotros, ofrenda y sacrificio a Dios en olor fragante".*
*(Efesios 5:2)*

### El Mesías resucitó de los muertos

*"Con todo eso, Jehová quiso quebrantarlo, sujetándole a padecimiento. Cuando haya puesto su vida en expiación por el pecado, verá linaje, vivirá por largos días, y la voluntad de Jehová será en su mano prosperada. Verá el fruto de la aflicción de su alma, y quedará satisfecho; por su conocimiento justificará mi siervo justo a muchos, y llevará las iniquidades de ellos".*
*(Isaías 53:10-11)*

*"Viéndolo antes, habló de la resurrección de Cristo, que su alma no fue dejada en el Hades, ni su carne vio corrupción".*
*(Hechos 2:31)*

### El Mesías llevó nuestros pecados

*"... por su conocimiento justificará mi siervo justo a muchos, y llevará las iniquidades de ellos".*
*(Isaías 53:11)*

*"Así también Cristo fue ofrecido una sola vez para llevar los pecados de muchos; y aparecerá por segunda vez, sin relación con el pecado, para salvar a los que le esperan". (Hebreos 9:28)*

## Descripción de Isaías      Descripción del Nuevo Pacto

### El Mesías fue contado con los inicuos

*"Por tanto, yo le daré parte con los grandes, y con los fuertes repartirá despojos; por cuanto derramó su vida hasta la muerte, y fue contado con los pecadores, habiendo Él llevado el pecado de muchos, y orado por los transgresores".*
*(Isaías 53:12)*

*[Jesús dijo] "Porque os digo que es necesario que se cumpla todavía en mí aquello que está escrito: Y fue contado con los inicuos; porque lo que está escrito de mí, tiene cumplimiento".*
*(Lucas 22:37)*

### El Mesías oró por quienes lo crucificaron

*"habiendo Él llevado el pecado de muchos, y orado por los transgresores".*
*(Isaías 53:12)*

*"Y Jesús decía: Padre, perdónalos, porque no saben lo que hacen. Y repartieron entre sí sus vestidos, echando suertes".*
*(Lucas 23:34)*

**Pregunta:** "¿Cómo puedo confiar en que Jesús cumplió con las profecías mesiánicas de la Biblia? Ya que tanto las profecías como sus 'cumplimientos' se hallan en el mismo libro, ¿cómo pueden considerarse evidencias objetivas?"

**Respuesta:** En un sentido, la Biblia puede verse como dos libros en uno: El Antiguo y el Nuevo Testamento. Hay un gran lapso de tiempo entre los escritos del Antiguo y el Nuevo. Si las profecías pudieran cumplirse a sí mismas, no podrían considerarse autoritativas de manera objetiva. Por ejemplo, la única "profecía" del Corán es que Mahoma iba a regresar a la Meca, y lo hizo. Pero ya que fue Mahoma quien escribió el Corán, se trata de una profecía que se cumple a sí misma.

Muy diferentes son las profecías mesiánicas del Antiguo Testamento. Los pasajes proféticos acerca del linaje, nacimiento, ministerio, muerte y resurrección de Cristo se encuentran en las Escrituras judías, que se completaron unos 400 años antes de que Cristo naciera. Ningún escéptico de la "alta crítica" ha sugerido alguna vez que esas profecías se escribieron después del nacimiento de Cristo. Por lo tanto, estas nos son profecías que se cumplen a sí mismas.

*"Entendiendo primero esto, que ninguna profecía de la Escritura es de interpretación privada, porque nunca la profecía fue traída por voluntad humana, sino que los santos hombres de Dios hablaron siendo inspirados por el Espíritu Santo".*
*(2ª Pedro 1:20-21)*

## Medite en lo que Jesús provee para usted

La cristiandad no es sólo una religión, sino que es una relación con Cristo, el Salvador. Él quiere ser Señor de su vida y cumplir el propósito para el cual usted fue creado. Jesús quiere darle salvación, vida eterna y la paz que sobrepasa todo entendimiento. Todo lo que Él pide es que se arrepienta de tratar de vivir su vida en sus propias fuerzas y le pida a Él que sea su Señor y Salvador—dándole el control de su vida.

- **Jesús** provee salvación para usted.

  *"Y en ningún otro hay salvación; porque no hay otro nombre bajo el cielo,*
  *dado a los hombres, en que podamos ser salvos".*
  *(Hechos 4:12)*

- **Jesús** ofrece el perdón de sus pecados.

  *"Sabed, pues, esto, varones hermanos: que por medio de Él*
  *se os anuncia perdón de pecados".*
  *(Hechos 13:38)*

- **Jesús** es su abogado delante de Dios el Padre.

  *"Hijitos míos, estas cosas os escribo para que no pequéis; y si alguno hubiere*
  *pecado, abogado tenemos para con el Padre, a Jesucristo el justo".*
  *(1ª Juan 2:1)*

- **Jesús** es su sumo sacerdote, ofrece el único sacrificio necesario para pagar por sus pecados.

  *"Por tanto, teniendo un gran sumo sacerdote que traspasó los cielos,*
  *Jesús el Hijo de Dios, retengamos nuestra profesión".*
  *(Hebreos 4:14)*

- **Jesús** le da el Espíritu Santo cuando deposita en Él su confianza.

  *"Cristo nos redimió de la maldición de la ley... para que en Cristo Jesús*
  *la bendición de Abraham alcanzase a los gentiles".*
  *(Gálatas 3:13-14)*

- **Jesús** lo libera de la condenación de Dios.

  *"Ahora, pues, ninguna condenación hay para los que están en Cristo Jesús,*
  *los que no andan conforme a la carne, sino conforme al Espíritu".*
  *(Romanos 8:1)*

- **Jesús** le asegura el amor de Dios.

  *"Por lo cual estoy seguro de que ni la muerte, ni la vida, ni ángeles,*
  *ni principados, ni potestades, ni lo presente, ni lo por venir, ni lo alto,*
  *ni lo profundo, ni ninguna otra cosa creada nos podrá separar*
  *del amor de Dios, que es en Cristo Jesús Señor nuestro".*
  *(Romanos 8:38-39)*

- **Jesús** le atrae a la familia de Dios.

  *"En amor habiéndonos predestinado para ser adoptados hijos suyos*
  *por medio de Jesucristo, según el puro afecto de su voluntad".*
  *(Efesios 1:5)*

- **Jesús** le da paz con Dios.

  *"Justificados, pues, por la fe, tenemos paz para con Dios*
  *por medio de nuestro Señor Jesucristo".*
  *(Romanos 5:1)*

- **Jesús** le da vida abundante.

  *"El ladrón no viene sino para hurtar y matar y destruir; yo [Jesús]*
  *he venido para que tengan vida, y para que la tengan en abundancia".*
  *(Juan 10:10)*

- **Jesús** ofrece descanso para su alma.

  *"Venid a mí todos los que estáis trabajados y cargados, y yo os haré descansar.*
  *Llevad mi yugo sobre vosotros, y aprended de mí, que soy manso*
  *y humilde de corazón; y hallaréis descanso para vuestras almas;*
  *porque mi yugo es fácil, y ligera mi carga".*
  *(Mateo 11:28-30)*

- **Jesús** provee un ejemplo para su vida.

  *"Pues para esto fuisteis llamados; porque también Cristo padeció por nosotros,*
  *dejándonos ejemplo, para que sigáis sus pisadas; el cual no hizo pecado,*
  *ni se halló engaño en su boca; quien cuando le maldecían,*
  *no respondía con maldición; cuando padecía, no amenazaba,*
  *sino encomendaba la causa al que juzga justamente".*
  *(1ª Pedro 2:21-23)*

- **Jesús** le da poder para vencer los hábitos de pecado.

> *"Como todas las cosas que pertenecen a la vida y a la piedad nos han sido dadas por su divino poder, mediante el conocimiento de aquel que nos llamó por su gloria y excelencia, por medio de las cuales nos ha dado preciosas y grandísimas promesas, para que por ellas llegaseis a ser participantes de la naturaleza divina, habiendo huido de la corrupción que hay en el mundo a causa de la concupiscencia".*
> *(2ª Pedro 1:3-4)*

- **Jesús** volverá para reunir a los creyentes.

> *"Entonces aparecerá la señal del Hijo del Hombre en el cielo; y entonces lamentarán todas las tribus de la tierra, y verán al Hijo del Hombre viniendo sobre las nubes del cielo, con poder y gran gloria. Y enviará sus ángeles con gran voz de trompeta, y juntarán a sus escogidos, de los cuatro vientos, desde un extremo del cielo hasta el otro".*
> *(Mateo 24:30-31)*

## ¿Qué hará usted con Jesús?

La evidencia es clara y no deja dudas, Jesús es Dios. Él murió por sus pecados, ofrece perdón y otorga la vida eterna a quienes confían en Él. Millones de personas han confiado en Él y han experimentado un cambio de vida y recibido la vida eterna que sólo Él puede ofrecer. ¿Depositará usted su confianza en Él?

Si usted sabe que necesita una verdadera relación con Dios, puede entrar en esa relación ahora mismo a través de esta oración:

*Dios, sé que necesito Tu perdón. Reconozco que he pecado y que mi pecado merece un castigo. Jesús, gracias por morir por mis pecados en la cruz y por morir en mi lugar. Te pido ahora mismo que entres a mi vida para ser mi Señor y Salvador y que me perdones de todos mis pecados. Toma el control de mi vida y hazme la persona que Tú quieres que sea. Gracias por Tu misericordia y Tu gracia. En Tu nombre santo oro. Amén.*

## Versículos bíblicos para memorizar

| | |
|---|---|
| Filipenses 2:5-6 | Tito 2:13 |
| Juan 10:30 | Juan 20:28 |
| Colosenses 2:9 | Apocalipsis 1:8 |
| Juan 14:9 | Romanos 9:5 |
| Isaías 9:6 | 1ª Juan 5:20 |

# Notas

1. Para la siguiente sección véase Harold L. Willmington, Willmington's Guide to the Bible ("Guía de la Biblia de Willmington") (Wheaton, IL: Tyndale House, 1981), 615-16.

2. Véase Timothy Friberg y Barbara Friberg, Analytical Lexicon to the Greek New Testament, ("Léxico analítico al Nuevo Testamento griego") ed. electrónica. (BibleWorks 6.0) (Grand Rapids: Baker, 2000).

3. Citado en Darrell L. Bock, Studying the Historical Jesus: A Guide to Sources and Methods ("Estudio del Jesús histórico: Guía de fuentes y métodos") (Grand Rapids: Baker, 2002), 49.

4. Plinio el Menor, Letters, with an English Translation, ("Cartas, con una traducción inglesa") trad. por William Melmoth, revisado por Winifred Margaret Lambart Hutchinson, Loeb Classical Library ("Librería clásica Loeb") (Nueva York: Macmillan, 1915), http://www.vroma.org/~hwalker/Pliny/Pliny10-096-E.html.

5. C. S. Lewis, Mere Christianity, (Cristianismo puro") rev. y ampliada (Nueva York: Collier, 1960), 56.

6. Josh McDowell y Don Stewart, Handbook of Today's Religions (Manual de las religiones contemporáneas") (Nashville: Thomas Nelson, 1983), 70-1; Robert B. Stewart, "Is Mormonism Christian? An Evangelical Critique of LDS Scholar Stephen E. Robinson's Arguments for Recognizing Mormonism as Christian," ("¿Es cristiano el mormonismo? Una crítica evangÉlica de los argumentos del erudito Stephen E. Robinson para reconocer si es cristianismo el mormonismo") Journal of Christian Apologetics ("Revista de apologética cristiana") 1, no. 2 (1997): 30-33.

7. Joseph Smith, Jr., History of the Church of Jesus Christ of Latter-day Saints, ("Historia de la Iglesia de Jesucristo de los Santos de los Últimos días") 2a ed., 7 vols. (Salt Lake City: Deseret, 1978), 6:305-6.

8. Véase Gregory A. Boyd, Oneness Pentecostals and the Trinity ("Pentecostales de la unidad y la trinidad") (Grand Rapids: Baker, 1992).

9. Para esta sección véase William Lane Craig, The Son Rises: The Historical Evidence for the Resurrection of Jesus ("El Hijo resucita: evidencia histórica de la resurrección de Jesús") (Chicago: Moody, 1981; reimp., Eugene, OR: Wipf y Stock, 2000); Craig L. Blomberg, "Gospels (Historical Reliability)," in Dictionary of Jesus and the Gospels, ("Evangelios: confiabilidad histórica, en el Diccionario de Jesús y los Evangelios") ed. Joel B. Green, Scot McKnight y I. Howard Marshall (Downers Grove, IL: InterVarsity, 1992), 297.

10. Esta sección es primordialmente un resumen de los argumentos de William Lane Craig's de varios de sus escritos, especialmente de Paul Copan y Ronald K. Tacelli, eds., Jesus' Resurrection: Fact or Figment? (La resurrección de Jesús: Realidad o ficción") (Downers Grove, IL: InterVarsity, 2000), 32-34.

11. Esta sección es primordialmente un resumen de los argumentos de William Lane Craig's de varios de sus escritos, especialmente de Copan y Tacelli, Jesus' Resurrection, ("La resurrección de Jesús") 32-34.

12. Paul Copan, ed., Will the Real Jesus Please Stand Up? A Debate between William Lane Craig and John Dominic Crossan ("Que se ponga de pie el verdadero Jesús. Debate entre William Lane Craig y Juan Dominic Crossan") (Grand Rapids: Baker, 1998), 42-43; Blomberg, "Gospels (Historical Reliability)," ("Evangelios: confiabilidad histórica"), 297.

13. Esta sección es primordialmente un resumen de los argumentos de William Lane Craig's de varios de sus escritos, especialmente de Copan y Tacelli, Jesus' Resurrection, ("La resurrección de Jesús"), 32-34.

14. Esta sección es primordialmente un resumen de los argumentos de William Lane Craig's de varios de sus escritos, especialmente de Copan y Tacelli, Jesus' Resurrection, ("La resurrección de Jesús"), 32-34.

15. Véase Bill Cetnar y Joan Cetnar, Questions for Jehovah's Witnesses "Who Love the Truth" 2 Thess. 2:10 ("Preguntas para los testigos de Jehová "que aman la verdad" 2 Tes. 2:10") (Kunkletown, PA: William I. Cetnar, 1983).

16. "The Martyrdom of Perpetua," Christian History ("El martirio de Perpetua, Historia cristiana") 17 (1988), ed. electrónica.

17. Para esta sección véase W. D. Edwards, W. J. Gabel, y F. Hosmer, "On the Physical Death of Jesus Christ," Journal of the American Medical Association ("Acerca de la muerte física de Jesucristo, Revista de la asociación médica cristiana") 255 (1986): 1455-63. Martin Hengel, Crucifixion in the Ancient World and the Folly of the Cross, ("La crucifixión en el antiguo mundo y la necedad de la cruz") trad. por Juan Bowden (Philadelphia, PA: Fortress, 1977).

18. Albert A. Bell, Jr., Exploring the New Testament World ("Explorando el mundo del Nuevo Testamento") (Nashville: Thomas Nelson, 1998), 12-13.

19. Para esta sección véase Willmington, Willmington's Guide to the Bible, ("Guía de la Biblia de Willmington"), 614-15; Orville J. Nave, Nave's Topical Bible, ("Biblia por tópicos de Nave") ed. electrónica. (Ellis Enterprises, 1990), BibleWorks v. 6.0.


## Bibliografía


Bell, Albert A., Jr. Exploring the New Testament World. ("Explorando el mundo del Nuevo Testamento") Nashville: Thomas Nelson, 1998.

Blomberg, Craig L. "Gospels (Historical Reliability)". ("Los Evangelios: confiabilidad histórica").

En Dictionary of Jesus and the Gospels, ("Diccionario de Jesús y los Evangelios") editado por Joel B. Green, Scot McKnight, y I. Howard Marshall, 291-97. Downers Grove, IL: InterVarsity, 1992.

Bock, Darrell L. Studying the Historical Jesus: A Guide to Sources and Methods. ("Estudio del Jesús histórico: Guía de fuentes y métodos") Grand Rapids: Baker, 2002.

Boyd, Gregory A. Oneness Pentecostals and the Trinity. ("Pentecostales de la unidad y la trinidad") Grand Rapids: Baker, 1992.

Cetnar, Bill, y Joan Cetnar. Questions for Jehovah's Witnesses "Who Love the Truth" 2 Thess. 2:10. ("Preguntas para los testigos de Jehová "que aman la verdad" 2 Tes. 2:10") Kunkletown, PA: William I. Cetnar, 1983.

Copan, Paul, ed. Will the Real Jesus Please Stand Up? A Debate between William Lane Craig and Juan Dominic Crossan. ("Que se ponga de pie el verdadero Jesús. Debate entre William Lane Craig y Juan Dominic Crossan") Grand Rapids: Baker, 1998.

Copan, Paul, Ronald K. Tacelli, eds. Jesus' Resurrection: Fact or Figment? (La resurrección de Jesús: Realidad o ficción") Downers Grove, IL: InterVarsity, 2000.

Craig, William Lane. The Son Rises: The Historical Evidence for the Resurrection of Jesus. ("El Hijo resucita: evidencia histórica de la resurrección de Jesús") Chicago: Moody, 1981; Eugene, OR: Wipf y Stock, 2000.

Edwards, W. D., W. J. Gabel, y F. Hosmer. "On the Physical Death of Jesus Christ". Journal of the American Medical Association ("Acerca de la muerte física de Jesucristo, Revista de la asociación médica cristiana")255 (1986): 1455-63.

Harris, Murray J. 3 Crucial Questions about Jesus. ("Preguntas cruciales acerca de Jesús") 3 Crucial Questions ("Preguntas cruciales"). Grant R. Osborne y Richard J. Jones, Jr., gen. ed. Grand Rapids: Baker, 1994.

Harris, Murray J. Jesus as God: The New Testament Use of Theos in Reference to Jesus. ("Jesús es Dios: El uso del Nuevo Testamento de theos en referencia a Jesús") Grand Rapids: Baker, 1992.

Hengel, Martin. Crucifixion in the Ancient World and the Folly of the Cross. ("La crucifixión en el antiguo mundo y la necedad de la cruz") Trad. por Juan Bowden. Philadelphia, PA: Fortress, 1977.

Lewis, C. S. Mere Christianity. ("Cristianismo puro") Rev. y agrandado. New York: Collier, 1960.

"The Martyrdom of Perpetua". Christian History ("El martirio de Perpetua. Historia Cristiana") 17 (1988). Ed. electrónica.

McDowell, Josh, y Don Stewart. Handbook of Today's Religions. ("Manual de religiones contemporáneas") Nashville: Thomas Nelson, 1983.

Plinio el Menor. Letters, with an English Translation. ("Cartas, con una traducción inglesa") Trad. por William Melmoth. Revisado por Winifred Margaret Lambart Hutchinson. Loeb Classical Library. ("Librería clásica Loeb") Nueva York: Macmillan, 1915.

Smith, Joseph, Jr. History of the Church of Jesus Christ of Latter-day Saints. ("Historia de la Iglesia de Jesucristo de los santos de los últimos días") 2nd ed. 7 vols. Salt Lake City: Deseret, 1978.

Stewart, Robert B. "Is Mormonism Christian? An Evangelical Critique of LDS Scholar Stephen E. Robinson's Arguments for Recognizing Mormonism as Christian". Journal of Christian Apologetics 1, ("¿Es cristiano el mormonismo? Una crítica evangÉlica de los argumentos del erudito Stephen E. Robinson para reconocer si es cristianismo el mormonismo. Revista de apologética cristiana") no. 2 (1997): 15-33.

Wilkins, Michael J., y J. P. Moreland, eds. Jesus Under Fire. ("Jesús bajo fuego") Grand Rapids: Zondervan, 1995.

Willmington, Harold L. Willmington's Guide to the Bible. ("Guía de la Biblia de Willmington")Wheaton, IL: Tyndale House, 1981.

Wright, N. T. The Resurrection of the Son of God. Christian Origins and the Question of God, ("La resurrección del Hijo de Dios. Origen cristiano y la pregunta acerca de Dios") vol. 3. Minneapolis, MN: Fortress, 2003.

# La maldad y el sufrimiento
## ¿Por qué? ¿Es Dios justo?

Debemos reconocer que todos hemos dicho alguna vez para nuestros adentros: "*¿Por qué? ¡No es justo! ¿Cómo pudo suceder...?*" Los "por qué" de la vida nos confunden porque estamos de este lado del cielo. Por eso, es necesario contar con el conocimiento verdadero y una profunda fe en el carácter y corazón de Dios.

A veces la vida nos parece injusta. Es más, muchas personas han dicho: "*¿Por qué? ¿Por qué permite Dios algo tan cruel?*" *¿Dónde estaba Él cuando sucedió esto o aquello? ¿No le interesa?* Estas preguntas sin respuesta o con respuestas equivocadas son la base sobre la cual algunas personas niegan la existencia de Dios o rechazan su bondad, o ambas cosas. Gracias a Dios que nos ha dado la verdad sobre este asunto a través de Su Palabra y nos ha revelado la manera en la que Él trata con los seres humanos. Esta verdad reafirma la existencia de Dios y no sólo eso, sino que también confirma Su bondad. En ninguna parte de las Escrituras se analiza la justicia de Dios con mayor profundidad que en el libro de Job. A pesar de sus grandes pérdidas, Job hizo una pregunta muy profunda, misma que todos debemos considerar cuando enfrentamos las tragedias.

> *"¿Qué? ¿Recibiremos de Dios el bien, y el mal no lo recibiremos?"*
> *(Job 2:10)*

## DEFINICIONES

En unas pocas horas, Job y su esposa perdieron a su familia, a todos sus hijos e hijas, así como sus riquezas e inversiones comerciales. Pasaron de la riqueza a la pobreza, de la opulencia a la necesidad, de la felicidad a la desgracia. ¿Cómo reaccionaría usted si repentinamente perdiera todas sus posesiones? ¿Consideraría que Dios es injusto? ¿Lo seguiría considerando bueno? Quizás caería en la tentación de la esposa de Job al decir:

> *"Entonces le dijo su mujer: ¿Aún retienes tu integridad?*
> *Maldice a Dios, y muérete".*
> *(Job 2:9)*

# ¿Qué es la maldad?[1]

Algunos ejemplos que conocemos y odiamos por la maldad son los asesinos múltiples, los torturadores crueles o los abusadores de menores. Algunas personas dicen: "Bueno, quizá no pueda definir lo que es la maldad, pero ¡puedo reconocerla cuando la veo!" ¿Es cierto esto? Considere las siguientes definiciones:

- **La maldad es la corrupción del bien...**

  — Es la ausencia del bien, cuando debería haber bien

  *"Apártate del mal, y haz el bien".*
  *(Salmo 37:27)*

  — Es apartarse de lo que debería ser la vida

  *"Porque Dios traerá toda obra a juicio, juntamente con toda cosa*
  *encubierta, sea buena o sea mala".*
  *(Eclesiastés 12:14)*

Ilustración: Cuando Adán y Eva desobedecieron a Dios y comieron del fruto que Él les había prohibido, se apartaron de la forma correcta de vida que debería haber habido en esta tierra. (Lea *Génesis capítulo 3*).

- **La maldad es la decisión moral de hacer lo malo en vez de hacer lo bueno, lo cual surge de la impiedad del carácter.** En griego, la Palabra *kakia*, que denota *"maldad del carácter,"* se traduce como impío, depravado y moralmente reprensible, y por lo tanto representa...

  — Una violación a la voluntad de Dios

  *"Por lo cual, desechando toda inmundicia y abundancia de malicia, recibid con*
  *mansedumbre la Palabra implantada, la cual puede salvar vuestras almas".*
  *(Santiago 1:21)*

  — Una perversión de la Palabra de Dios

  *"¡Ay de los que a lo malo dicen bueno, y a lo bueno malo; que hacen de la luz tinieblas,*
  *y de las tinieblas luz; que ponen lo amargo por dulce, y lo dulce por amargo!"*

  *(Isaías 5:20)*

Ilustración: "El malo" es Satanás. Él torció la Palabra de Dios cuando trató de tentar a Jesús en el desierto.

*"Entonces el diablo le llevó a la santa ciudad, y le puso sobre el pináculo del templo,*
*y le dijo: Si eres Hijo de Dios, échate abajo; porque escrito está: A sus ángeles*
*mandará acerca de ti, y, en sus manos te sostendrán, para que no tropieces*
*con tu pie en piedra. Jesús le dijo: Escrito está también:*
*No tentarás al Señor tu Dios".*
*(Mateo 4:5–7)*

- **La maldad es aquello que provoca el mal.** La Palabra griega *poneros* denota *"maldad que produce mal"*, es un mal que causa dolor y sufrimiento, tal como cuando...

— Una persona mala provoca el mal.

> *"El hombre bueno, del buen tesoro del corazón saca buenas cosas;*
> *y el hombre malo, del mal tesoro saca malas cosas".*
> *(Mateo 12:35)*

— Un espíritu malo que causa mal y produce una generación perversa.

> *"Cuando el espíritu inmundo sale del hombre, anda por lugares secos,*
> *buscando reposo, y no lo halla... Entonces va, y toma consigo otros siete*
> *espíritus peores que Él, y entrados, moran allí; y el postrer estado de aquel hombre*
> *viene a ser peor que el primero. Así también acontecerá a esta mala generación".*
> *(Mateo 12:43–45)*

Ilustración: El malvado rey llamado Manasés provocó que el mal se diseminara por todo la nación de Judá.

> *"Por cuanto Manasés rey de Judá ha hecho estas abominaciones,*
> *y ha hecho más mal que todo lo que hicieron los amorreos que fueron*
> *antes de Él, y también ha hecho pecar a Judá con sus ídolos".*
> *(2ª Reyes 21:11)*

**Pregunta: "Si Dios hizo todas las cosas, ¿no significa que también creó el mal?"[2]**

**Respuesta:** No. Reconozca los siguientes puntos importantes:

—El mal no es una cosa, el mal es:

»Una condición que resulta del uso inapropiado o la perversión de algo bueno.

— El mal existe en algo más, algo que se ha corrompido, que ha corrompido el bien.

» Un hombre malo puede usar un buen cuchillo para matar.

—El mal es la ausencia del bien. Es un intruso que los seres humanos han creado. Dios no creó el mal. Adán y Eva decidieron desobedecer a Dios cuando comieron del árbol del conocimiento del bien y del mal. El mal no es lo *opuesto del bien*, sino la ausencia del mismo.

—Todo lo que Dios creó fue bueno, pero las decisiones incorrectas e intencionales de Adán y Eva son una aberración de las cosas buenas que Dios creó.

> *"Y vio Dios todo lo que había hecho, y he aquí que era bueno*
> *en gran manera. Y fue la tarde y la mañana el día sexto".*
> *(Génesis 1:31)*

**Pregunta: "¿Provoca Dios el mal?"**

**Respuesta:** No, Dios jamás puede provocar el mal. Dios no puede hacer nada que contradiga Su carácter. La Biblia nos enseña claramente que Dios es bueno. Puesto que el mal es la corrupción del bien, es imposible que Dios haga alguna cosa mala.

> *"Porque tú no eres un Dios que se complace en la maldad;*
> *el malo no habitará junto a ti... Amado, no imites lo malo, sino lo bueno.*
> *El que hace lo bueno es de Dios; pero el que hace lo malo, no ha visto a Dios".*
> *(Salmo 5:4; 3 Juan 11)*

**Pregunta: "¿Por qué creer en un Dios que permite la maldad?"**

**Respuesta:** La pregunta que está detrás de ésta es: "¿Realmente le importa a Dios que suframos?"

La respuesta a ambas preguntas se puede ver en los hechos de Dios. A Él le interesan nuestras heridas a tal grado, que Él estuvo dispuesto a sufrir para identificarse con nosotros y salvarnos. La belleza de la crucifixión de Cristo es que Él sufrió voluntariamente en lugar nuestro a manos de gente malvada. Aunque el mal y el dolor son resultado de las decisiones del ser humano y no de las de Dios, Él no somete a Su creación a pasar por algo que no esté dispuesto a sufrir Él mismo. Cuando usted sufre alguna pérdida, rechazo, enfermedad o dolor, recuerde que Dios sabe cómo se siente porque lo ha experimentado en carne propia... y Él se duele con usted. Cuando Dios se hizo hombre, entró de lleno a la humanidad caída y experimentó el sufrimiento humano, pero nunca pecó.

> *"Porque convenía a aquel por cuya causa son todas las cosas,*
> *y por quien todas las cosas subsisten, que habiendo de llevar muchos hijos*
> *a la gloria, perfeccionase por aflicciones al autor de la salvación de ellos".*
> *(Hebreos 2:10)*

## ¿Qué es el bien?

Algunos ejemplos que conocemos y apreciamos con respecto a la bondad son los siervos de Dios abnegados, un bombero valiente, un padre amoroso y protector. Algunas personas dicen: "Todo mundo nació siendo bueno". ¿Es esto correcto? Considere las siguientes definiciones:

- **Lo bueno está lleno de virtud.**

> *"Porque todo lo que Dios creó es bueno,*
> *y nada es de desecharse, si se toma con acción de gracias".*
> *(1ª Timoteo 4:4)*

- **Lo bueno es una decisión moral de hacer el bien en vez del mal como producto de la rectitud de carácter.** La Palabra griega *kalos* significa *"bueno"* que proviene de ser intrínsicamente virtuoso de carácter. Esa bondad es honorable, justa y moralmente pura y es una decisión personal de hacer el bien y no el mal.[3]

> *"Y al que sabe hacer lo bueno, y no lo hace, le es pecado".*
> (Santiago 4:17)

- **El bien produce mayor bondad.** Solamente Jesús es la personificación del bien y puede producir bien.

> *"Yo soy el buen pastor; el buen pastor su vida da por las ovejas".*
> (Juan 10:11)

### Pregunta: "La existencia del mal, ¿no prueba que Dios no es bueno?"

**Respuesta:** La existencia del mal no niega la existencia de un Dios bueno así como la oscuridad no puede negar que existe la luz, o la muerte negar la vida. Algunas cosas se pueden explicar mejor  haciendo un contraste entre sus opuestos. Ya que evidentemente existe el bien y el mal, un Dios bueno debe existir. ¿Habría otra fuente del bien? En Su bondad y a Su tiempo, Dios tratará con el mal y con aquellos que lo promueven.

> *"Porque para el malo no habrá buen fin,*
> *y la lámpara de los impíos será apagada".*
> (Proverbios 24:20)

### Pregunta: "Si Dios es bueno y compasivo, ¿por qué no escucha mis oraciones y las contesta?"

**Respuesta:** Dios no está sordo, Él escucha todas sus oraciones. Es más, Él lo sabe todo y sabe cuáles son sus peticiones antes de que usted las haga. Y Él responde siempre, en ocasiones con un *si*, en otras con un *no* y en otras más quizá con un *espera*. En una ocasión, Dios el Padre le dijo *no* a su Hijo Jesús cuando estaba a punto de sufrir la crucifixión y también le dijo que *no* al apóstol Pablo cuando le pidió que le quitara un mal físico. El propósito del Padre para la muerte de Jesús era nuestra salvación. El propósito divino para la discapacidad física de Pablo era producir humildad en el apóstol. Reconozca que Él siempre responde sus oraciones según Su propósito para su vida. Al final, los justos serán librados de todos sus problemas.

> *"Porque los brazos de los impíos serán quebrados;*
> *mas el que sostiene a los justos es Jehová. Conoce Jehová los días de los perfectos,*
> *y la heredad de ellos será para siempre. No serán avergonzados en*
> *el mal tiempo, y en los días de hambre serán saciados".*
> (Salmo 34:17–19)

# ¿Qué es ser justo?

Algunos tipos de personas que conocemos y apreciamos porque los consideramos justos son un juez imparcial y justo, un hombre de negocios honesto e íntegro, un empleador objetivo y equitativo. Algunas personas dicen: "nuestra nación es justa". ¿Es eso correcto? Considere las siguientes definiciones:

- La palabra *justo* es un término legal que significa "actuar con absoluta rectitud e imparcialidad" o "mostrar una conducta correcta según el estándar humano o divino".[4]

- La palabra *justicia* se refiere a la ley. *Jurisprudencia* es la ciencia de la ley y el "*sistema de justicia*" es el que establece las normas legales.

- La palabra griega *dikaios* es la raíz de la palabra de cada una de estos vocablos: "*justo, justificación, recto y correcto*".[5]

  La Biblia utiliza los términos justo y recto indistintamente y significan:

  — Estar en una posición correcta

  > *"He aquí que aquel cuya alma no es recta, se enorgullece;*
  > *mas el justo por su fe vivirá". (Habacuc 2:4)*

  — Mostrar una conducta recta

  *"Oh hombre, Él te ha declarado lo que es bueno, y qué pide Jehová de ti: solamente hacer justicia, y amar misericordia, y humillarte ante tu Dios". (Miqueas 6:8)*

- La posición y conducta correctas siempre se miden por una norma.

  — Cuando dos personas se casan por el matrimonio civil, están dentro de la *posición* correcta dentro del sistema legal.

  — Cuando un hombre es sentenciado por un crimen que cometió, su *conducta* errónea es ilegal.

  Ilustración: Los principales sacerdotes culparon a Jesús de haber quebrantado las leyes religiosas, pero Pilato dijo que era inocente de cualquier conducta ilegal según la ley romana.

  *"Cuando le vieron los principales sacerdotes y los alguaciles, dieron voces, diciendo: ¡Crucifícale! ¡Crucifícale! Pilato les dijo: Tomadle vosotros, y crucificadle; porque yo no hallo delito en Él". (Juan 19:6)*

**Pregunta: "¿Por qué es Dios parcial con algunas personas?"**

**Respuesta:** La Biblia dice que Dios es imparcial. Podría parecer desde nuestro muy limitado punto de vista que Dios favorece a unos sobre otros. Sin embargo, Dios ama y cuida de todos por igual.

> *"Porque no hay acepción de personas para con Dios". (Romanos 2:11)*

## ¿Qué significa teodicea?

Si es verdad que "la vida está llena de sufrimiento y luego viene la muerte", ¿cuál es el propósito para vivir? Esta vida es el campo de entrenamiento para la vida que sigue, para la vida eterna que durará por siempre. Dios usará los sufrimientos de nuestra vida terrenal para nuestro bien eterno si decidimos confiar en Él. Este no es el mejor de los mundos, pero sí es el camino para llegar ¡al mejor de todos los mundos![6] Cuando le damos el control de nuestra vida a nuestro Señor y Salvador en *esta* vida, podemos obtener todo lo que Dios ha preparado para nosotros en la *siguiente*.

> *"Porque esta leve tribulación momentánea produce en nosotros*
> *un cada vez más excelente y eterno peso de gloria; no mirando nosotros*
> *las cosas que se ven, sino las que no se ven; pues las cosas que se ven*
> *son temporales, pero las que no se ven son eternas".*
> *(2ª Corintios 4:17–18)*

- "Teodicea" es el término teológico que se usa en apologética (la defensa de la fe) para justificar la bondad, justicia y existencia de Dios ante toda la maldad e injusticia que hay en el mundo. Los que están convencidos de que Dios es justo, saben que no se puede poner en duda Su reputación y podemos decir con toda confianza que:

> *"Justicia y juicio son el cimiento de tu trono;*
> *misericordia y verdad van delante de tu rostro". (Salmo 89:14)*

- La palabra griega *theos* significa *"Dios"* y *dike* significa *"justicia"*. Cuanto más conozca a Dios el Señor, más confianza tendrá en Su persona.[7]

> *"El es la Roca, cuya obra es perfecta, porque todos sus caminos son rectitud;*
> *Dios de verdad, y sin ninguna iniquidad en Él; es justo y recto".*
> *(Deuteronomio 32:4)*

- La *teodicea* es la defensa lógica de la imparcialidad de Dios en relación con la presencia del mal que hay en el mundo. Se puede usar con efectividad el razonamiento lógico para presentar la verdad ante aquellos que nunca han escuchado el Evangelio, así que debemos hacerlo:

> *"Santificad a Dios el Señor en vuestros corazones,*
> *y estad siempre preparados para presentar defensa con mansedumbre*
> *y reverencia ante todo el que os demande razón de la esperanza*
> *que hay en vosotros; teniendo buena conciencia, para que en lo que murmuran*
> *de vosotros como de malhechores, sean avergonzados los que calumnian*
> *vuestra buena conducta en Cristo".*
> *(1ª Pedro 3:15–16)*

## ¿Cuál es el problema de la existencia de la maldad?

La existencia de la maldad en nuestro mundo presenta un problema para la gente que conoce lo que Dios dice de sí mismo en cuanto a que es perfectamente moral, todopoderoso y omnisciente. La premisa es que el mal no puede existir junto con un Dios bondadoso, todopoderoso y omnisciente, porque esos conceptos se excluyen mutuamente. Por tanto, los escépticos concluyen que la presencia del mal en el mundo niega la existencia de un Dios bueno, todopoderoso y omnisciente. El problema involucra tres aspectos y tres suposiciones:

### Si Dios es todo bondad y poder, ¿por qué permite que exista la maldad?

— Para responder a esta pregunta clásica, deben tomarse en cuenta **tres aspectos.**[8]

**1.** Dios es ***todo bondad.***

**2.** Dios es ***todopoderoso.***

**3.** La presencia del ***mal*** es evidente en el mundo.

— Existen tres suposiciones

**1.** Si Dios es ***todo bondad***, querría evitar el mal.

**2.** Si Dios es ***todopoderoso***, podría evitar el mal.

**3.** Si Dios lo ***sabe todo***, podría anticiparse al mal ¡y evitarlo!

— Si se elimina alguno de éstas, entonces no hay problema, porque.

**1. *Si Dios no es todo bondad***, desaparece el problema, porque entonces Dios es un "demonio cósmico" que causa la maldad.

**2. *Si Dios no es todopoderoso***, también se desvanece el problema, porque entonces es un Dios débil e incapaz de detener la maldad.

**3. *Si no existe el mal en el mundo***, el problema se evapora, porque la maldad (el pecado y el sufrimiento) son sólo ilusiones.

— Los tres aspectos son verdad, según la Biblia:

**1.** Dios es ***bueno***... y le dio libre albedrío al hombre, lo cual es bueno.

> *"Para anunciar que Jehová mi fortaleza es recto, y que en Él no hay injusticia".*
> *(Salmo 92:15)*

**2.** Dios es ***todopoderoso***... y puede hacer cualquier cosa que sea lógica, pero es ilógico que Él haya dado libre albedrío y luego lo reprima.

> *"[Dios dice] que anuncio lo por venir desde el principio,*
> *y desde la antigüedad lo que aún no era hecho; que digo:*
> *Mi consejo permanecerá, y haré todo lo que quiero;*

*que llamo desde el oriente al ave, y de tierra lejana al varón de mi consejo.*
*Yo hablé, y lo haré venir; lo he pensado, y también lo haré".*
*(Isaías 46:10–11)*

3. **La maldad** y sus efectos (el pecado y el sufrimiento) están presentes en el mundo... porque la gente ha decidido ejercer su libre albedrío y desobedecer a Dios.

*"Por cuanto todos pecaron, y están destituidos de la gloria de Dios".*
*(Romanos 3:23)*

## ¿Por qué un Dios que es bueno y todopoderoso permite el sufrimiento?

• **En ocasiones Dios provoca el sufrimiento para lograr un bien mayor.**

Jesús dijo respecto al apóstol Pablo: *"Porque yo le mostraré cuánto le es necesario padecer por mi nombre"* (Hechos 9:16). Después, Pablo fue encarcelado injustamente y como no podía salir de ahí, tuvo la oportunidad de testificar a los carceleros. El resultado fue que muchos soldados romanos llegaron al conocimiento de Cristo.

Pablo narra: *"Quiero que sepáis, hermanos, que las cosas que me han sucedido, han redundado más bien para el progreso del Evangelio, de tal manera que mis prisiones se han hecho patentes en Cristo en todo el pretorio, y a todos los demás. Y la mayoría de los hermanos, cobrando ánimo en el Señor con mis prisiones, se atreven mucho más a hablar la Palabra sin temor".* (Filipenses 1:12–14)

• **En otras ocasiones Dios permite la maldad y el sufrimiento a través de:**

— El libre albedrío de todo ser humano

Los así llamados "amigos" de Job lo atacaron con acusaciones continuas de que su enfermedad era la consecuencia de algún pecado que había cometido.

*"Respondió entonces Job, y dijo: ¿Hasta cuándo angustiaréis mi alma, y*
*me moleréis con Palabras? Ya me habéis vituperado diez veces;*
*¿No os avergonzáis de injuriarme?"*
*(Job 19:1–3)*

— El orden natural (terremotos, la muerte, etc.).

El dolor de Job comenzó cuando un mensajero vino a Él con las noticias de un terrible y destructor tornado.

*"Entre tanto que éste hablaba, vino otro que dijo: Tus hijos y tus hijas estaban*
*comiendo y bebiendo vino en casa de su hermano el primogénito;*
*y un gran viento vino del lado del desierto y azotó las cuatro esquinas de la casa,*
*la cual cayó sobre los jóvenes, y murieron; y solamente escapé yo para darte la noticia".*
*(Job 1:18–19)*

— Los espíritus del mal

Dios le dijo a Satanás que Job era el hombre más perfecto sobre la tierra. Después de eso, Satanás materialmente atacó a Job en sus posesiones, su familia y su cuerpo físico.

*"Entonces salió Satanás de la presencia de Jehová, e hirió a Job con una sarna maligna desde la planta del pie hasta la coronilla de la cabeza".*
*(Job 2:7)*

- **Dios siempre tiene un propósito para el sufrimiento. Sus propósitos son variados. En ocasiones:**

  — Permite el sufrimiento para descubrir nuestro pecado.

  — Lo permite para edificar nuestro carácter.

  — También lo permite para producir un bien mayor.

  — Lo permite para cambiar nuestra perspectiva de las cosas.

  — Él también lo permite para bendecir nuestro futuro.

*"He aquí, tenemos por bienaventurados a los que sufren.*
*Habéis oído de la paciencia de Job, y habéis visto el fin del Señor,*
*que el Señor es muy misericordioso y compasivo".*
*(Santiago 5:11)*

## ¿Cuál es el problema del bien?

La Biblia dice: *"No sea, pues, vituperado vuestro bien" (Romanos 14:16)*. Si el problema del mal es un argumento a favor del ateísmo, entonces la cuestión del bien tiene que serlo a favor del teísmo. Dicho de manera sencilla, el problema del bien es que debemos afirmar la existencia de Dios para que tengan sentido conceptos tales como la bondad, justicia, amor y equidad. El problema consta de cinco partes:

**1. Si Dios *no existe*, la naturaleza es la que manda.**

Por definición Dios es "el creador sobrenatural del universo". Si no existe un creador sobrenatural del universo, entonces lo único que queda es la naturaleza en sí misma. Por tanto, las leyes de la naturaleza serían las que mandaran.

**2. Si Dios *no existe*, la naturaleza opera bajo el principio de la "supervivencia del más fuerte".**

La naturaleza es fría, dura e indiferente. Las criaturas "más fuertes" sobrevivirán porque se adaptan a su ambiente, pero las que no se adapten, perecerán. Así concluimos que los más inteligentes, fuertes, rápidos, bellos o "mejores" en cualquier área, serán los que sobrevivan y tengan mayor valor.

**3. Si Dios *no existe*, la única norma ética es la auto-preservación, porque viviríamos en el mundo de la "supervivencia del más fuerte".**

En la "supervivencia del más fuerte," la ley de la tierra es la auto-preservación. Si uno puede avanzar más por medio del engaño, entonces el engaño lo hace más "fuerte" que los demás. Si se prospera por medio de la violencia y la fuerza bruta, entonces esa fortaleza lo hace ser más "fuerte" que los demás. Si el asesinato, violación, robo, genocidio, traición u odio contribuyen a la supervivencia y prosperidad, entonces esos actos se tornan "buenos".

**4. Si Dios *no existe*, los conceptos de bondad, justicia, amor y equidad son irrelevantes para la auto-preservación.**

Así que el auto-sacrificio hacia los demás no tiene nada que ver con la auto-preservación. Bajo este modelo, el sacrificio o ser "bondadoso" para con los demás, no es "bueno", puesto que no produce ningún beneficio personal. Ya que todos los actos de auto-preservación son "buenos", no existe tal cosa como cometer un crimen. El amor es una ilusión a menos que sea del tipo de amor que busca satisfacerse a sí mismo. La equidad no significa nada a menos que se refiera a hacerse a sí mismo igual a los que se consideran "más fuertes" que uno mismo.

**5. Conclusión: Si Dios *no existe*, entonces los conceptos de la bondad, justicia, amor y equidad no son más que una ilusión.**

Lejos de Dios, es vano tratar de encontrar una base para la bondad, justicia, amor e igualdad. La filosofía de la "supervivencia del más fuerte" se ha usado para justificar cualquier cosa, desde la esclavitud hasta el genocidio. Claro, para la mayoría de la gente esas prácticas son detestables. Este sentido innato de bondad, justicia y amor es un argumento poderoso para afirmar la existencia de Dios. Puesto que en lo personal deseamos tener la virtud de la bondad y porque todo el mundo la desea, tal bondad refleja la imagen de Dios.

> *"No seas vencido de lo malo, sino vence con el bien el mal".*
> *(Romanos 12:21)*

**Argumento "Un Dios de amor no puede ser al mismo tiempo un Dios de ira. Estos dos atributos son incompatibles".**

**Respuesta:** El amor y la ira no son incompatibles y ciertamente existen al mismo tiempo en la misma persona.

— Una madre que ama profundamente a su hijo al mismo tiempo sentirá ira contra un pederasta que intente lastimar a su niño. Quizá también experimentará ira contra su propio hijo amado por ser desobediente e irrespetuoso con ella.

— Cuando usted lee que *"Dios es amor,"* la palabra griega que se traduce *amor* aquí es *ágape*, que significa el compromiso de buscar el mayor bien del otro. Dios nunca deja de amarnos.

— La ira es la respuesta al pecado y se expresa contra cualquier cosa que busca dañarlo a usted o a cualquier otro objeto de su amor. Esta verdad queda ilustrada en la derrota del Señor contra el ejército egipcio que persiguió a los israelitas con el propósito de destruirlos.

*"El enemigo dijo: Perseguiré, apresaré, repartiré despojos; mi alma se saciará de ellos; sacaré mi espada, los destruirá mi mano. Soplaste con tu viento; los cubrió el mar; se hundieron como plomo en las impetuosas aguas... Condujiste en tu misericordia a este pueblo que redimiste; lo llevaste con tu poder a tu santa morada".*
*(Éxodo 15:9–10, 13)*

### Pregunta: "¿Sabía Dios que Adán y Eva iban a pecar?"

**Respuesta:** Puesto que Dios sabe todo y es omnipresente, Él no está limitado por el tiempo. Él sabía que Adán y Eva lo desobedecerían. Sin embargo, decidió crearlos con libre albedrío para que ellos también pudieran tomar sus propias decisiones. Él no quería crearlos como robots pre-programados. La Biblia es clara en cuanto a que Dios tenía en mente el plan de salvación del mundo aun antes de la creación del mundo. (Los robots no necesitan de la salvación).

*"El Cordero que fue inmolado es digno de tomar el poder, las riquezas, la sabiduría, la fortaleza, la honra, la gloria y la alabanza"*
*(Apocalipsis 5:12)*

### Pregunta: "¿No podría Dios haber hecho un mundo sin maldad?"[9]

**Respuesta:** Sí. . . Sin embargo, Él también sabía que tener un mundo con libertad moral limitada no sería lo mejor, porque las virtudes pueden definirse mejor por sus contrapartes.

— Por ejemplo, una persona puede ser altruista solamente si existe el egoísmo como contraparte.

— Ser altruista implica la posibilidad de ser egoísta.

— Cuando vencemos la egolatría podemos desarrollar nuestro carácter y lograr la virtud.

Aunque Dios creó un mundo que se corrompió por causa del mal y que resultó en la necesidad de presentar a Su propio Hijo en sacrificio para derrotar el mal, Dios sabía en su omnisciencia que un mundo así sería el mejor para preparar a la gente para el mejor de los mundos: el cielo.

*"Vi un cielo nuevo y una tierra nueva; porque el primer cielo y la primera tierra pasaron, y el mar ya no existía más. . . . Y oí una gran voz del cielo que decía: He aquí el tabernáculo de Dios con los hombres, y Él morará con ellos; y ellos serán su pueblo, y Dios mismo estará con ellos como su Dios"*
*(Apocalipsis 21:1, 3).*

## CARACTERÍSTICAS

Ningún libro de la Biblia se identifica más con el sufrimiento que el de Job. Éste era un hombre recto y en el libro que lleva su nombre vemos la experiencia del dolor de haber perdido una cosa tras otra al punto de dejarlo en la más terrible miseria. Ese dolor y sufrimiento, en tan sólo un área de la vida, nos puede provocar la lucha de tener más preguntas que respuestas, y llegar al grado de cuestionar a Dios. Detrás de una profunda pérdida siempre surge una serie de preguntas que comienzan con  un "¿por qué?" Job exclamó con amargura:

*"¿Por qué se da luz al trabajado, y  vida a los de ánimo amargado?"*
*(Job 3:20)*

## A. ¿Ha sentido que Dios es injusto?

Aunque Job había sido un hombre ejemplar, Dios lo llamó "perfecto", en un breve lapso de tiempo toda su vida se llenó de sufrimiento físico, mental y emocional. Él no podía saber lo que estaba sucediendo "tras bambalinas" en su vida, no podía predecir el futuro. Se sentía devastado por sus pérdidas. . . se vio sorprendido por el dolor. . . se sintió acusado falsamente por sus amigos. . . incluso llegó a sentirse abandonado por Dios. . . Job llegó a considerar que era mejor morir que seguir viviendo así.

*"¿Por qué no morí yo en la matriz, o expiré al salir del vientre?"*
*(Job 3:11)*

### ¿HA EXPERIMENTADO COMO JOB?

| | |
|---|---|
| Pérdida de sus posesiones........... | A Job le robaron todo lo que tenía. *(Job 1:14, 15, 17)* |
| Pérdida de sus socios................. | Todos los siervos de Job murieron repentinamente. *(Job 1:14–17)* |
| Destrucción de sus propiedades. | Todo lo que Job tenía fue destruido. *(Job 1:16)* |
| Muerte de sus seres queridos...... | Todos sus hijos murieron de manera trágica. *(Job 1:18–19)* |
| Pérdida de su dinero................. | Job perdió su riqueza en un instante. *(Job 1:21)* |
| Deterioro de su salud................ | Job se enfermó de gravedad. (Job 2:7) |
| Distanciamiento de su cónyuge. | Su esposa lo abandonó emocionalmente. *(Job 2:9)* |
| Desesperanza en su vida............ | Job perdió toda esperanza. *(Job 3:1–24)* |
| Desilusión de sus sueños........... | El futuro de Job estaba condenado. *(Job 7:7)* |
| Daño a su reputación.............. | Los amigos de Job lo calumniaron. (Job 12:4) |

**Pregunta: "¿Qué hice para merecer este sufrimiento?"**

**Respuesta:** Su sufrimiento podría ser resultado de las consecuencias de algo de lo que usted no es directamente responsable. Reconozca que en un mundo pecador, tanto los buenos como los malos van a sufrir. La Biblia dice: *"[Vuestro Padre] hace llover sobre justos e injustos" (Mateo 5:45).* Pero como creyente, cuenta con la promesa divina de que sus sufrimientos aquí en la tierra llegarán a su fin (en el cielo donde no habrá más sufrimiento o en el infierno donde el sufrimiento será eterno). No se llene de amargura por el dolor. Más bien, deposite su fe en Dios, sepa que a Él le importa, y con paciencia espere Su ayuda. Dios está presente. Nada sucederá en su vida sin que Él lo haya preparado para enfrentarlo.

*"Pacientemente esperé a Jehová,  y se inclinó a mí, y oyó mi clamor".*
*(Salmo 40:1)*


## B. ¿Cómo reaccionó Job ante su terrible situación?

La perspectiva de Job de la vida estaba saturada de dolor físico, mental y emocional. Él no tenía la oportunidad de echar un vistazo "tras bambalinas". Sintió que le robaron su gozo y pensó que la muerte era su mejor alternativa. ¿Percibía Job que Dios era bueno? Lea los siguientes enunciados y responda usted mismo

**Nº 1.**    Job no negó ni cubrió su dolor, pero reconoció que Dios tiene derecho a decidir lo que da o quita.

*"Y dijo: Desnudo salí del vientre de mi madre, y desnudo volveré allá. Jehová dio, y*
*Jehová quitó; sea el nombre de Jehová bendito. En todo esto no pecó Job,*
*ni atribuyó a Dios despropósito alguno".*
*(Job 1:21–22)*

**Nº 2.**    Después de enfrentar a su crítica esposa, vivió en integridad y se centró en confiar su vida a Dios.

*"Entonces le dijo su mujer: ¿Aún retienes tu integridad? Maldice a Dios, y muérete. Y*
*Él le dijo: Como suele hablar cualquiera de las mujeres fatuas, has hablado.*
*¿Qué? ¿Recibiremos de Dios el bien, y el mal no lo recibiremos?*
*En todo esto no pecó Job con sus labios".*
*(Job 2:9–10)*

**Nº 3.**    Job sufrió un dolor tal, que deseaba morir. Con honestidad se lamentó frente a sus tres amigos.

*"¿Por qué no fui escondido como abortivo,*
*como los pequeñitos que nunca vieron la luz?"*
*(Job 3:16)*

**Nº 4.**   Job repitió su deseo de dejar esta vida para evitar el dolor, pero se centró en ser un hombre de integridad. Él dijo que si estuviera muerto:

*"Sería aún mi consuelo, si me asaltase con dolor sin dar más tregua,*
*que yo no he escondido las Palabras del Santo".*
*(Job 6:10)*

**Nº 5.**   Aunque se encontraba desanimado por su calamidad, Job reconoció que Dios es el Hacedor del universo y que ha hecho innumerables milagros.

*"El hizo la Osa, el Orión y las Pléyades, y los lugares secretos del sur; Él hace cosas*
*grandes e incomprensibles, y maravillosas, sin número".*
*(Job 9:9–10)*

**Nº 6.**   Job no ocultó sus sentimientos, aceptó que se odiaba a sí mismo; se quejó y tuvo amargura, pero le rogó a Dios que le revelara si había hecho algo malo.

*"Está mi alma hastiada de mi vida; daré libre curso a mi queja,*
*hablaré con amargura de mi alma. Diré a Dios: No me condenes;*
*hazme entender por qué contiendes conmigo". (Job 10:1–2)*

**Nº 7.**   Job no entendía por qué se convirtió en el hazmerreír de sus amigos, sin embargo, se centró en los muchos atributos de Dios.

*"En su mano está el alma de todo viviente, y el hálito de todo el género humano...*
*Con Dios está la sabiduría y el poder; suyo es el consejo y la inteligencia...*
*Con Él está el poder y la sabiduría; suyo es el que yerra, y el que hace errar...*
*El descubre las profundidades de las tinieblas, y saca a luz la sombra de muerte".*
*(Job 12:10, 13, 16, 22)*

**Nº 8.**   Job declaró que aun si Dios lo matara por intentar defenderse o presentar su causa, aun así seguiría confiando en Él.

*"He aquí, aunque Él me matare, en Él esperaré; no obstante,*
*defenderé delante de Él mis caminos".*
*(Job 13:15)*

**Nº 9.**   Job respondió que Dios establece el número de años de nuestra vida y límites que no podemos traspasar.

*"Ciertamente sus días [del hombre] están determinados, y el número*
*de sus meses está cerca de ti; le pusiste límites, de los cuales no pasará".*
*(Job 14:5)*

**Nº 10.**   Aunque se sentía enojado y triste por causa de sus acusadores humanos, Job reconoció que tenía un abogado celestial, un intercesor que también era su amigo.

*"Mas he aquí que en los cielos está mi testigo, y mi testimonio en las alturas.*
*Disputadores son mis amigos; mas ante Dios derramaré mis lágrimas.*
*¡Ojalá pudiese disputar el hombre con Dios, como con su prójimo!".*
*(Job 16:19–21)*

**Nº 11.** Job sabía que estaba rodeado de burladores, pero declaró que de todas maneras se mantendría recto en todos sus caminos.

*"No obstante, proseguirá el justo su camino,*
*y el limpio de manos aumentará la fuerza". (Job 17:9)*

**Nº 12.** A pesar de que Job se sentía desgarrado por sus amigos y por Dios mismo, Él se centró en que en el futuro vería a su Redentor.

*"Yo sé que mi Redentor vive, y al fin se levantará sobre el polvo; y después de deshecha*
*esta mi piel, en mi carne he de ver a Dios; al cual veré por mí mismo,*
*y mis ojos lo verán, y no otro, aunque mi corazón desfallece dentro de mí".*
*(Job 19:25–27)*

**Nº 13.** Job no sabía por qué seguía sufriendo las calamidades que llegaron a su vida. Sin embargo, declaró que Dios es el Juez de jueces.

*"¿Enseñará alguien a Dios sabiduría, juzgando Él a los que están elevados?"*
*(Job 21:22)*

**Nº 14.** Aunque Job no pudo encontrar al Señor, reconoció que Él no se había desentendido de su aflicción. Dios es el Refinador que lo estaba probando para que llegara a ser como el oro.

*"Mas Él conoce mi camino; me probará, y saldré como oro. Mis pies han seguido sus*
*pisadas; guardé su camino, y no me aparté. Del mandamiento de sus labios nunca me*
*separé; guardé las Palabras de su boca más que mi comida".*
*(Job 23:10–12)*

**Nº 15.** Job creyó sinceramente que no merecía lo que le estába pasando y aun así, continuó en su determinación de defender su integridad.

*"Que todo el tiempo que mi alma esté en mí, y haya hálito de Dios en mis narices, mis*
*labios no hablarán iniquidad, ni mi lengua pronunciará engaño. Nunca tal acontezca*
*que yo os justifique; hasta que muera, no quitaré de mí mi integridad. Mi justicia*
*tengo asida, y no la cederé; no me reprochará mi corazón en todos mis días".*
*(Job 27:3–6)*

**Nº 16.** Después de haber experimentado un encuentro profundo con Dios, Job reconoció que sólo por el grado de dificultad de sus sufrimientos es que finalmente pudo "ver" a Dios.

> *"De oídas te había oído; mas ahora mis ojos te ven.*
> *Por tanto me aborrezco, y me arrepiento en polvo y ceniza".*
> *(Job 42:5–6)*

**Conclusión:** Aunque Job sufrió mucho en el horno de la aflicción, en efecto, salió refinado como el oro, oro puro refinado por fuego.

**Pregunta: "¿Por qué algunos cristianos sufren por hacer el bien?"**

**Respuesta:** La maldad siempre se opone a la bondad. La naturaleza de la maldad es hacer daño y destruir a todo aquel que hace el bien. La única paz verdadera que podemos encontrar en medio del sufrimiento se encuentra en Aquel que nos ha hecho estar en paz con Dios. A Su tiempo, el Príncipe de Paz erradicará todo mal y logrará así la paz total para Sus seguidores por toda la eternidad. Él mismo sufrió por hacer el bien. Siendo Sus discípulos, habrá tiempos en que también experimentaremos sufrimiento por hacer el bien. Jesús dijo:

> *"Si el mundo os aborrece, sabed que a mí me ha aborrecido antes que a vosotros...*
> *Si a mí me han perseguido, también a vosotros os perseguirán;*
> *si han guardado mi Palabra, también guardarán la vuestra".*
> *(Juan 15:18, 20)*

## CAUSAS DE LA MALDAD
## Y SUFRIMIENTO EN EL MUNDO

¿Qué papel tiene Dios en este mundo lleno de dolor? ¿Es Dios responsable, parcialmente responsable o no tiene nada que ver con ello? Muchos culpan a Dios por todo el dolor que hay en el mundo y dicen algo como: "Un Dios todopoderoso, responsable de crear el mundo, debe también ser culpable de provocar todo el dolor de este mundo". Otros se ponen de Su lado y lo defienden: "Un Dios de amor jamás provocaría el sufrimiento, mucho menos lo condonaría". Es claro que Dios no es la causa de *todo* el sufrimiento. Pero quien trata de "quitarle a Dios toda responsabilidad" por *cualquier* dolor y sufrimiento está equivocado en su forma de pensar. Con base en la soberanía de Dios, nuestro Dios Todopoderoso dice de sí mismo:

> *"Ved ahora que yo, yo soy, y no hay dioses conmigo;*
> *yo hago morir, y yo hago vivir;* **yo hiero,**
> *y yo sano; y no hay quien pueda librar de mi mano".*
> *(Deuteronomio 32:39)*

# A. ¿Cuál es la causa de la maldad y el sufrimiento?

No hay una sola causa clara para que la maldad y el sufrimiento existan en el mundo porque hay una variedad de causas que pueden provocarlos. Por tanto, debemos considerar varios factores para responder a esta pregunta. Es claro que el mal y el sufrimiento son resultado de al menos seis diferentes elementos que pueden suceder de manera independiente o en conjunción uno con otro. Finalmente, la maldad y el sufrimiento son:

## 1. El resultado de nuestras decisiones

Ya que Adán y Eva *tomaron* la *decisión* de desobedecer a Dios, fueron expulsados del ambiente perfecto en que vivían para sufrir en un mundo imperfecto.

> *"Y lo sacó Jehová del huerto del Edén,*
> *para que labrase la tierra de que fue tomado".*
> *(Génesis 3:23)*

## 2. El resultado de las decisiones de los demás

Puesto que Adán y Eva decidieron pecar, toda la humanidad está sujeta a las consecuencias de su decisión, que es sufrir en un mundo caído.

> *"Así que, como por la transgresión de uno vino la condenación a todos*
> *los hombres, de la misma manera por la justicia de uno vino*
> *a todos los hombres la justificación de vida".*
> *(Romanos 5:18)*

## 3. El resultado de las actividades de los seres espirituales de maldad

Satanás es *"el malo"* y usó a la serpiente para engañar a Eva y tentarla a pecar.

> *"Entonces la serpiente dijo a la mujer: No moriréis; sino que sabe Dios*
> *que el día que comáis de Él, serán abiertos vuestros ojos, y seréis como Dios,*
> *sabiendo el bien y el mal. Y vio la mujer que el árbol era bueno para comer,*
> *y que era agradable a los ojos, y árbol codiciable para alcanzar la sabiduría;*
> *y tomó de su fruto, y comió; y dio también a su marido, el cual comió así como ella".*
> *(Génesis 3:4–6)*

## 4. El resultado del orden natural

Por causa de "la caída," existe el *dolor natural* y el *deterioro* que incluye los desastres naturales que afectan a toda la humanidad.

> *"A la mujer dijo: Multiplicaré en gran manera los dolores en tus preñeces; con dolor darás*
> *a luz los hijos; y tu deseo será para tu marido, y Él se enseñoreará de ti. Y al hombre dijo:*
> *Por cuanto obedeciste a la voz de tu mujer, y comiste del árbol de que te mandé diciendo:*
> *No comerás de Él; maldita será la tierra por tu causa; con dolor comerás*
> *de ella todos los días de tu vida" (Génesis 3:16–17)*

## 5. El resultado de la voluntad permisiva de Dios

Dios le dio a Adán y Eva libre albedrío y por ello, pudieron tomar la decisión de no obedecer. Así que *Dios les permitió ir en contra de su voluntad* y tuvieron que sufrir por ello.

> *"Y mandó Jehová Dios al hombre, diciendo:*
> *De todo árbol del huerto podrás comer; mas del árbol de la ciencia*
> *del bien y del mal no comerás; porque el día que de Él comieres, ciertamente morirás".*
> *(Génesis 2:16–17)*

## 6. El resultado de la voluntad perfecta de Dios

Dios estableció repercusiones específicas si Adán decidía pecar, así que cuando lo hizo, la voluntad perfecta de Dios requería que el Señor cumpliera Su Palabra. Por eso, Adán experimentó la "muerte espiritual" (separación de Dios) como parte de su castigo. (Nota: Dios nunca provoca el mal, pero en ocasiones provoca el sufrimiento como medio para disciplinarnos y lograr un bien mayor).

> *"Porque por cuanto la muerte entró por un hombre, también por un hombre*
> *la resurrección de los muertos. Porque así como en Adán todos mueren,*
> *también en Cristo todos serán vivificados".*
> *(1ª Corintios 15:21–22)*

**Pregunta: "¿Por qué la gente sufre en esta vida?"**

**Respuesta:** La decisión de Adán de pecar cambió todo: dejó de ser inocente y se convirtió en culpable. Su naturaleza cambió de no tener pecado a ser pecador. Por lo tanto, toda la gente ha heredado la "naturaleza pecaminosa". El resultado es que nacemos *muertos espiritualmente* ante los ojos de Dios y necesitamos *vida espiritual*. El sufrimiento es una consecuencia de nuestra naturaleza pecadora y del pecado que cometemos.

> *"Porque así como en Adán todos mueren,*
> *también en Cristo todos serán vivificados".*
> *(1ª Corintios 15:22)*

**Pregunta: "¿Por que permite Dios enfermedades tan terribles como el cáncer y el SIDA?"**

**Respuesta:** A través de toda la historia, la gente ha sufrido terribles enfermedades. Lo que nos puede sostener en medio del sufrimiento que éstas provocan es saber que el sufrimiento en esta vida es temporal y que éste puede llevarnos a Dios para recibir de Él consuelo y fortaleza. La verdad es que la enfermedad *debería* ser algo terrible porque el *pecado* también lo es. Si no fuera por el pecado, los humanos no experimentaríamos la enfermedad. Y si no fuera por algunas de nuestras malas decisiones, podríamos evitar muchas de las enfermedades que son resultado del maltrato que le damos a nuestro cuerpo o del abuso que hacemos de Él. Al final, todos vamos hacia la muerte, solo que no sabemos cuándo será ni como, pero Dios sí lo sabe.

*"Hazme saber, Jehová, mi fin, y cuánta sea la medida de mis días; sepa yo cuán frágil soy. He aquí, diste a mis días término corto, y mi edad es como nada delante de ti; ciertamente es completa vanidad todo hombre que vive"*
*(Salmo 39:4–5)*

**Pregunta: "¿Por qué hay personas que mueren jóvenes mientras que otros viven hasta más de cien años?"**

**Respuesta:** El alfarero tiene potestad sobre el barro para formarlo, moldearlo y romperlo según sus propósitos. Así es el Creador con Sus criaturas. El Señor planifica y lleva a cabo Sus planes para cada uno de sus hijos. Algunos están diseñados y equipados para vivir muchos años y otros para vivir menos. No es tan importante el tiempo que vivimos sobre la tierra, sino cómo vivimos cada día y a quién le permitimos tener el control de nuestra vida, ya sea nosotros mismos, alguien más, o el enemigo o Dios.

*"Mi embrión vieron tus ojos, y en tu libro estaban escritas todas aquellas cosas que fueron luego formadas, sin faltar una de ellas".*
*(Salmo 139:16)*

**Pregunta: "¿Son las deformidades y defectos de nacimiento producto del pecado de los padres?"**

**Respuesta:** Algunas veces *sí* y otras *no*. En algunas situaciones las malformaciones y defectos son resultado directo de las decisiones destructivas de los padres.

— Los padres que abusan de sus cuerpos ingiriendo drogas o que han contraído enfermedades, no pueden pensar que sus hijos no se verán afectados.

— En ocasiones un pecado, el alcohol, o algunos medicamentos, pueden dañar de manera permanente a un nonato.

— Aun el estado emocional y mental de la embarazada afecta la constitución química del hijo que lleva en el vientre. En el caso del rey David con Betsabé, su pecado provocó que su primogénito contrajera la enfermedad que lo llevó a la muerte *(2º Samuel capítulo 12)*.

— En otros casos, las malformaciones y defectos tienen el propósito de glorificar a Dios.

*"Y le preguntaron sus discípulos, diciendo: Rabí, ¿quién pecó, éste o sus padres, para que haya nacido ciego? Respondió Jesús: No es que pecó éste, ni sus padres, sino para que las obras de Dios se manifiesten en Él".*
*(Juan 9:2–3)*

**Pregunta:** "Mi vida es un desastre. ¿Podría ser esto un castigo de Dios por algo que hice?"

**Respuesta:** Si usted es creyente, quizá Dios lo está disciplinando. Si no lo es, quizá esté usando sus circunstancias para demostrarle la necesidad que tiene de Él. Tanto los creyentes como los que no lo son sufren las consecuencias de sus malas decisiones. (Lea *Hebreos 12:5–11*).

— Un "castigo" tiene implicaciones de venganza. La "venganza" de Dios por nuestros pecados ya ha sido satisfecha en la persona de Jesús en el Calvario. Dios no "castiga" a sus hijos.

— La "disciplina" es un acto de amor que tiene como propósito cambiar nuestro estilo de vida para que podamos tomar el camino que más nos beneficia.

*"Porque aún no habéis resistido hasta la sangre, combatiendo contra el pecado;*
*y habéis ya olvidado la exhortación que como a hijos se os dirige, diciendo:*
*Hijo mío, no menosprecies la disciplina del Señor,*
*ni desmayes cuando eres reprendido por Él".*
*(Hebreos 12:4–5)*

## B. ¿Por qué permite Dios el dolor y el sufrimiento?

Es muy frecuente que Dios use el dolor y el sufrimiento como herramientas para moldearnos y transformarnos en las personas que Él quiere que seamos. Cuando no sufrimos, vivimos con nuestras propias fuerzas, descuidadamente, arruinando nuestra vida y distorsionando la imagen de nuestro Creador divino, el cual planeó nuestras vidas hace mucho tiempo. Pero nuestro Hacedor nos ama demasiado como para dejarnos en ese estilo de vida tan desastroso, nos levanta con su perfecto plan en mente, nos coloca en su rueda de alfarería y nos presiona intencionalmente con una presión dolorosa para conformarnos a su diseño divino. Una vez que estamos dispuestos a conformarnos a su diseño, hace su trabajo especializado en cada uno de nosotros, en nosotros y a través de nosotros. Cuando respetamos el *"derecho"* que tiene sobre nuestra vida y reconocemos *"su poder sobre nosotros"* y descansamos en *"su propósito"* para nuestra vida, nos regocijaremos de *"sus resultados"*... a pesar de la presión ejercida en nosotros. Reconozca que para usted nada será más satisfactorio que ser hecho a la imagen de Dios, aun si Él tiene que usar herramientas dolorosas que provocan sufrimiento, para llegar a ser la persona que Él quiso que fuera.

*"¡Ay del que pleitea con su Hacedor! ¡El tiesto con los tiestos de la tierra!*
*¿Dirá el barro al que lo labra: Qué haces?; o tu obra: ¿No tiene manos?...*
*Ahora pues, Jehová, tú eres nuestro padre; nosotros barro,*
*y tú el que nos formaste; así que obra de tus manos somos todos nosotros".*
*(Isaías 45:9; 64:8)*

# EL PROPÓSITO DE DIOS PARA EL DOLOR

**La Biblia dice:**

- Cuando el sufrimiento es un medio para disciplinarnos, es un ejemplo del amor paternal de Dios.

  *"Porque el Señor al que ama, disciplina, y azota a todo el que recibe por hijo".*
  *(Hebreos 12:6)*

- El sufrimiento nos disciplina de la misma manera en que los hijos reciben la disciplina. Ésta es para nuestro bien y para conformarnos a Su carácter.

  *"Y aquÉllos, ciertamente por pocos días nos disciplinaban como a ellos les parecía, pero éste para lo que nos es provechoso, para que participemos de su santidad".*
  *(Hebreos 12:10)*

- Si respondemos de manera positiva al sufrimiento, éste nos hace estar bien ante los ojos de Dios y nos produce una paz sobrenatural.

  *"Es verdad que ninguna disciplina al presente parece ser causa de gozo, sino de tristeza; pero después da fruto apacible de justicia a los que en ella han sido ejercitados".*
  *(Hebreos 12:11)*

- El sufrimiento glorifica a Dios de manera asombrosa y espectacular cuando Él realiza un milagro de sanidad.

  *"Oyéndolo Jesús, dijo: Esta enfermedad no es para muerte, sino para la gloria de Dios, para que el Hijo de Dios sea glorificado por ella". (Juan 11:4)*

- El sufrimiento nos hace ser humildes y guarda a algunas personas de caer en la arrogancia. El apóstol Pablo dijo:

  *"Y para que la grandeza de las revelaciones no me exaltase desmedidamente, me fue dado un aguijón en mi carne, un mensajero de Satanás que me abofetee, para que no me enaltezca sobremanera". (2ª Corintios 12:7)*

- El sufrimiento requiere que vivamos en dependencia del poder de Dios porque ¡no habría otra manera de hacerlo! Cuando Pablo se encontraba en un estado de debilidad, el Señor le dijo:

  *"Bástate mi gracia; porque mi poder se perfecciona en la debilidad".*
  *(2ª Corintios 12:9)*

**Pregunta: "¿Por qué Dios no sana a todos los que le piden sanidad?"**

**Respuesta:** El solo hecho de ser cristianos no hace que nuestro cuerpo sea inmune a las enfermedades y dolores. Dios desea ser glorificado en nuestra vida. En ocasiones eso ocurre por medio de la sanidad; en otras, Dios utiliza un padecimiento en particular para glorificarse.

— Algunos obtienen la sanidad sólo por medio de la muerte cuando Dios los sana por completo al darle a la persona un cuerpo nuevo, perfecto y eterno.

— Es correcto decir que Dios siempre sana, pero no siempre cuando se lo pedimos.

— Además, si Dios sanara a todos los que le piden ser sanados, en algún momento todo mundo pediría sanidad y todos serían sanados. En consecuencia, cesaría todo sufrimiento y el pecado se manifestaría sin freno, porque Dios habría alterado las consecuencias naturales del pecado.

Así que es claro que Dios no sana a todos los que le piden la salud, pero puede continuar dándonos Su gracia en tiempos de necesidad.

> *"Bástate mi gracia; porque mi poder se perfecciona en la debilidad.*
> *Por tanto, de buena gana me gloriaré más bien en mis debilidades,*
> *para que repose sobre mí el poder de Cristo".*
>
> *(2ª Corintios 12:9)*

## C. Preguntas claves acerca de la maldad

**Pregunta:"Si Dios es intrínsicamente bueno, ¿por qué permite el sufrimiento?"**

**Respuesta:** Algunas personas aducen que puesto que la maldad existe en este mundo y que Dios creó al mundo, entonces Dios no es tan bueno como dicen. Sin embargo, Dios no creó un mundo de maldad ni tampoco hizo robots programados para hacer solamente lo bueno, de tal modo que nadie pudiera hacer lo malo. Dios creó a los seres humanos con libre albedrío.

— Dios los dotó con la capacidad de elegir entre el bien y el mal.

— El problema de la maldad surgió cuando la gente decidió desobedecer a Dios en lugar de seguir el bien  obedeciéndolo. Como resultado, el mundo cambió. Desde entonces la gente ha decidido hacer de continuo el mal.

— El ejercicio del libre albedrío no niega la bondad de Dios, sino que expone la maldad de la gente.

— Dios permite el mal porque Él permite que la gente ejerza su libre albedrío y lo que ésta elige es hacer el mal. Cada persona tiene la capacidad de escoger el bien o el mal, de escoger sus propios caminos o los de Dios.

> *"Y mandó Jehová Dios al hombre, diciendo:*
> *De todo árbol del huerto podrás comer; mas del árbol de la ciencia del bien*
> *y del mal no comerás; porque el día que de Él comieres, ciertamente morirás".*
>
> *(Génesis 2:16–17)*

**Pregunta: "¿Es el mal un resultado natural de la creación?"**

**Respuesta:** No. La Biblia dice que el mundo que Dios creó era *"bueno en gran manera"*, no había ni poco ni mucho mal en Él. La Biblia también declara que un día este mundo será restaurado a su condición perfecta. Si el mundo será perfecto en el futuro, entonces es porque fue perfecto el día que fue creado. El mal no es el resultado natural de la creación, sino que es el resultado natural de la rebelión, la de Adán y Eva cuando decidieron desobedecer a Dios.

*"Y vio Dios todo lo que había hecho, y he aquí que era bueno en gran manera.*
*Y fue la tarde y la mañana el día sexto".*
*(Génesis 1:31)*

**Pregunta: "Si Dios no creó el mal, ¿por qué creó a Satanás, que es la personificación de la maldad?"**

**Respuesta:** Dios no creó a "Satanás". El creó a "Lucifer, hijo de la mañana", un ser angelical que por su rebelión contra Dios fue echado del cielo. Después de que pecó se convirtió en Satanás, cuyo nombre significa literalmente "adversario". Solamente entonces se convirtió en el adversario de Dios y de todo lo que es bueno.

*"¡Cómo caíste del cielo, oh Lucero, hijo de la mañana! Cortado fuiste por tierra,*
*tú que debilitabas a las naciones... Y fue lanzado fuera el gran dragón,*
*la serpiente antigua, que se llama diablo y Satanás,*
*el cual engaña al mundo entero".*
*(Isaías 14:12; Apocalipsis 12:9)*

**Pregunta: "¿Por qué Dios no ha destruido el mal?"[10]**

**Respuesta:** El mal se basa en las decisiones morales correctas o equivocadas, por lo tanto:

— Dios no puede destruir el mal sin también destruir el libre albedrío de Sus criaturas.

— Dios ha determinado que el libre albedrío es el bien mayor de la humanidad o de otra manera no nos hubiera hecho seres libres, especialmente sabiendo que entraría el pecado y que resultaría en la muerte de Su Hijo.

— Si Dios hubiese destruido a las criaturas que ama o nunca les hubiera otorgado libre albedrío para hacerlos Sus robots, no habría sido Su bien mayor.

Dios ya ha iniciado un plan para eliminar el mal. Su solución no es destruir el mal en esta vida, sino vencerlo a través de Cristo.

*"...todas las cosas que pertenecen a la vida y a la piedad nos han sido dadas*
*por su divino poder, mediante el conocimiento de aquel*
*que nos llamó por su gloria y excelencia".*
*(2ª Pedro 1:3)*

## D. La raíz del problema

Aunque el sufrimiento es el resultado de la "*humanidad caída*", el propósito más alto de Dios es usarlo para conformarnos a la imagen de Cristo en todo lo que hacemos y decimos. ¿Así que cuál es el propósito principal de Dios para el sufrimiento? Él lo usa para nuestro bien, ¡haciéndonos semejantes al único que es verdaderamente bueno!

> *"Porque a los que antes conoció, también los predestinó*
> *para que fuesen hechos conformes a la imagen de su Hijo,*
> *para que Él sea el primogénito entre muchos hermanos".*
> *(Romanos 8:29)*

**Creencia falsa:** "**No es justo que Dios permita que sufran los buenos**".

**Creencia correcta:** "Dios puede permitir que ciertas personas sufran, pero Él lo hace para producir mayor bien en esta vida y en la eternidad".

> *"Bienaventurado el varón que soporta la tentación; porque cuando haya resistido*
> *la prueba, recibirá la corona de vida, que Dios ha prometido a los que le aman".*
> *(Santiago 1:12)*

## PASOS PARA ENCONTRAR LA SOLUCIÓN

Después de que Job pasó por su gran prueba, llegó a la conclusión de que Dios todavía estaba con Él, todavía lo amaba y todavía proveería para todas sus necesidades. Pudo ver más allá de las circunstancias y adquirió una renovada visión y entendimiento de la justicia de Dios. En *Job 42:5-6* declaró: "*De oídas te había oído; mas ahora mis ojos te ven. Por tanto me aborrezco, y me arrepiento en polvo y ceniza*". Algún tiempo después Job pudo llegar a aceptar por completo la soberanía de Dios (Lea *Job 42:7-17*). En vez de cuestionar la justicia de Dios preguntando **por qué sufren los justos**, Él pasó el resto de sus días confiando en Dios con toda humildad.

## Versículo clave para memorizar

> *"De modo que los que padecen según la voluntad de Dios,*
> *encomienden sus almas al fiel Creador, y hagan el bien".*
> *(1ª Pedro 4:19)*

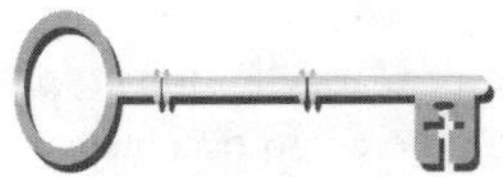

## Pasaje clave para leer y meditar

*(Romanos 8:18–25)*

Nunca lograremos entender por completo las razones que provocan la maldad y el sufrimiento en este mundo. Sin embargo, como creyentes contamos con la misma Palabra de Dios (la Biblia), que nos habla de algunas de las razones que sirven a los propósitos divinos al permitir el dolor y sufrimiento humanos. El primer indicio está revelado en el libro de Génesis, donde Adán y Eva vivían en un estado de completa felicidad; sin embargo por decisión propia desafiaron el único mandato que Dios les había dado. ¿No demuestra su desobediencia que cuando se le deja solo, el espíritu humano no somete su voluntad a su Creador cuando "todo va bien"? Ya que este es el caso, ¿no se convierte el sufrimiento en un "regalo" de Dios, porque nos permite experimentar la profundidad de Su amor que una vida libre de dificultades no podría enseñarnos? El dolor y el sufrimiento pueden hacer que un corazón endurecido llegue a la verdad de que "no todo está bien", lo cual abre una puerta a la profunda verdad de que no hay nada que suceda en esta vida que pueda compararse con la felicidad y gozo que nos esperan a los que ahora somos hijos de Dios

### A pesar de su sufrimiento presente:

• ***Reconozca:*** Que nada se comparará con el futuro glorioso que Dios tiene reservado para usted.................................................................. v.18

• ***Reconozca:*** Que todo lo creado por Dios está en espera de la gloria que será revelada a todos los que son hijos de Dios............................ v.19

• ***Reconozca:*** Que usted ve un mundo contaminado por el pecado, pero el plan de Dios es que usted sea libre de su esclavitud presente y viva la libertad maravillosa que le pertenece como hijo de Dios.......... vv.20–21

• ***Reconozca:*** Que aun hoy, viendo con los ojos del espíritu, es evidente que todos los seres vivos están en espera del día de su liberación......... v.22

• ***Reconozca:*** Que aunque apenas ha comenzado a conocer a Cristo, puede esperar con anticipación el día en que será liberado de todo sufrimiento para vivir en la plenitud de Él.............................................. v.23

• ***Reconozca:*** Que usted es salvo por su esperanza en Cristo; sin embargo, el significado de esa esperanza es esperar y estar seguro de aquello que no puede ver todavía.................................................... v.24

• ***Reconozca:*** Que si usted espera aquello que no puede ver, entonces debe esperar con anticipación, pero con paciencia y longanimidad..... v.25

## C. Preguntas y respuestas clave acerca de la salvación

**Pregunta:** "**Puesto que el mayor bien para la humanidad es que todo el mundo sea salvo, ¿cómo puede un Dios bueno enviar a alguien al infierno?**"

**Respuesta:** Dios quiere que todos sean salvos. Sin embargo, para que eso sea posible, la gente debe decidir libremente depositar su fe en Cristo.

— Ya que Dios le ha dado a todo mundo libre albedrío, sería imposible que forzara a alguien a depositar su fe en Él.

— La gente no puede ser libre y obligársele al mismo tiempo, porque sería una contradicción, lo cual es una imposibilidad absoluta.

Dios desea que ninguno perezca, pero al mismo tiempo Dios le ha dado a todo el mundo la libre elección de arrepentirse de sus caminos pecaminosos y someter su vida a Él.

*"¡Jerusalén, Jerusalén, que matas a los profetas,*
*y apedreas a los que te son enviados! ¡Cuántas veces quise juntar a tus hijos,*
*como la gallina junta sus polluelos debajo de las alas, y no quisiste!"*
*(Mateo 23:37)*

### Pregunta: "¿Por qué algunas personas son salvas y otras no?"

**Respuesta:** El deseo de Dios es que todos obtengan la salvación a través de Su Hijo, el Señor Jesucristo. Sin embargo, Dios no obliga a nadie. Todo mundo tiene la oportunidad de recibir o rechazar la dádiva de la vida eterna.

*"Y me buscaréis y me hallaréis,*
*porque me buscaréis de todo vuestro corazón".*
*(Jeremías 29:13)*

### Pregunta: "¿Enviará Dios a alguien al infierno aunque jamás escuchó acerca de Jesucristo?"

**Respuesta:** Todo ser humano ha recibido una "luz" de Dios.

— Si se rehúsan a responder a la revelación natural de la creación hecha por Dios bajo un diseño inteligente, sus corazones se entenebrecerán y no serán receptivos a más revelación.

— Si responden a la revelación general/natural de la creación, Dios los iluminará llevándolos a una revelación de sí mismo. Cuando se rechaza la luz, viene la oscuridad y el juicio. Cuando alguien recibe la luz, existe la promesa de que recibirá más luz. (Lea *Salmo 9:10; Salmo 19:1–6; Jeremías 29:13; Lucas 12:47–48; Juan 3:19–20; Romanos 1:18–20; 10:14–15*).

*"Todas estas cosas, dijo David, me fueron trazadas por la mano de Jehová,
que me hizo entender todas las obras del diseño".*
*(1ª Crónicas 28:9)*

## Pregunta: "¿Cómo puede un Dios bueno enviar a la gente al infierno si ellos no quieren ir a Él?"

**Respuesta:** Todo el que va al infierno decide ir allí por las decisiones que toman respecto a Dios y su relación con Él. Dios respeta sus decisiones porque no tiene opción. El Dr. Norm Geisler declaró: "Al final, sólo hay dos tipos de personas: Los que le dicen a Dios, 'Sea hecha tu voluntad,' y aquellos a quienes Dios les dice, 'Hágase *tu* voluntad.' Todos los que están en el infierno decidieron esto último".[11]

*"Sabe el Señor librar de tentación a los piadosos,
y reservar a los injustos para ser castigados en el día del juicio".*
*(2ª Pedro 2:9)*

## Pregunta: "¿No debería un Dios justo darle a la gente una segunda oportunidad de creer en Él después de la muerte?"

**Respuesta:** Ciertamente Dios da segundas y terceras oportunidades, y aún muchas más, en esta vida. Pero reconozca que:

— La salvación está basada en la fe, que consiste en decidirse por lo que no se ve, no lo que se ve.

— Después de la muerte sufrimos las consecuencias de nuestras decisiones porque la Biblia dice que cuando estamos *"ausentes del cuerpo"*, estamos *"presentes al Señor"* (2ª Corintios 5:8).

— Después de la muerte, ya no hay base alguna para ejercer la fe.

"La fe salvífica" es la decisión que se hace voluntariamente al arrodillarse delante de Cristo cuando tiene la opción de hacer lo contrario.

— Hasta el último minuto de vida, todo mundo tiene la opción de recibir a Cristo. Sin embargo, al momento de morir toda rodilla se doblará, porque no hay otra opción. Para ser totalmente justo, Dios comunicó abiertamente Su plan en la Biblia. No hay primera ni segunda oportunidad en la siguiente vida. *Hebreos 9:27* dice: *"Y de la manera que está establecido para los hombres que mueran una sola vez, y después de esto el juicio"*.

**Pregunta: "¿Cómo puedo salvarme de sufrir por toda la eternidad?"**

**Respuesta:** Nadie puede salvarse de la maldad y sufrimiento de esta vida *(Juan 16:33)*. Podemos y debemos esperar pasar por pruebas y tribulaciones, problemas y dolor. Sin embargo, por compasión, Dios promete ser *"nuestro pronto auxilio en las tribulaciones"* *(Salmo 46:1)*. Pero no cometa el error de pensar que eso será para siempre, nuestro sufrimiento está diseñado para ser temporal. Sin embargo, hay un sufrimiento que sí durará para siempre, pero Dios ha planeado salvarnos de él. El sufrimiento eterno sucederá en el *"fuego eterno"*, en el lugar llamado infierno *(Mateo 25:41)*. Quienes deciden no estar con Dios en esta vida han decidido igualmente vivir sin Él en la siguiente. Y los que no quieren vivir como Dios manda en esta vida, lo que hacen es decidir no aceptar la voluntad de Dios en la próxima. Su plan perfecto incluye que todos evitemos ese sufrimiento eterno.

> *"El Señor no retarda su promesa, según algunos la tienen por tardanza,*
> *sino que es paciente para con nosotros, no queriendo que ninguno perezca,*
> *sino que todos procedan al arrepentimiento".*
>
> *(2ª Pedro 3:9)*

## USTED PUEDE SALVARSE DEL SUFRIMIENTO ETERNO

Se puede evitar el sufrimiento eterno al entender y aceptar cuatro *verdades de vital importancia*.

### Nº 1. Su problema. Usted (igual que todo el mundo) ha elegido pecar.

Todos hemos decidido hacer el mal, todos hemos decidido pecar, nadie es perfecto. Cada vez que elegimos seguir nuestro propio camino, y no el de Dios, Dios le llama a eso "pecado"

> *"Todos nosotros nos descarriamos como ovejas,*
> *cada cual se apartó por su camino".*
>
> *(Isaías 53:6)*

### Nº 2. Su posición. Su pecado lo separa de Dios (muerte espiritual).

En Dios no hay pecado (Su carácter es perfecto) así que nuestro pecado es una ofensa en Su contra. Esas ofensas tienen como pago un *castigo o consecuencia*. La Biblia dice que la consecuencia de nuestro pecado es la separación de la presencia de Dios. Esta separación se llama *"muerte espiritual"*.

> *"Pero vuestras iniquidades [pecados] han hecho división entre vosotros*
> *y vuestro Dios... Porque la paga del pecado es muerte".*
>
> *(Isaías 59:2; Romanos 6:23)*

### Nº 3. Su provisión. Dios proveyó un medio para no morir espiritualmente.

El pecado es grave porque nos separa de Dios. Dios es justo y no puede ignorar nuestros malos caminos. Pero también es amor y no quiere que estemos eternamente separados de Él. Esto provoca un dilema. Él debe castigar nuestro pecado porque es justo pero no quiere que muramos y estemos separados de Él por toda la eternidad. Por esa razón, el Padre celestial envió a Su propio Hijo Jesús para venir a la tierra con el propósito de morir en la cruz por nuestros pecados. Jesús *decidió* pagar por nuestros pecados. Nosotros merecíamos la muerte. Pero Cristo murió en nuestro lugar.

*"Mas Dios muestra su amor para con nosotros,*
*en que siendo aún pecadores, Cristo murió por nosotros".*
*(Romanos 5:8)*

### Nº 4. Su decisión. Usted puede pasar de la muerte eterna a la vida espiritual ahora mismo.

Debemos buscar el perdón de Dios por el camino que Él ha diseñado. Usted debe creer que Jesucristo murió como sustituto suyo y pedirle que entre en su vida y tome el control de ella. Este es el único plan aceptable de Dios. Jesús dijo: *"Yo soy el camino, y la verdad, y la vida; nadie viene al Padre, sino por mí"* *(Juan 14:6).*

Creer (y confiar) en Jesús solamente, aceptando que Él pagó por sus pecados y sometiendo su voluntad a la de Él, es como puede recibir el perdón completo de sus pecados (pasados, presentes y futuros). En ese momento es salvo de la separación eterna de Dios (muerte espiritual) y es salvo del sufrimiento eterno. La Biblia dice:

*"Porque de tal manera amó Dios al mundo, que ha dado a su Hijo unigénito,*
*para que todo aquel que en Él cree, no se pierda, mas tenga vida eterna.*
*Porque no envió Dios a su Hijo al mundo para condenar al mundo,*
*sino para que el mundo sea salvo por Él".*
*(Juan 3:16–17)*

Si su deseo es recibir el perdón total de Dios, si quiere cambiar la muerte espiritual por la vida espiritual, puede decírselo en una oración sencilla y de todo corazón como esta:

## ORACIÓN PARA LA SALVACIÓN

"Señor Jesús, te necesito. Reconozco que he pecado. Entiendo
que el castigo de mi pecado es la muerte, es decir, estar separado
espiritualmente de Ti. Sin embargo, gracias a Tu amor has provisto
un plan para salvarme. Creo que es verdad lo que has dicho en tu
santa Palabra y que enviaste a Jesucristo para pagar por el castigo
que yo debía haber recibido. Jesús, gracias por tomar mi lugar en la
cruz por mí y por pagar por mis pecados. En este momento te pido
que vengas a mi vida y seas mi Señor y Salvador. Toma el control
de mi vida y hazme la persona que tú quieres que yo sea. Gracias
por tu amor incondicional. Y gracias por tu misericordia.
Lo pido en tu santo nombre. Amén".

*"De modo que si alguno está en Cristo, nueva criatura es;*
*las cosas viejas pasaron; he aquí todas son hechas nuevas".*
*(2ª Corintios 5:17)*

**Pregunta: "¿No es injusta la salvación?"**

**Respuesta:** Sí y no.

Por un lado, la salvación es injusta porque nadie merece ser salvo.

Por otro lado, la salvación es justa porque se ofrece a todo mundo sin excepción.

Todo mundo es culpable de pecar, y nadie es condenado injustamente. Por
lo tanto, la única *"injusticia"* es que los pecadores tienen la posibilidad de ser
salvos.

*"Porque también Cristo padeció una sola vez por los pecados,*
*el justo por los injustos, para llevarnos a Dios, siendo a la verdad*
*muerto en la carne, pero vivificado en espíritu".*
*(1ª Pedro 3:18)*

**Pregunta: "Si realmente Dios es perdonador, ¿por qué no perdona a todo
mundo por igual?"**

**Respuesta:** Dios ofrece Su perdón a todos, pero no todos están dispuestos a recibir
Su oferta de perdón. La justicia requiere que se pague por el pecado y el castigo
de Él es la separación de Dios (muerte espiritual) *"porque la paga del pecado es
muerte"* (Romanos 6:23).

Puesto que Jesús pagó al morir en la cruz por todos nuestros pecados, todos los
que confían en el Señor Jesucristo recibirán el perdón total de sus pecados. Dios
no va a obligar a nadie a recibir Su perdón. Por lo tanto, la decisión tenemos que
tomarla cada uno de nosotros.

*"Si confesamos nuestros pecados, Él es fiel y justo para perdonar*
*nuestros pecados, y limpiarnos de toda maldad".*
*(1ª Juan 1:9)*

## D. Si Jesús es Dios, ¿por qué tuvo Él que sufrir?

**Jesús es nuestro Redentor, nuestro Consolador y nuestro ejemplo.**

• *A través de Su sufrimiento***,** Jesús hace posible que tengamos la victoria sobre nuestro pecado y que seamos sanados espiritualmente.

> *"Quien llevó Él mismo nuestros pecados en su cuerpo sobre el madero,*
> *para que nosotros, estando muertos a los pecados, vivamos a la justicia;*
> *y por cuya herida fuisteis sanados".*
> *(1ª Pedro 2:24)*

• *A través de Su sufrimiento*, Jesús nos mostró cómo no desmayar ni desfallecer.

> *"Puestos los ojos en Jesús, el autor y consumador de la fe,*
> *el cual por el gozo puesto delante de Él sufrió la cruz,*
> *menospreciando el oprobio, y se sentó a la diestra del trono de Dios.*
> *Considerad a aquel que sufrió tal contradicción de pecadores contra sí mismo,*
> *para que vuestro ánimo no se canse hasta desmayar".*
> *(Hebreos 12:2–3)*

• *A través de Su sufrimiento***,** Jesús nos mostró cómo soportar el trato injusto y cómo depositar nuestras vidas en las manos de Dios.

> *"Porque esto merece aprobación, si alguno a causa de la conciencia delante*
> *de Dios, sufre molestias padeciendo injustamente. . . Pues para esto fuisteis*
> *llamados; porque también Cristo padeció por nosotros, dejándonos ejemplo,*
> *para que sigáis sus pisadas; el cual no hizo pecado, ni se halló engaño en su boca;*
> *quien cuando le maldecían, no respondía con maldición; cuando padecía, no*
> *amenazaba, sino encomendaba la causa al que juzga justamente".*
> *(1ª Pedro 2:19, 21–23)*

## E. "¿Puede Dios hacer todas las cosas?"

Si una persona escéptica le pregunta a alguien que cree en la Biblia: "*¿Puede Dios hacer todas las cosas?*" la respuesta predecible sería: "*Sí*". Y la base bíblica para esta respuesta se encuentra en varios versículos bíblicos como *Jeremías 32:27*: "*He aquí que yo soy Jehová, Dios de toda carne; ¿habrá algo que sea difícil para mí?*" Entonces alguien podría añadir: "Si eso es cierto, entonces Dios podría eliminar la maldad y el sufrimiento *¡ahora mismo!*" Si usted no sabe cómo apoyar sus respuestas, podría caer presa de una cadena de preguntas capciosas. Es por ello que necesita saber cómo evitar caer en la trampa, y dar una respuesta sabia, correcta y basada en la verdad bíblica.

> *"Sea vuestra Palabra siempre con gracia, sazonada con sal,*
> *para que sepáis cómo debéis responder a cada uno".*
> *(Colosenses 4:6)*

• **¿Puede Dios crear una roca tan pesada que no la pueda levantar?**

Sea como sea que responda esta pregunta sí o no, usted sabe que está mal.

— Si su respuesta es: "No, no puede hacer una roca que no pueda levantar", niega su omnipotencia.

— Si su respuesta es: "Sí, Él puede hacer una roca que no pueda cargar", nuevamente ha negado su omnipotencia. Así que, ¿cómo se responde esta pregunta? Simplemente diga: "Dios tiene el poder de hacer cualquier cosa que sea consistente con su carácter divino. De la misma manera, Dios no hará nada que sea contrario a su divino carácter". La Biblia hace una lista de ciertas cosas que son imposibles para Dios, tales como:

» **Dios no puede mentir.**

*"Es imposible que Dios mienta".*
*(Hebreos 6:18)*

» **Dios no puede ser tentado.**

*"Dios no puede ser tentado por el mal".*
*(Santiago 1:13)*

» **Dios no puede dejar de existir.**

*"Desde el principio tú [Dios] fundaste la tierra,*
*y los cielos son obra de tus manos. Ellos perecerán, mas tú permanecerás;*
*y todos ellos como una vestidura se envejecerán; como un vestido los mudarás,*
*y serán mudados; pero tú eres el mismo, y tus años no se acabarán".*
*(Salmo 102:25–27)*

• **¿Puede Dios hacer un triángulo de un lado?**

— Si responde "no," el escéptico podría continuar con la siguiente pregunta:

» **"¿Significa entonces que Dios no es todopoderoso?"**

La respuesta sería: "No, simplemente significa que Dios puede hacer cualquier cosa que sea posible y *lógica* de acuerdo con su carácter divino". Antes de responder a esa pregunta, evalúe si la pregunta es *lógica* o no. Esta pregunta es ilógica porque un triángulo por definición debe contar con tres lados.

*"Nunca respondas al necio de acuerdo con su necedad,*
*para que no seas tú también como Él. Responde al necio como merece*
*su necedad, para que no se estime sabio en su propia opinión".*
*(Proverbios 26:4–5)*

## F. ¿Cómo usa Dios el sufrimiento en nuestra vida?

¿Cómo puede un Dios bondadoso tener un propósito para la maldad y el sufrimiento? Algunas veces cambiar nuestra perspectiva puede hacer toda la diferencia respecto a nuestra opinión acerca del mal. La mayoría de la gente opina que es moralmente malo que alguien apuñale a otra persona. Sin embargo, dejamos que los cirujanos ¡lo hagan todo el tiempo! Así como el doctor tiene un propósito curativo para el dolor que inflige, Dios también tiene un propósito para permitir el dolor.

Esta consoladora verdad queda ilustrada perfectamente en la vida de José, a quien sus hermanos vendieron como esclavo y fue llevado a Egipto en donde lo encarcelaron injustamente. Después de muchos años de ser prisionero, José interpretó un sueño perturbador del Faraón y esto lo llevó a ser el primer ministro de Egipto. Finalmente, salvó la vida de los israelitas, pero solamente porque Dios lo puso en una posición de liderazgo en un país extranjero bajo circunstancias que ni el mismo José hubiera elegido. La actitud de José frente a sus sufrimientos está evidenciada en lo que le dijo a sus hermanos años después.

*"Vosotros pensasteis mal contra mí, mas Dios lo encaminó a bien,*
*para hacer lo que vemos hoy, para mantener en vida a mucho pueblo".*
*(Génesis 50:20)*

**Dios utiliza el sufrimiento en nuestras vidas para:**

- **Exponer nuestro pecado...**

    — El sufrimiento *nos evita desviarnos, y nos lleva a la obediencia.*

    *"Antes que fuera yo humillado, descarriado andaba;*
    *mas ahora guardo tu Palabra".*
    *(Salmo 119:67)*

    — El sufrimiento produce el arrepentimiento que nos lleva a la salvación del pecado.

    *"Porque la tristeza que es según Dios produce arrepentimiento para salvación,*
    *de que no hay que arrepentirse; pero la tristeza del mundo produce muerte".*
    *(2ª Corintios 7:10)*

    — El sufrimiento nos inclina a *rechazar el pecado*, a dejar de satisfacer *nuestros deseos egoístas y a vivir haciendo la voluntad de Dios.*

    *"Puesto que Cristo ha padecido por nosotros en la carne,*
    *vosotros también armaos del mismo pensamiento;*
    *pues quien ha padecido en la carne, terminó con el pecado,*
    *para no vivir el tiempo que resta en la carne, conforme a las concupiscencias*
    *de los hombres, sino conforme a la voluntad de Dios".*
    *(1ª Pedro 4:1–2)*

- **Edificar nuestro carácter...**

  — El sufrimiento *desarrolla el contentamiento* cuando nos encontramos en necesidad.

  *"Sé vivir humildemente, y sé tener abundancia; en todo y por todo estoy enseñado, así para estar saciado como para tener hambre, así para tener abundancia como para padecer necesidad". (Filipenses 4:12)*

  — El sufrimiento *produce paciencia*, la cual a su vez nos hace *madurar emocionalmente y ser íntegros en lo moral*.

  *"Hermanos míos, tened por sumo gozo cuando os halléis en diversas pruebas, sabiendo que la prueba de vuestra fe produce paciencia. Mas tenga la paciencia su obra completa, para que seáis perfectos y cabales, sin que os falte cosa alguna".*
  *(Santiago 1:2–4)*

  — El sufrimiento *produce longanimidad*, el catalizador para refinar nuestro carácter y renovar nuestra esperanza.

  *"Y no sólo esto, sino que también nos gloriamos en las tribulaciones, sabiendo que la tribulación produce paciencia; y la paciencia, prueba; y la prueba, esperanza".*
  *(Romanos 5:3–4)*

- **Producir mayor bien...**

  — El sufrimiento, así como los éxitos y todo lo que experimentamos, serán instrumentos que *Dios usará para nuestro bien*.

  *"Y sabemos que a los que aman a Dios, todas las cosas les ayudan a bien, esto es, a los que conforme a su propósito son llamados". (Romanos 8:28)*

  — El sufrimiento da a los cristianos la oportunidad de *mostrar su interés* por otros creyentes que sufren.

  *"Para que no haya desavenencia en el cuerpo, sino que los miembros todos se preocupen los unos por los otros. De manera que si un miembro padece, todos los miembros se duelen con Él, y si un miembro recibe honra, todos los miembros con Él se gozan".*
  *(1ª Corintios 12:25–26)*

  — El sufrimiento desarrolla la compasión en nosotros y nos equipa para *consolar a otros*.

  *"El Dios y Padre de nuestro Señor Jesucristo, Padre de misericordias y Dios de toda consolación. . . nos consuela en todas nuestras tribulaciones, para que podamos también nosotros consolar a los que están en cualquier tribulación, por medio de la consolación con que nosotros somos consolados por Dios".*
  *(2ª Corintios 1:3–4)*

## • Cambiar nuestra perspectiva...

— El sufrimiento *puede revelar o manifestar a Jesús, que vive en nosotros.*

*"Que estamos atribulados en todo, mas no angustiados; en apuros, mas no*
*desesperados; perseguidos, mas no desamparados; derribados,*
*pero no destruidos; llevando en el cuerpo siempre por todas partes la muerte*
*de Jesús, para que también la vida de Jesús se manifieste en nuestros cuerpos".*
*(2ª Corintios 4:8–10)*

— El sufrimiento *nos prepara para la gloria eterna.*

*"Por tanto, no desmayamos; antes aunque este nuestro hombre exterior*
*se va desgastando, el interior no obstante se renueva de día en día.*
*Porque esta leve tribulación momentánea produce en nosotros*
*un cada vez más excelente y eterno peso de gloria".*
*(2ª Corintios 4:16–17)*

— El sufrimiento *nos hace anhelar el cielo,* donde no habrá más muerte, luto, lágrimas ni dolor.

*"Enjugará Dios toda lágrima de los ojos de ellos; y ya no habrá muerte,*
*ni habrá más llanto, ni clamor, ni dolor; porque las primeras cosas pasaron".*
*(Apocalipsis 21:4)*

## • Bendecir nuestro futuro...

— Sufrir por vivir una vida correcta ante los ojos de Dios *nos asegura Su bendición.*

*"Bienaventurados los que padecen persecución por causa de la justicia,*
*porque de ellos es el reino de los cielos".*
*(Mateo 5:10)*

— El sufrimiento es *una prueba de que nuestra fe es genuina.*

*"En lo cual vosotros os alegráis, aunque ahora por un poco de tiempo, si es necesario,*
*tengáis que ser afligidos en diversas pruebas, para que sometida a prueba vuestra fe,*
*mucho más preciosa que el oro, el cual aunque perecedero se prueba con fuego, sea*
*hallada en alabanza, gloria y honra cuando sea manifestado Jesucristo".*
*(1ª Pedro 1:6–7)*

— El sufrimiento junto con la perseverancia resulta en *recibir la bendición de la corona de la vida.*

*"Bienaventurado el varón que soporta la tentación; porque cuando haya resistido*
*la prueba, recibirá la corona de vida, que Dios ha prometido a los que le aman".*
*(Santiago 1:12)*

**Pregunta: "¿Le importa a Dios nuestro sufrimiento?"**

**Respuesta:** Sí, a Dios le interesa mucho nuestro sufrimiento y eso queda demostrado en el hecho de que:

— Él acampa alrededor nuestro en medio de nuestros problemas.

*"El ángel de Jehová acampa alrededor de los que le temen, y los defiende".*
*(Salmo 34:7)*

— Él está cerca de nosotros cuando nuestro espíritu está quebrantado.

*"Cercano está Jehová a los quebrantados de corazón;*
*y salva a los contritos de espíritu". (Salmo 34:18)*

— Él lleva un recuento de nuestro dolor y guarda todas nuestras lágrimas.

*"Mis huidas tú has contado; pon mis lágrimas en tu redoma;*
*¿No están ellas en tu libro?"*
*(Salmo 56:8)*

## G. La soberanía de Dios

La Palabra *soberanía* significa "poder supremo" y "libertad de un control externo". Estas definiciones describen perfectamente a Dios, porque no existe un poder superior a Él y tampoco existe alguna influencia que lo controle.[12]

*"Él muda los tiempos y las edades; quita reyes, y pone reyes;*
*da la sabiduría a los sabios, y la ciencia a los entendidos".*
*(Daniel 2:21)*

## SOBERANÍA

**S**ométase a la soberanía de Dios. Tal vez nunca entienda o encuentre la respuesta para sus sufrimientos.

"No necesito tener todas las respuestas, pero confío en el Dios que las conoce. Me rindo ante Su control soberano".

*"Porque mis pensamientos no son vuestros pensamientos,*
*ni vuestros caminos mis caminos, dijo Jehová".*
*(Isaías 55:8)*

*"Ahora vemos por espejo, oscuramente; mas entonces veremos cara a cara.*
*Ahora conozco en parte; pero entonces conoceré como fui conocido".*
*(1ª Corintios 13:12)*

**O**re a Dios pidiendo discernimiento para resolver su situación.

"Señor Dios, necesito Tu sabiduría, discernimiento y entendimiento".

*"¿Está alguno entre vosotros afligido? Haga oración..."*
*(Santiago 5:13)*

*"Busqué a Jehová, y Él me oyó, y me libró de todos mis temores".*
*(Salmo 34:4)*

**B**usque la perspectiva eterna del propósito divino para sus sufrimientos del presente.

"Dios, quiero ver más allá de esta situación".

*"Respondió Jesús: No es que pecó éste, ni sus padres,*
*sino para que las obras de Dios se manifiesten en Él".*
*(Juan 9:3)*

*(También lea 2ª Corintios 4:16-18).*

**E**spere que Dios cambie su vida por medio de la verdad que le revela a usted.

"Gracias Dios, porque a través de esta prueba me vas a cambiar".

*"Antes que fuera yo humillado, descarriado andaba;*
*mas ahora guardo tu Palabra".*
*(Salmo 119:67)*

*"Bueno me es haber sido humillado, para que aprenda tus estatutos".*
*(Salmo 119:71)*

**R**ecuerde que Dios es todopoderoso y controla todas sus circunstancias

"Señor, reconozco que en Tus manos tienes todo el poder"

Pilato dijo:

*"¿No sabes que tengo autoridad para crucificarte,*
*y que tengo autoridad para soltarte?"*
*(Juan 19:10)*

Jesús respondió:

*"...Ninguna autoridad tendrías contra mí,*
*si no te fuese dada de arriba..."*
*(Juan 19:11)*

**A**bra su corazón a Dios aceptando con toda honestidad sus sentimientos.

"Estoy muy confundido, mis emociones se disparan en un minuto y decaen el siguiente".

*"Echa sobre Jehová tu carga, y Él te sustentará;*
*no dejará para siempre caído al justo".*
*(Salmo 55:22)*

**N**o permita que la amargura se anide en su corazón.

"Señor, me rehúso a albergar el resentimiento, más bien decido regocijarme en mi relación contigo".

*"Aunque la higuera no florezca, ni en las vides haya frutos,*
*aunque falte el producto del olivo, y los labrados no den mantenimiento,*
*y las ovejas sean quitadas de la majada, y no haya vacas en los corrales;*
*con todo, yo me alegraré en Jehová, y me gozaré en el Dios de mi salvación".*
*(Habacuc 3:17-18)*

**I**nvierta tiempo estudiando las Escrituras y orando.

"Señor, anhelo sumergirme en Tu Palabra y en Tus verdades".

*"En tus mandamientos meditaré; consideraré tus caminos.*
*Me regocijaré en tus estatutos; no me olvidaré de tus Palabras".*
*(Salmo 119:15-16)*

**A**firme su seguridad en el amor de Dios para usted.

"Gracias Dios porque me amas a pesar de todo".

*"Antes si aflige, también se compadece según*
*la multitud de sus misericordias".*
*(Lamentaciones 3:32)*

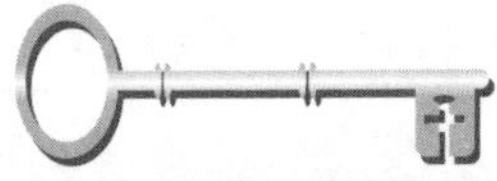

**Dios tornará todas las cosas para bien.**

"Señor, reconozco que Tú puedes usar todas las situaciones, incluso las malas, para producir algo bueno en mi vida".

*"Y sabemos que a los que aman a Dios,*
*todas las cosas les ayudan a bien, esto es,*
*a los que conforme a su propósito son llamados".*
*(Romanos 8:28)*

**Acuda a Cristo que mora en usted pidiéndole Su poder para la victoria.**

"Gracias porque puedo confiar en Cristo que mora en mí para que Él viva Su vida a través de mí".

*"Mas el Dios de toda gracia, que nos llamó a su gloria eterna en Jesucristo,*
*después que hayáis padecido un poco de tiempo,*
*Él mismo os perfeccione, afirme, fortalezca y establezca".*
*(1ª Pedro 5:10)*

*"Como todas las cosas que pertenecen a la vida y a la piedad nos han*
*sido dadas por su divino poder, mediante el conocimiento*
*de aquel que nos llamó por su gloria y excelencia".*
*(2ª Pedro 1:3)*

Cuando lleguemos a nuestro hogar en el cielo,
veremos cómo todos nuestros dolores nos hicieron
ser más comprensivos, cómo nuestras lágrimas nos
hicieron más tiernos y cómo nuestros problemas
nos hicieron depender más del Señor.

June Hunt

**Notas**

1. Para esta sección ver W. E. Vine, Vine's Complete Expository Dictionary of Biblical Words (Nashville: Thomas Nelson, 1996), s.v. "Evil, Evil-doer".

2. Para esta sección ver Norman L. Geisler and Ronald M. Brooks, When Skeptics Ask (Wheaton, IL: Victor, 1990), 8–9.

3. Vine, Vine's Complete Expository Dictionary, s.v. "Good, Goodly, Goodness".

4. Merriam-Webster, Merriam-Webster Online Dictionary (Springfield, MA: Merriam-Webster, 2005), merriam-webster.com, s.v. "Just".

5. Vine, Vine's Complete Expository Dictionary, s.v. "Righteous, Righteously," and "Righteousness".

6. Geisler and Brooks, When Skeptics Ask, 68; C.S. Lewis, The Problem of Pain (New York: Collier, 1962), 27.

7. Vine, Vine's Complete Expository Dictionary, s.v. "Justice" and "God".

8. Para esta sección ver Pedro Kreeft and Ronald K. Tacelli, Handbook of Christian Apologetics (Downers Grove, IL: InterVarsity, 1994), 128–29.

9. Para esta sección ver Geisler and Brooks, When Skeptics Ask, 68; Lewis, The Problem of Pain, 27.

10. Para esta sección ver Geisler and Brooks, When Skeptics Ask, 63–64.

11. C.S. Lewis, The Great Divorce (New York: Macmillan, 1946), 69. Cited in Geisler and Brooks, When Skeptics Ask, 68.

12. Merriam-Webster Collegiate Dictionary, s.v. "Sovereignty".

**Bibliografía**


Albers, Gregg R. Counseling the Sick and Terminally Ill. Resources for Christian Counseling, ed. Gary R. Collins, vol. 20. Dallas: Word, 1989.

Dobson, Santiago C. When God Doesn't Make Sense. Wheaton, IL: Tyndale House, 1993.

Freeman, Joel A. "God Is Not Fair". San Bernardino, CA: Here's Life, 1987.

Geisler, Norman L. and Ronald M. Brooks. When Skeptics Ask. Wheaton, IL: Victor, 1990.

Hunt, June. Caring for a Loved One with Cancer. Dallas: Hope For The Heart, 2005.

Hunt, June. Healing the Hurting Heart: Respuestas to Real Letters from Real People. Dallas: Hope For The Heart, 1995.

Hunt, June. Seeing Yourself Through God's Eyes. Dallas: Hope For The Heart, 1989.

Kreeft, Pedro, and Ronald K. Tacelli. Handbook of Christian Apologetics. Downers Grove, IL: InterVarsity, 1994.

Lewis, C.S. The Great Divorce. New York: Macmillan, 1946.

Lewis, C.S. The Problem of Pain. New York: Collier, 1962.

Stone, Nathan. Names of God in the Old Testament. Chicago: Moody, 1944.

Tada, Joni Eareckson, and Steven Estes. When God Weeps: Why Our Sufferings Matter to the Almighty. Grand Rapids: Zondervan, 1997. Wiersbe, Warren W. When Life Falls Apart. Grand Rapids: Spire, 1998.

# La salvación
## Compartiendo a Cristo con los incrédulos

La historia cambió en 1912 con el hundimiento del Titanic, el primer trasatlántico de lujo británico. Esa horrible tragedia produjo la muerte de más de 1.500 personas. Antes de zarpar, los expertos en barcos creían que sus 16 compartimentos sellados a prueba de agua, podrían mantener la nave a flote a pesar de cualquier desastre. Era *imposible que se hundiera*.

El investigador del *Titanic* David G. Brown, dice que el barco pudo haber sido su propio salvavidas. Aún después de haber chocado contra el iceberg, la nave de 46,000 toneladas de peso bruto "era capaz de salvar a todos las personas que llevaba a bordo permaneciendo a flote hasta la mañana del día siguiente, en que llegó a la escena el barco de rescate *Carpathia*". Sin embargo, una vez que el propietario del *Titanic*, Bruce Ismay, vio que el daño era aparentemente mínimo (la abertura del casco medía poco más de un metro cuadrado), y que las bombas de la nave estaban sacando eficientemente el agua que entraba, ordenó: "Máquinas adelante, media velocidad". Minutos más tarde, la debilitada capacidad de flotación del barco cedió, y comenzó su picada fatal. Brown dice, "La conclusión ineludible es que las bombas del *Titanic* se inundaron con enormes cantidades de agua que entraron al barco debido a la velocidad que llevaba... todo indica que el mismo *Titanic* navegó hacia una tumba acuática en el Atlántico Norte".[1]

Mientras tanto, miles de personas dormían cómoda y confiadamente bajo cubierta.

> *"Pero Dios le dijo: Necio, esta noche vienen a pedirte tu alma;*
> *y lo que has provisto, ¿de quién será?"*
> *(Lucas 12:20)*

# DEFINICIONES

Una de las reformas que provocó el hundimiento del mejor barco de la línea de trasatlánticos que había producido la empresa *White Star line*, fue que se hizo requisito que todos los barcos que salieran al océano fueran equipados con botes salvavidas adecuados. El *Titanic* sólo llevaba suficientes para la mitad de sus pasajeros. El investigador Brown dice que mientras se hundía, "era fundamental evitar el pánico. Pudieron salvarse muchas más vidas subiendo a los botes únicamente a quienes fueran lo suficientemente listos o tuvieran la suerte de llegar a la cubierta de los botes. No debieron decir que todos se subieran a los botes. De esa forma, la cubierta donde éstos se guardaban estaría libre de pánico el mayor tiempo posible. Los que decidieran permanecer en la calidez y falsa seguridad de los salones públicos de la nave, tendrían que arreglárselas por sí mismos después de que los botes se hubieran ido".[2] Afortunadamente, Dios no permite que nos las arreglemos por nosotros mismos. Él ya ha provisto  para nuestra salvación por medio de Su hijo, nuestro Señor Jesucristo.

> *"Porque no nos ha puesto Dios para ira, sino para alcanzar salvación*
> *por medio de nuestro Señor Jesucristo"*
>
> *(1ª Tesalonicenses 5:9)*

## ¿Qué es la salvación?

- La salvación es la preservación de la destrucción, del fracaso o del mal.[3]

- La palabra griega que se traduce como salvación es *sotería*, que significa *"liberación, preservación, salvación"*.[4]

## ¿De qué necesitamos ser salvos?

- Necesitamos ser salvos de la **pena** del pecado.

> *"Porque de tal manera amó Dios al mundo, que ha dado a su Hijo unigénito,*
> *para que todo aquel que en Él cree, no se pierda, mas tenga vida eterna.[17]*
> *Porque no envió Dios a su Hijo al mundo para condenar al mundo,*
> *sino para que el mundo sea salvo por Él".*
>
> *(Juan 3:16-17)*

— ***Justificación*** significa *"ser declarado justo, vindicado, exonerado"*.[5]

— ***Justificado*** significa *"justo como si nunca hubiera pecado"*, es una acción completa.

- Necesitamos ser salvos del ***poder*** del pecado.

> *"Por tanto, amados míos, como siempre habéis obedecido,*
> *no como en mi presencia solamente, sino mucho más ahora en mi ausencia,*
> *ocupaos en vuestra salvación con temor y temblor, porque Dios es el que en*
> *vosotros produce así el querer como el hacer, por su buena voluntad".*
> *(Filipenses 2:12-13)*

— ***Santificación*** significa *"apartado para Dios, y del pecado"*.[6]

— ***Santificación*** es no ser esclavo de nada, es un proceso presente.

— ***Santificación*** significa que hemos recibido un corazón nuevo, un espíritu nuevo, y una nueva forma de comportamiento.

> *"Os daré corazón nuevo, y pondré espíritu nuevo dentro de vosotros;*
> *y quitaré de vuestra carne el corazón de piedra, y os daré un corazón de carne.*
> *Y pondré dentro de vosotros mi Espíritu, y haré que andéis en mis estatutos,*
> *y guardéis mis preceptos, y los pongáis por obra".*
> *(Ezequiel 36:26-27)*

- Necesitamos ser salvos de la ***presencia*** del pecado.

> *"Y no sólo ella, sino que también nosotros mismos,*
> *que tenemos las primicias del Espíritu, nosotros también gemimos dentro*
> *de nosotros mismos, esperando la adopción, la redención de nuestro cuerpo.*
> *Porque en esperanza fuimos salvos; pero la esperanza que se ve,*
> *no es esperanza; porque lo que alguno ve, ¿a qué esperarlo?"*
> *(Romanos 8:23-24)*

— Glorificación es el estado final de todos los creyentes quienes, con cuerpos transformados e indestructibles, vivirán ante el esplendor de la presencia de Dios, en un estado futuro.[7]

— Glorificación significa que no habrá más muerte, llanto, dolor, sed o pecado.

(Lea *Apocalipsis 21*).

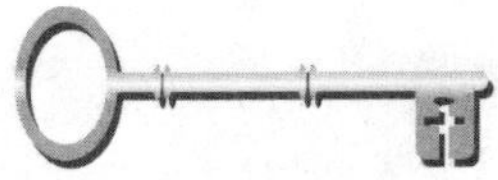

# CARACTERÍSTICAS DE LOS INCRÉDULOS

El propietario del *Titanic*, J. Bruce Ismay, simplemente no podía creer que el barco podía hundirse. Por eso, desafiando la lógica y las advertencias, dio orden de continuar después de la colisión. Brown dice: "No fue el hielo el que hundió al Titanic, sino las malas decisiones de su capitán y su dueño".[8] La principal característica de alguien que se aleja de Dios es la incredulidad. A menudo, el incrédulo simplemente no puede creer que Dios puede y quiere hacer algo por él. Su incredulidad (o dureza de corazón) se manifiesta de diferentes formas:

*"...Y vemos que no pudieron entrar a causa de incredulidad".*
*(Hebreos 3:19)*

## A. ¿Cuáles son algunas de las actitudes y acciones más comunes de los no creyentes?

- **Actitudes**

  - Desilusión

  - Vacío

  - Falta de satisfacción

  - Falta de paz

  - Soledad

  - Inquietud

- **Acciones**

  - Conducta para llamar la atención

  - Dedicarse a complacer a otros

  - Conducta compulsiva

  - Dependencia de drogas, alcohol, comida o personas

  - Egocéntrico, confiado en sí mismo

  - Conducta "carnal": vivir en sus propias fuerzas.

## B. ¿Cómo puede saber si ha recibido la salvación?

Dios quiere que usted sepa si es un cristiano auténtico o no. Es más, Él dedicó un libro entero de la Biblia para hacerle saber a usted si "tiene vida eterna" o no *(1ª Juan 5:13)* Lea la primera carta del apóstol Juan y observe que la palabra "conocer o saber" se repite siete veces en esa breve epístola para aclarar este punto. Después, evalúe su vida a la luz de este profundo libro de la Biblia.

### ¿CÓMO PUEDE SABERLO?

— *"Y en esto sabemos que nosotros le **conocemos**, si guardamos sus mandamientos (1ª Juan 2:3)*

— *"Pero el que guarda su Palabra, en éste verdaderamente el amor de Dios se ha perfeccionado; por esto **sabemos** que estamos en Él. El que dice que permanece en Él, debe andar como Él anduvo". (1ª Juan 2:5-6)*

— *"Si **sabéis** que Él es justo, **sabed** también que todo el que hace justicia es nacido de Él". (1ª Juan 2:29)*

— *"Todo aquel que permanece en Él, no peca; todo aquel que peca, no le ha visto, ni le ha **conocido**. (1ª Juan 3:16)*

— *"Todo aquel que es nacido de Dios, no practica el pecado, porque la simiente de Dios permanece en Él; y no puede pecar, porque es nacido de Dios. En esto se **manifiestan** los hijos de Dios, y los hijos del diablo: todo aquel que no hace justicia, y que no ama a su hermano, no es de Dios. (1ª Juan 3:9-10)*

— *"Y el que guarda sus mandamientos, permanece en Dios, y Dios en Él. Y en esto **sabemos** que Él permanece en nosotros, por el Espíritu que nos ha dado. (1ª Juan 3:24)*

— *"**Sabemos** que todo aquel que ha nacido de Dios, no practica el pecado, pues aquel que fue engendrado por Dios le guarda, y el maligno no le toca. (1ª Juan 5:18)*

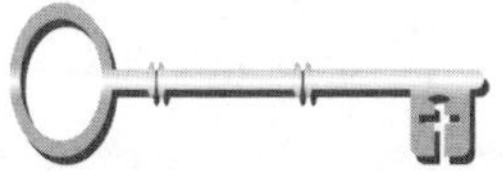

## CAUSAS DE LA INCREDULIDAD

Bruce Ismay, hijo del fundador de la línea de trasatlánticos *White Star Line*, era un hombre orgulloso e impaciente. Se dice que ordenó al capitán Smith en forma dictatorial que incrementara la velocidad para llegar a Nueva York un día antes de lo planeado. Negó saber que habían hecho la observación de que faltaban botes salvavidas o que el capitán Smith le hubiera entregado los mensajes que advertían acerca de *icebergs* en las cercanías. Sin embargo, después de salvarse a sí mismo, y de que el capitán y la mayoría de los pasajeros de primera clase se hundieron con el barco, se dio cuenta de que su reputación había quedado arruinada de por vida. Ismay se rehusó arrogantemente a creer que algo podía hundir su maravilla náutica.[9]

*"Antes del quebrantamiento es la soberbia,*
*y antes de la caída la altivez de espíritu".*
*(Proverbios 16:18)*

## A. ¿Cuáles son las preguntas más comunes acerca de la salvación?

**Pregunta:** "Si ya hice la oración de salvación pero mi vida no ha cambiado, entonces, ¿qué fue lo que pedí? Le pedí a Jesús que fuera mi Señor y Salvador, o sólo pedí el seguro contra incendios para no ir al infierno?"

**Respuesta:** La Biblia dice: *"Cree en el Señor Jesucristo, y serás salvo, tú y tu casa"* (*Hechos 16:31*). Si usted no ha reconocido su necesidad de que Jesús sea su Salvador y lo ha invitado a vivir en su corazón permitiendo que sea su dueño y Señor y que Él tenga posesión de su vida, entonces Él no está en su vida.

### ¿Cómo sabe que su oración funcionó?

*2ª Corintios 5:17* dice: *"De modo que si alguno está en Cristo, nueva criatura es; las cosas viejas pasaron; he aquí todas son hechas nuevas"*. Después de la salvación se realiza un cambio de vida en el cual su carácter se va conformando más y más al carácter de Cristo. Usted tendrá el fruto del Espíritu como evidencia de que el Espíritu de Cristo mora en usted produciendo el dominio propio dentro de su vida.

*"Mas el fruto del Espíritu es amor, gozo, paz, paciencia, benignidad,*
*bondad, fe, mansedumbre, templanza; contra tales cosas no hay ley"*
*(Gálatas 5:22-23).*

**Pregunta:** "Siempre he vivido un estilo de vida pecaminosa y empiezo a preguntarme si en verdad soy cristiano verdadero. ¿Cómo puedo seguir viviendo así si ya fui salvo?"

**Respuesta:** Usted no puede ser de Cristo y seguir un estilo de vida pecaminoso por mucho tiempo. Muchas personas entienden intelectualmente la salvación pero nunca han entregado su voluntad a la de Dios ni le han permitido que tome posesión de su vida. Por eso, Jesús dijo: *"No todo el que me dice: Señor, Señor, entrará en el reino de los cielos, sino el que hace la voluntad de mi Padre que está en los cielos". (Mateo 7:21-23)*

**Pregunta: "Si no somos salvos por nuestras obras, sino por la fe, ¿por que dice el libro de Santiago que la "fe sin obras está muerta"? Acaso las Escrituras se contradicen?**

**Respuesta:** ¡No! La Biblia nunca se contradice. El propósito principal del libro de Santiago no es comunicarnos cómo podemos ser salvos, sino más bien, cómo debe ser nuestra vida después de haber sido salvos. Santiago nos dice que la verdadera fe en Cristo transforma nuestro carácter y conducta. En otras palabras, si existe la raíz de la fe, debe haber un fruto de ella. No hacemos buenas obras para ser salvos, sino más bien porque ya lo somos. Las buenas obras no son el medio para la salvación, sino una manifestación clara de ella. En última instancia, si no hay "buenas obras", no hay una salvación auténtica.

> *Así también la fe, si no tiene obras, es muerta en sí misma*
> *(Santiago 2:17).*

## B. Cuál es la causa de la incredulidad

**Creencia falsa: "Yo decido cómo vivir, y no es necesario depender totalmente de Jesucristo".**

La mayoría de los incrédulos buscan la satisfacción de sus necesidades por medios temporales: popularidad, posesiones, posición y/o poder.

> *"Hay camino que al hombre le parece derecho; pero su fin es camino de muerte".*
> *(Proverbios 14:12)*

**Creencia Correcta: "Acepto la enseñanza de la Biblia que dice que la dependencia total debe ser de Jesucristo es porque Él es el camino, la verdad y la vida, Él es el único camino a la vida eterna".**

Los creyentes pueden encontrar satisfacción duradera, no en la popularidad, las posesiones, la posición y/o el poder, sino experimentando la misma vida de Jesucristo mientras Él lleva a cabo Su propósito a través de ellos.

> *"Jesús le dijo: Yo soy el camino, y la verdad, y la vida; nadie viene al Padre, sino por mí".*
>
> *(Juan 14:6)*

## PASOS PARA ENCONTRAR LA SOLUCIÓN

El investigador David Brown llegó a la conclusión de que "si se hubieran detenido a analizar las cosas, si hubieran elegido una ruta más hacia el sur, si hubieran bajado la velocidad, o se hubieran detenido después del accidente, cualquiera de esas acciones propias de los marineros comunes, podría haber evitado la pérdida innecesaria de vidas".[10]

De la misma forma, Dios utiliza a los cristianos comunes para ayudar a rescatar las almas para su reino. Una vez que Dios le despierte al hecho de que alguien que usted conoce se está hundiendo en el pecado, pídale el valor y la sabiduría para acercarse a Él con el Evangelio de Jesucristo.

*"Mas cuando os entreguen, no os preocupéis por cómo o qué hablaréis;*
*porque en aquella hora os será dado lo que habéis de hablar.*
*Porque no sois vosotros los que habláis, sino el Espíritu*
*de vuestro Padre que habla en vosotros".*

*(Mateo 10:19-20)*

### Versículos clave para memorizar

*"Porque de tal manera amó Dios al mundo, que ha dado a su Hijo unigénito,*
*para que todo aquel que en Él cree, no se pierda, mas tenga vida eterna.*
*Porque no envió Dios a su Hijo al mundo para condenar al mundo,*
*sino para que el mundo sea salvo por Él. El que en Él cree, no es condenado;*
*pero el que no cree, ya ha sido condenado, porque no ha creído*
*en el nombre del unigénito Hijo de Dios".*

*(Juan 3:16-18)*

### Pasaje clave para leer y meditar

*Juan 3:1-21*

Nuestra vida espiritual viene por medio del nacimiento espiritual...... v.3

Nuestra vida espiritual es invisible, así como muchos de sus efectos.... vv.7-8

Nuestra vida espiritual viene sólo por medio de Jesús........................ vv.13-15

Nuestra vida espiritual es eterna....................................................... v.16

Nuestra vida espiritual depende de nuestra fe y confianza en
Jesucristo............................................................................................ vv.17-21

## Errores comunes al aconsejar a los incrédulos

- Ofrecer consejo para un problema superficial sin llegar a la raíz del problema

- Suponer que una persona es salva

> *"No todo el que me dice: Señor, Señor, entrará en el reino de los cielos,*
> *sino el que hace la voluntad de mi Padre que está en los cielos.*
> *Muchos me dirán en aquel día: Señor, Señor, ¿no profetizamos en tu nombre,*
> *y en tu nombre echamos fuera demonios, y en tu nombre hicimos muchos milagros?*
> *Y entonces les declararé: Nunca os conocí; apartaos de mí, hacedores de maldad".*
>
> (Mateo 7:21-23)

- Suponer que la persona entiende la salvación bíblica

- Salirse del tema

- Responder preguntas que no le han hecho

- Tratar de presionar a una persona para que reciba la salvación

- Ofrecer la salvación sólo como una salida del infierno

- Ofrecer un "boleto al cielo"

- No presentar el "costo"

> *"Porque ¿quién de vosotros, queriendo edificar una torre, no se sienta primero*
> *y calcula los gastos, a ver si tiene lo que necesita para acabarla?"*
> (Lucas 14:28)

- Sentirse personalmente responsable por la salvación de otra persona

> *"Y dijo: Por eso os he dicho que ninguno puede venir a mí,*
> *si no le fuere dado del Padre".*
> (Juan 6:65)

## Objeciones comunes de los incrédulos

Satanás provee a los incrédulos toda clase de justificaciones para no creer en la cuerda de salvación que se les lanza. Los engaña para que duerman en las heladas aguas de la muerte susurrándoles al oído: "Puedes esperar un día más". Si una distracción no funciona, otra lo hará. Por eso, Satanás recurre a la tentación para que se posponga una decisión eterna:[11]

> *"No mirando nosotros las cosas que se ven, sino las que no se ven;*
> *pues las cosas que se ven son temporales,*
> *pero las que no se ven son eternas".*
> (2ª Corintios 4:18)

- **"Las personas no pueden saber a ciencia cierta si irán al cielo".**

*"Estas cosas os he escrito a vosotros que creéis en el nombre del Hijo de Dios, para que sepáis que tenéis vida eterna, y para que creáis en el nombre del Hijo de Dios".*
*(1ª Juan 5:13)*

- **"Jesús nunca dijo que era Dios".**

*"Jesús le dijo: ¿Tanto tiempo hace que estoy con vosotros, y no me has conocido, Felipe? El que me ha visto a mí, ha visto al Padre; ¿cómo, pues, dices tú: Muéstranos el Padre? ¿No crees que yo soy en el Padre, y el Padre en mí? Las Palabras que yo os hablo, no las hablo por mi propia cuenta, sino que el Padre que mora en mí, Él hace las obras".* *(Juan 14:9-10)*

*"Yo y el Padre uno somos".* *(Juan 10:30)*

- **"Hay muchos caminos para llegar a Dios".**

*"Jesús le dijo: Yo soy el camino, y la verdad, y la vida; nadie viene al Padre, sino por mí. Si me conocieseis, también a mi Padre conoceríais; y desde ahora le conocéis, y le habéis visto".* *(Juan 14:6-7)*

- **"¿Qué de los hipócritas en la Iglesia?"**

*"Al oír esto Jesús, les dijo: Los sanos no tienen necesidad de médico, sino los enfermos. Id, pues, y aprended lo que significa: Misericordia quiero, y no sacrificio. Porque no he venido a llamar a justos, sino a pecadores, al arrepentimiento".* *(Mateo 9:12-13)*

*"De manera que cada uno de nosotros dará a Dios cuenta de sí".* *(Romanos 14:12)*

Hay hipócritas en la Iglesia, y en los negocios, en las escuelas y en cada faceta de la vida. Jesús quiere sanar la parte hipócrita que hay en todos nosotros.

## Inquietudes comunes de los incrédulos

Algunas personas se preguntan si la salvación es posible en su caso, ya que están conscientes de sus propios pecados y limitaciones.

- **"Dios nunca me aceptaría…usted no sabe lo que he hecho".**

El asunto no es lo que usted ha hecho, sino lo que Cristo ha hecho por usted.

*"Palabra fiel y digna de ser recibida por todos: que Cristo Jesús vino al mundo para salvar a los pecadores, de los cuales yo soy el primero".* *(1ª Timoteo 1:15)*

*"Venid luego, dice Jehová, y estemos a cuenta: si vuestros pecados fueren como la grana, como la nieve serán emblanquecidos; si fueren rojos como el carmesí, vendrán a ser como blanca lana".* *(Isaías 1:18)*

- **"Dios nunca podrá perdonar todos mis pecados".**

  Dios no sólo perdona sus pecados, sino que los olvida.

  > *"Yo, yo soy el que borro tus rebeliones por amor de mí mismo,*
  > *y no me acordaré de tus pecados". (Isaías 43:25)*

  > *"Porque seré propicio a sus injusticias, y nunca más me acordaré*
  > *de sus pecados y de sus iniquidades". (Hebreos 8:12)*

- **"No puedo dejar mis pecados".**

  El poder de Cristo que está en usted es más grande que el poder del pecado sobre usted.

  > *"Así que, si el Hijo os libertare, seréis verdaderamente libres". (Juan 8:36)*

  > *"Todo lo puedo en Cristo que me fortalece". (Filipenses 4:13)*

- **"¿Qué sucede si he cometido un pecado imperdonable?"**

  El único pecado imperdonable es un total y completo endurecimiento del corazón, que da como resultado la negativa de rendirse a la obra de convencimiento del Espíritu Santo. El perdón de Dios es por todos sus pecados. El sacrificio de Cristo es completo.

  > *"Porque todo aquel que invocare el nombre del Señor, será salvo".*
  > *(Romanos 10:13)*

  > *"Todo lo que el Padre me da, vendrá a mí;*
  > *y al que a mí viene, no le echo fuera". (Juan 6:37)*

- **"Tengo que limpiar mi vida primero".**

  A los que no tienen la vida de Cristo se les llama muertos en sus pecados. (Vea *Efesios 2:1*).

  Los muertos no necesitan limpieza, ¡necesitan vida!

  > *"El ladrón no viene sino para hurtar y matar y destruir; yo he venido para*
  > *que tengan vida, y para que la tengan en abundancia" (Juan 10:10)*

  > *"Mas Dios muestra su amor para con nosotros, en que siendo aún*
  > *pecadores, Cristo murió por nosotros" (Romanos 5:8)*

- **"No tengo la fuerza para ser consistente".**

  Cuando Cristo viene a morar en usted, Él provee un camino, Él le dará fortaleza.

  > *"No os ha sobrevenido ninguna tentación que no sea humana; pero fiel es Dios, que no*
  > *os dejará ser tentados más de lo que podéis resistir, sino que dará también juntamente*
  > *con la tentación la salida, para que podáis soportar". (1ª Corintios 10:13)*

*"Y me ha dicho [Dios]: Bástate mi gracia; porque mi poder se perfecciona en la debilidad. Por tanto, de buena gana me gloriaré más bien en mis debilidades, para que repose sobre mí el poder de Cristo. Por lo cual, por amor a Cristo me gozo en las debilidades, en afrentas, en necesidades, en persecuciones, en angustias; porque cuando soy débil, entonces soy fuerte". (2ª Corintios 12:9-10)*

- **"Siento que voy a perder demasiado".**

  Lo único que perderá es tratar de controlar su vida con su propio conocimiento limitado y finito. El Señor controlará su vida con Su conocimiento infinito.

  *"Porque todo el que quiera salvar su vida, la perderá; y todo el que pierda su vida por causa de mí, la hallará. Porque ¿qué aprovechará al hombre, si ganare todo el mundo, y perdiere su alma? ¿O qué recompensa dará el hombre por su alma?"*
  *(Mateo 16:25-26)*

  *"Mi Dios, pues, suplirá todo lo que os falta conforme a sus riquezas en gloria en Cristo Jesús". (Filipenses 4:19)*

  *"Fíate de Jehová de todo tu corazón, y no te apoyes en tu propia prudencia. Reconócelo en todos tus caminos, y Él enderezará tus veredas". (Proverbios 3:5-6)*

- **"Quiero ser cristiano, pero no deseo tomar una decisión ahora".**

  No tomar una decisión es una decisión, es una decisión de rechazar a Cristo.

  *"El que no es conmigo, contra mí es; y el que conmigo no recoge, desparrama".*
  *(Mateo 12:30)*

- **"Me podrían molestar u odiar".**

  Cierto, todo cristiano auténtico sufrirá oposición y opresión.

  *"Si el mundo os aborrece, sabed que a mí me ha aborrecido antes que a vosotros".*
  *(Juan 15:18)*

  *"El siervo no es mayor que su señor. Si a mí me han perseguido, también a vosotros os perseguirán; si han guardado mi Palabra, también guardarán la vuestra".*
  *(Juan 15:20)*

  Sin embargo, los problemas no lo vencerán.

  *"Estas cosas os he hablado para que en mí tengáis paz.*
  *En el mundo tendréis aflicción; pero confiad, yo he vencido al mundo".*
  *(Juan 16:33)*

  *"El temor del hombre pondrá lazo; mas el que confía en Jehová será exaltado".*
  *(Proverbios 29:25)*

- **"Es demasiado tarde para mí".**

  Nunca es demasiado tarde para que un corazón se humille delante de Dios.

  *"Porque dice: En tiempo aceptable te he oído, y en día de salvación te he socorrido. He aquí ahora el tiempo aceptable; he aquí ahora el día de salvación".*
  *(2ª Corintios 6:2)*

  *"El Señor no retarda su promesa, según algunos la tienen por tardanza, sino que es paciente para con nosotros, no queriendo que ninguno perezca, sino que todos procedan al arrepentimiento".*
  *(2ª Pedro 3:9)*

## Presente el plan de Dios para la libertad

Una vez que el incrédulo acepta asirse de la cuerda de la salvación, usted sólo necesita tirar de ella. Guíelo al Señor presentándole estas cuatro ayudas.

## EL PROPÓSITO DE DIOS ES:

### *La salvación por medio de Cristo*

- ¿Cuál fue la motivación de Dios al enviar a Cristo a la tierra? ¿La condenación?

  No, *¡el amor!*

  *"Porque de tal manera amó Dios al mundo, que ha dado a su Hijo unigénito, para que todo aquel que en Él cree, no se pierda, mas tenga vida eterna".*
  *(Juan 3:16)*

- ¿Cuál fue el propósito de Cristo al venir a la tierra? ¿La condenación?

  No, *¡la vida!*

  *"El ladrón no viene sino para hurtar y matar y destruir; yo he venido para que tengan vida, y para que la tengan en abundancia".*
  *(Juan 10:10)*

# NUESTRO PROBLEMA ES:

## *El pecado*

- ¿Qué es exactamente el pecado? Vivir independientemente de Dios.

> *"Todo aquel que comete pecado, infringe también la ley;*
> *pues el pecado es infracción de la ley".*
> *(1ª Juan 3:4)*

- ¿Quién ha pecado? Todos.

> *"Por cuanto todos pecaron, y están destituidos de la gloria de Dios"*
> *(Romanos 3:23)*

- ¿Cuál es la consecuencia del pecado? La muerte espiritual.

> *"Porque la paga del pecado es muerte, mas la dádiva de Dios*
> *es vida eterna en Cristo Jesús Señor nuestro".*
> *(Romanos 6:23)*

# LA PROVISIÓN DE DIOS ES:

## *El Salvador*

- ¿Cuál es la solución si no quiero morir en mi pecado? La vida eterna en Cristo.

> *"Jesús le dijo: Yo soy el camino, y la verdad, y la vida;*
> *nadie viene al Padre, sino por mí".*
> *(Juan 14:6)*

# NUESTRA PARTICIPACIÓN:

## *Rendirnos*

- **¿Cómo me rindo?**

    a. ***Crea y confíe en*** Jesucristo como su Señor y Salvador personal.

> *"Mas a todos los que le recibieron, a los que creen en su nombre,*
> *les dio potestad de ser hechos hijos de Dios"*
> *(Juan 1:12)*

    b. ***Acepte*** la gracia de Dios y ***rechace*** sus "propias obras" para ganar la aprobación de Dios.

> *"Porque por gracia sois salvos por medio de la fe; y esto no de vosotros,*
> *pues es don de Dios; no por obras, para que nadie se gloríe".*
> *(Efesios 2:8-9)*

c. **Dé** a Cristo el control de su vida y viva siguiendo Su dirección.

*"Entonces Jesús dijo a sus discípulos: Si alguno quiere venir en pos de mí,*
*niéguese a sí mismo, y tome su cruz, y sígame. Porque todo el que quiera*
*salvar su vida, la perderá; y todo el que pierda su vida por causa de mí, la hallará.*
*Porque ¿qué aprovechará al hombre, si ganare todo el mundo, y perdiere su alma?*

*¿O qué recompensa dará el hombre por su alma?" (Mateo 16:24-26)*

*"He aquí, yo estoy a la puerta y llamo; si alguno oye mi voz y abre la puerta,*
*entraré a el, y cenaré con el, y el conmigo". (Apocalipsis 3:20)*

- **¿Qué puedo decir en mi oración?**

"Dios, acepto que muchas veces he hecho mal; sé que he pecado.
Te pido que me perdones por mis pecados.
Pido que Jesucristo venga a mi vida y sea mi Salvador y Señor.
Le entrego a Él el control de mi vida.
Y ahora te agradezco por lo que Él hará en mí y a través de mí.
¡Gracias por salvarme! Amén".

## LOS TRES ASPECTOS DE LA SALVACIÓN

### 1. *Justificación* — PASADO

*Salvación de la **pena** del pecado*

### Juan 3:16-17

*"Porque de tal manera amó Dios al mundo, que ha dado a su Hijo unigénito,*
*para que todo aquel que en Él cree, no se pierda, mas tenga vida eterna.*
*Porque no envió Dios a su Hijo al mundo para condenar al mundo,*
*sino para que el mundo sea salvo por Él".*

### 2. *Santificación* — PRESENTE

*Salvación del **poder** del pecado*

### Filipenses 2:12-13

*"Por tanto, amados míos, como siempre habéis obedecido,*
*no como en mi presencia solamente, sino mucho más ahora en mi ausencia,*
*ocupaos en vuestra salvación con temor y temblor, porque Dios es el que en*
*vosotros produce así el querer como el hacer, por su buena voluntad".*

### 3. *Glorificación* — FUTURO

*Salvos de la **presencia** del pecado*

## Romanos 8:23-24

*"Y no sólo ella, sino que también nosotros mismos, que tenemos las primicias del Espíritu, nosotros también gemimos dentro de nosotros mismos, esperando la adopción, la redención de nuestro cuerpo. Porque en esperanza fuimos salvos; pero la esperanza que se ve, no es esperanza; porque lo que alguno ve, ¿a qué esperarlo?"*

## EL PLAN DE DIOS PARA USTED

¿Sabe cómo establecer una relación auténtica con Dios?
Dios tiene un plan personal para usted.

## El propósito de Dios... LA SALVACIÓN

Él quiere salvarle ofreciéndole una relación personal e íntima con Él. Él quiere que usted le responda como un niño que cree, confiando en Él para satisfacer los deseos más profundos de su corazón. Él quiere cumplir el  propósito por el cual le creó.

*"Porque yo sé los pensamientos que tengo acerca de vosotros, dice Jehová, pensamientos de paz, y no de mal, para daros el fin que esperáis".*
*(Jeremías 29:11)*

## Su problema... EL PECADO

Todos hemos pecado; hemos elegido hacer lo que sabíamos era incorrecto. La Biblia dice que nuestro pecado nos separa de Dios.  El castigo por el pecado es la muerte, la muerte espiritual; es decir, la separación eterna de Dios.

*"Por cuanto todos pecaron, y están destituidos de la gloria de Dios... Porque la paga del pecado es muerte, mas la dádiva de Dios es vida eterna en Cristo Jesús Señor nuestro".*
*(Romanos 3:23, 6:23)*

## La provisión... EL SALVADOR

Es Jesucristo, Dios Hijo que vino a la tierra con el propósito de morir en la cruz para pagar el castigo por sus pecados. Soberanamente, Dios Padre levantó a Jesús de entre los muertos. Jesús el Salvador murió por usted porque le ama y no quiere que usted esté separado de Él por toda la eternidad.

*"Porque de tal manera amó Dios al mundo, que ha dado a su Hijo unigénito, para que todo aquel que en Él cree, no se pierda, mas tenga vida eterna".*
*(Juan 3:16)*

## Su parte... RENDIRSE A CRISTO

Debe entregar su voluntad a la de Dios de manera que usted pueda recibir lo mejor que Él tiene para usted. Usted necesita una relación cercana con el Señor. ¿Puede usted creer que Jesucristo es Dios Hijo y confiar sólo en Él como su Salvador y Señor personal, dándole el control total de su vida?

*"Mas a todos los que le recibieron, a los que creen en su nombre,*
*les dio potestad de ser hechos hijos de Dios"*
*(Juan 1:12)*

Si el Señor le está guiando a entrar en una relación con Él,
puede usted decirle lo que está en su corazón.

## Oración de salvación:

"Dios, admito que he pecado.
Muchas veces he seguido mi propio camino en lugar del tuyo.
Por favor perdóname todos mis pecados. Gracias, Jesús, por
morir en la cruz para pagar el castigo por mis pecados.
Ven a mi vida y sé mi Señor y Salvador. Toma el control de mi
vida y hazme la persona que Tú quieres que sea. Gracias, Jesús,
por lo que harás en mí y a través de mí.". Amén.

*Jesús dijo: "De cierto, de cierto os digo: El que oye mi Palabra,*
*y cree al que me envió, tiene vida eterna; y no vendrá a condenación,*
*mas ha pasado de muerte a vida".*
*(Juan 5:24)*

## ¡Bienvenido a la familia de Dios!

***Al haber confiado en Jesús como su Salvador y Señor,***
***ahora usted pertenece a la familia de Dios y...***

- Está completamente perdonado y limpio de todos sus pecados.

*"Si confesamos nuestros pecados, Él es fiel y justo para perdonar*
*nuestros pecados, y limpiarnos de toda maldad".*
*(1ª Juan 1:9)*

- Es una nueva criatura.

> *"De modo que si alguno está en Cristo, nueva criatura es;*
> *las cosas viejas pasaron; he aquí todas son hechas nuevas".*
> *(2ª Corintios 5:17)*

- Ha sido declarado justo por Dios… recto ante Sus ojos.

> *"Al que no conoció pecado, por nosotros lo hizo pecado,*
> *para que nosotros fuésemos hechos justicia de Dios en Él".*
> *(2ª Corintios 5:21)*

- Ha recibido el regalo de la vida eterna.

> *"Estas cosas os he escrito a vosotros que creéis en el nombre del Hijo de Dios, para*
> *que sepáis que tenéis vida eterna, y para que creáis en el nombre del Hijo de Dios".*
> *(1ª Juan 5:13)*

- Ha recibido el Espíritu Santo que vive en usted, que le da poder para vencer el pecado, así como para amar a otros de una manera nueva.

> *"y la esperanza no avergüenza; porque el amor de Dios ha sido derramado*
> *en nuestros corazones por el Espíritu Santo que nos fue dado".*
> *(Romanos 5:5)*

- Tiene paz con Dios.

> *"Justificados, pues, por la fe, tenemos paz para con Dios*
> *por medio de nuestro Señor Jesucristo"*
> *(Romanos 5:1)*

- Nunca será condenado por Dios.

> *"Ahora, pues, ninguna condenación hay para los que están en Cristo Jesús".*
> *(Romanos 8:1)*

- Nunca será separado del amor de Dios.

> *"Por lo cual estoy seguro de que ni la muerte, ni la vida, ni ángeles,*
> *ni principados, ni potestades, ni lo presente, ni lo por venir, ni lo alto,*
> *ni lo profundo, ni ninguna otra cosa creada nos podrá separar del amor*
> *de Dios, que es en Cristo Jesús Señor nuestro".*
> *(Romanos 8:38-39)*

# Notas

1. David G. Brown, The Last Log of the Titanic, "El ultimo registro del Titanic". (2001 [citado el 21 marzo de 2003]); disponible en http://www.encyclopedia-titanica.org/

2. Brown, The Last Log of the Titanic, "El ultimo registro del Titanic". (2001 [citado el 21 marzo de 2003]); disponible en http://www.encyclopedia-titanica.org/

3. Merriam-Webster Collegiate Dictionary, "Diccionario colegial Merriam-Webster (2001); http://www.m-w.com.

4. W. E. Vine, Vine's Complete Expository Dictionary of Biblical Words, "Diccionario expositivo completo de Palabras bíblicas de Vine", edición electrónica (Nashville: Thomas Nelson, 1996).

5. Charles C. Ryrie, The Ryrie Study Bible: King James Version, "Biblia de Estudio de Ryrie, versión del Rey Jacobo" (Chicago: Moody, 1978), 1599.

6. Vine, Vine's Complete Expository Dictionary of Biblical Words.

7. Earl D. Radmacher, Salvation, "La salvación", Swindoll Leadership Library (Nashville: Word, 2000), 5-6, 219-22.

8. Brown, The Last Log of the Titanic, "El ultimo registro del Titanic".

9. Brown, The Last Log of the Titanic, "El ultimo registro del Titanic"; Senan Molony, Bruce Ismay and the Ring's Taunt, "Bruce Ismay y el desafío del anillo" (2001 [citado el 21 marzo de 2003]).

10. Brown, The Last Log of the Titanic, "El ultimo registro del Titanic".

11. Para esta sección vea David A. Dewitt, Answering the Tough Ones: Common Questions about Christianity, "Respuestas a preguntas difíciles: Preguntas comunes acerca del cristianismo" (Chicago: Moody, 1980), 15-22, 33-8, 93-9; R. C. Sproul, Reason to Believe, "Razón para creer" (Grand Rapids: Lamplighter, 1982), 35-46, 76-86.

12. Charles Caldwell Ryrie, The Holy Spirit (Chicago: Moody, 1965), 52–54.


# Bibliografía


Branon, Dave. Where Do I Go From Here? A Handbook for New Believers. "¿A dónde voy desde aquí? Manual para nuevos convertidos" Grand Rapids: Discovery House, 1993.

Brown, David G. The Last Log of the Titanic, "El ultimo registro del Titanic". 2001 [citado el 21 de marzo 2003].

Cook, Robert A. Now that I Believe. Chicago: Moody, 1977.

Dewitt, David A. Answering the Tough Ones: Common Questions about Christianity. "Respuestas a preguntas difíciles: Preguntas comunes acerca del cristianismo" Chicago: Moody, 1980.

Graham, Billy. Peace with God. Rev. and expanded. Minneapolis, MN: World Wide, 1984.

Hunt, June. Seeing Yourself Through God's Eyes. Dallas: Hope For The Heart, 1989.

Letham, Robert. The Work of Christ. Contours of Christian Theology. Downers Grove, IL: InterVarsity, 1993.

Molony, Senan. Bruce Ismay and the Ring's Taunt, "Bruce Ismay y el desafío del anillo" 2001 [citado el 21 de marzo de 2003].

Moyer, R. Larry. Welcome to the Family: Understanding Your New Relationship to God and Others. Grand Rapids: Kregel, 1996.

Radmacher, Earl D. Salvation. "La salvación". Swindoll Leadership Library. Nashville: Word, 2000.

Ryrie, Charles Caldwell. The Holy Spirit. Chicago: Moody, 1965.

Ryrie, Charles Caldwell. So Great Salvation: What It Means to Believe in Jesus Christ. Chicago: Moody, 1997.

Sproul, R. C. Reason to Believe. "Razón para creer" Grand Rapids: Lamplighter, 1982.

# La seguridad de la salvación
**Salvos, sellados y seguros**

## DEFINICIONES
### ¿Qué es la seguridad eterna?

- La seguridad eterna es la doctrina bíblica que establece que los auténticos cristianos poseen y gozarán de una vida eterna y permanente fundamentada en el regalo de Dios de la salvación.[1]

- La seguridad eterna de todos los creyentes es un hecho.

  – Originado por Dios el Padre...

  > *"según nos escogió en Él antes de la fundación del mundo,*
  > *para que fuésemos santos y sin mancha delante de Él".*
  >
  > *(Efesios 1:4)*

  – Realizado a través de Dios el Hijo...

  > *"en quien tenemos redención por su sangre,*
  > *el perdón de pecados según las riquezas de su gracia".*
  >
  > *(Efesios 1:7)*

  – Garantizado por Dios el Espíritu Santo...

  > *"En Él también vosotros, habiendo oído la Palabra de verdad,*
  > *el evangelio de vuestra salvación, y habiendo creído en Él,*
  > *fuisteis sellados con el Espíritu Santo de la promesa,*
  > *que es las arras de nuestra herencia hasta la redención*
  > *de la posesión adquirida, para alabanza de su gloria".*
  >
  > *(Efesios 1:13-14)*

## ¿Qué es la seguridad de salvación?

- La seguridad de la salvación es la confianza que tienen los verdaderos creyentes en que poseen vida eterna y que algún día vivirán en el cielo en la presencia de Dios.[2]

- La seguridad de la salvación es una certeza de mente y corazón para quienes

### — Confiesan su pecado...

*"Si confesamos nuestros pecados, Él es fiel y justo para perdonar nuestros pecados, y limpiarnos de toda maldad".*
*(1ª Juan 1:9)*

Confesar significa *"estar de acuerdo"*.[3]

– Estar de acuerdo con Dios en que se ha pecado.

*"Por cuanto todos pecaron y están destituidos de la gloria de Dios".*
*(Romanos 3:23)*

– Estar de acuerdo con Dios en que la paga del pecado es la muerte eterna.

*"Porque la paga del pecado es muerte, mas la dádiva de Dios es vida eterna en Cristo Jesús Señor nuestro".*
*(Romanos 6:23)*

### — Se arrepienten del pecado...

*"Pedro les dijo: Arrepentíos, y bautícese cada uno de vosotros en el nombre de Jesucristo para perdón de los pecados; y recibiréis el don del Espíritu Santo'".*
*(Hechos 2:38)*

Arrepentirse significa *"cambiar de mentalidad"*.[4]

– El verdadero arrepentimiento es un cambio de mentalidad respecto al pecado.

– El verdadero arrepentimiento es un cambio de rumbo que se aleja del pecado.

### — Creen que la paga del pecado fue cancelada por Jesucristo a través de Su muerte en la cruz...

*"quien llevó Él mismo nuestros pecados en su cuerpo sobre el madero, para que nosotros, estando muertos a los pecados, vivamos a la justicia; y por cuya herida fuisteis sanados".*
*(1ª Pedro 2:24)*

– Creer significa *"descansar en, confiar en"*.[5]

– Creer en Jesús no es sólo una aceptación intelectual, sino tener seguridad, sabiendo que Él fue el sustituto de nuestro pecado personal.

## — Reciben y descansan en Jesucristo como Señor y Salvador...

*"Ellos dijeron: Cree en el Señor Jesucristo, y serás salvo, tú y tu casa".*
*(Hechos 16:31)*

– Señor significa *"maestro, amo, dueño"*.[6]

– Cuando alguien ora a Jesús y confía en que Él es su Señor (su dueño), Él se convierte en su Salvador.

*"que si confesares con tu boca que Jesús es el Señor,*
*y creyeres en tu corazón que Dios le levantó de los muertos, serás salvo".*
*(Romanos 10:9)*

## ¿Cuál es el problema?

- Si usted ignora lo que la Biblia enseña, tal vez crea en el hecho de la seguridad sin tener un verdadero sentimiento de seguridad

  Por ejemplo, algunas iglesias creen y enseñan que si el cristiano peca, pierde su salvación inmediatamente. Por eso, si un hombre es genuinamente salvo pero tiene un carácter irascible, pensará que puede perder su salvación.

- Si su confianza está puesta en algo que no es la verdad bíblica, puede tener el sentimiento de seguridad pero no creer en el hecho de la seguridad.

  La actriz Shirley MacLaine se paró frente al mar y con un movimiento de su mano exclamó: "¡Soy Dios, soy Dios!"[7] Tal vez esa seguidora de la Nueva Era puede sentirse muy segura de tener la vida eterna. Sin embargo, con base en la Biblia, ni es Dios, ni es salva.

## ¿Dónde se encuentra el equilibrio?

El creyente tiene la seguridad de su salvación porque se basa en el hecho de la seguridad eterna, fundamentada en la eterna Palabra de Dios.

*"Sécase la hierba, marchítase la flor; mas la*
*Palabra del Dios nuestro permanece para siempre".*
*(Isaías 40:8)*

# CARACTERÍSTICAS DE LOS QUE TIENEN Y LOS QUE NO TIENEN SEGURIDAD DE LA SALVACIÓN

ANSIEDAD ACERCA DE LA SALVACIÓN

SEGURIDAD DE LA SALVACIÓN

*Culpabilidad*

*Convicción clara*

*"acerquémonos con corazón sincero, en plena certidumbre de fe, purificados los corazones de mala conciencia, y lavados los cuerpos con agua pura".*
*(Hebreos 10:22)*

**Confusión** respecto al juicio de Dios

**Confianza** en la misericordia divina

*"Porque no tenemos un sumo sacerdote que no pueda compadecerse de nuestras debilidades, sino uno que fue tentado en todo según nuestra semejanza, pero sin pecado. Acerquémonos, pues, confiadamente al trono de la gracia, para alcanzar misericordia y hallar gracia para el oportuno socorro".*
*(Hebreos 4:15-16)*

*Obras*

*Gracia*

*"Porque por gracia sois salvos por medio de la fe; y esto no de vosotros, pues es don de Dios; no por obras, para que nadie se gloríe".*
*(Efesios 2:8-9)*

*Legalismo*

*Libertad*

*"Estad, pues, firmes en la libertad con que Cristo nos hizo libres, y no estéis otra vez sujetos al yugo de esclavitud".*
*(Gálatas 5:1)*

*Inseguridad*
respecto a cómo piensa Dios de nosotros

*Seguridad*
respecto a cómo Dios piensa de nosotros

*"En su cuerpo de carne, por medio de la muerte, para presentaros santos y sin mancha e irreprensibles delante de Él".*
*(Colosenses 1:22)*

**Temor** del futuro

**Fe** en Dios respecto al futuro

*"Por lo cual asimismo padezco esto; pero no me avergüenzo, porque yo sé a quién he creído, y estoy seguro que es poderoso para guardar mi depósito para aquel día".*
*(2ª Timoteo 1:12)*

Los **sentimientos** determinan sus decisiones

Los **hechos** son los que determinan sus decisiones

*"Ahora, pues, ninguna condenación hay para los que están en Cristo Jesús, los que no andan conforme a la carne, sino conforme al Espíritu".*
*(Romanos 8:1)*

# CAUSAS PARA DUDAR DE LA SALVACIÓN

Supongamos que su padre compró un boleto de avión para que usted viaje de Nueva York a Londres. Usted se sube al avión y éste despega con destino a Inglaterra; usted puso su fe en el piloto de que lo llevará con seguridad. A medio camino, volando sobre el Océano Atlántico, usted cree erróneamente que el avión ha virado de regreso y que va camino a Nueva York.

**Pregunta: ¿Es Londres su destino o no?**

**Respuesta:** Sí. Su creencia incorrecta no determina el rumbo de la aeronave, ni tampoco altera el curso del viaje. El piloto y el avión van a aterrizar ¡en Londres!

Si usted ha puesto su fe en Jesucristo como Señor y Salvador, ya entregó en sus manos el control de su vida. Ahora Él es el "piloto" de su vida. No importa cómo se sienta o qué piense, su destino eterno depende del Señor. Su sangre derramada en la cruz literalmente pagó por el perdón completo de todos sus pecados. Con esa compra usted recibió un regalo gratuito —su boleto al cielo por toda la eternidad.

**Pregunta: "¿Qué sucede a alguien que ha nacido de nuevo genuinamente, experimenta un cambio de vida, pero luego deja de creer... al menos por un período de tiempo? Si la persona dejó de creer, ¿significa que también dejó de ser salva?"**

**Respuesta:** No. La Biblia dice que una vez que ha nacido de nuevo genuinamente —al recibir el nuevo nacimiento—obtiene una "herencia que nunca perecerá, ni se corromperá ni se marchitará— que está guardada en los cielos para usted". Todo creyente sincero experimenta períodos de duda. La duda no es lo opuesto a la fe; es el otro lado de la misma moneda. Una duda sincera significa una búsqueda sincera —una búsqueda que Dios honra.

> *"Bendito el Dios y Padre de nuestro Señor Jesucristo,*
> *que según su grande misericordia nos hizo renacer para una esperanza viva,*
> *por la resurrección de Jesucristo de los muertos, para una herencia incorruptible,*
> *incontaminada e inmarcesible, reservada en los cielos para vosotros".*
> *(1ª Pedro 1:3-4)*

## Causas comunes

> *"Examinaos a vosotros mismos si estáis en la fe; probaos a vosotros mismos.*
> *¿O no os conocéis a vosotros mismos, que Jesucristo está en vosotros,*
> *a menos que estéis reprobados?"*
> *(2ª Corintios 13:5)*

- Cuestionar una decisión tomada en la infancia.

- Fracaso por no perdonar al ofensor.

- Continuar en un pecado sin arrepentirse.

- Falta de voluntad para cambiar patrones pecaminosos.

- Depender de la membresía de una iglesia.

- Confiar en el esfuerzo y obras personales.

- Falta de fe en las Escrituras.

- Esperar que los sentimientos o emociones confirmen su salvación.

- Racionalizar las verdades espirituales.

- Confusión al volver a pensar en la pérdida de la salvación.

## LA RAÍZ DEL PROBLEMA

**Creencia falsa:** "No estoy seguro de ir al cielo hasta que muera y mis buenas obras sean puestas junto con las malas en la balanza".

**Creencia correcta:** Estoy seguro que iré al cielo porque he respondido a los requisitos de Dios para la salvación —no con buenas obras, sino creyendo en el Señor Jesucristo y dándole a Él el control de mi vida.

*"Pero cuando se manifestó la bondad de Dios nuestro Salvador,*
*y su amor para con los hombres, nos salvó, no por obras de justicia que nosotros*
*hubiéramos hecho, sino por su misericordia, por el lavamiento de la regeneración y por*
*la renovación en el Espíritu Santo, el cual derramó en nosotros abundantemente por*
*Jesucristo nuestro Salvador, para que justificados por su gracia,*
*viniésemos a ser herederos conforme a la esperanza de la vida eterna".*
*(Tito 3:4-7)*

## PASOS PARA ENCONTRAR LA SOLUCIÓN

### Versículo clave para memorizar

*"Estas cosas os he escrito a vosotros que creéis en el nombre del Hijo de Dios,*
*para que sepáis que tenéis vida eterna, y para que creáis en el nombre del Hijo de Dios".*
*(1ª Juan 5:13)*

## Pasaje clave para leer y meditar

En ocasiones, los pastores llevan a sus rebaños a un río o lago a beber agua, donde las ovejas se confunden con las de otros rebaños. Después, ¿cómo se separan unas de otras? La respuesta es muy sencilla: "¡Las ovejas conocen la voz de su propio pastor!"

*"Mis ovejas oyen mi voz, y yo las conozco, y me siguen".*
*(Juan 10:27)*

Lea *Juan 10:28-29* y vea por sí mismo cuáles son las promesas que Jesús, el buen Pastor, ha hecho.

*"Yo les doy". v. 28*

*"y no perecerán jamás". v. 28*

*"Nadie las arrebatará de mi mano". v. 28*

*"Nadie las puede arrebatar de la mano de mi Padre". v. 29*

**Pregunta: "Acepto la seguridad que ofrece la Biblia de que nadie puede arrebatar a un verdadero creyente de la mano del Señor Jesús. Sin embargo, por causa de mi pecado, ¿no puedo salirme yo mismo de la protección de su mano, y de su misma presencia?"**

**Respuesta:** No. Jesús dijo categóricamente que "nadie". Usted no es una excepción; nadie puede arrebatarlo de su mano... y ese nadie ¡lo incluye a usted! Además, note que justo antes de esas palabras, Él dijo: "Y no perecerán jamás".

*"Y yo les doy vida eterna; y no perecerán jamás,*
*ni nadie las arrebatará de mi mano. Mi Padre que me las dio,*
*es mayor que todos, y nadie las puede arrebatar de la mano de mi Padre".*
*(Juan 10:28-29)*

## Lista de comprobación para estar seguro de su salvación

### Tomada del Libro de 1ª Juan

La Biblia es el mejor comentario para dar respuestas correctas a preguntas reales. ¿Alguna vez se ha preguntado: Se puede saber con certeza si una persona tiene vida eterna? La carta de *1ª Juan* responde con un rotundo sí.[8]

*"Estas cosas os he escrito a vosotros que creéis en el nombre*
*del Hijo de Dios, para que sepáis que tenéis vida eterna,*
*y para que creáis en el nombre del Hijo de Dios".*
*(1ª Juan 5:13)*

- **¿Vivo en la verdad y rechazo las obras de las tinieblas?**

  *"Si decimos que tenemos comunión con Él, y andamos en tinieblas,*
  *mentimos, y no practicamos la verdad".*
  *(1ª Juan 1:6)*

- **¿Tengo comunión con otros creyentes?**

  *"Pero si andamos en luz, como Él está en luz, tenemos comunión unos con otros,*
  *y la sangre de Jesucristo su Hijo nos limpia de todo pecado".*
  *(1ª Juan 1:7)*

- **¿Tengo amor por la Palabra de Dios y me esfuerzo por obedecerla?**

  *"Y en esto sabemos que nosotros le conocemos, si guardamos sus mandamientos.*
  *El que dice: Yo le conozco, y no guarda sus mandamientos, el tal es mentiroso,*
  *y la verdad no está en Él; pero el que guarda su Palabra, en éste verdaderamente*
  *el amor de Dios se ha perfeccionado; por esto sabemos que estamos en Él".*
  *(1ª Juan 2:3-5)*

- **¿Rechazo los valores que veo en el sistema mundano?**

  *"No améis al mundo, ni las cosas que están en el mundo.*
  *Si alguno ama al mundo, el amor del Padre no está en Él.*
  *Porque todo lo que hay en el mundo, los deseos de la carne,*
  *los deseos de los ojos, y la vanagloria de la vida, no proviene del Padre,*
  *sino del mundo. Y el mundo pasa, y sus deseos;*
  *pero el que hace la voluntad de Dios permanece para siempre".*
  *(1ª Juan 2:15-17)*

- **¿Espero con entusiasmo el regreso de Cristo?**

  *"Amados, ahora somos hijos de Dios, y aún no se ha manifestado*
  *lo que hemos de ser; pero sabemos que cuando Él se manifieste,*
  *seremos semejantes a Él, porque le veremos tal como Él es. Y todo aquel*
  *que tiene esta esperanza en Él, se purifica a sí mismo, así como Él es puro".*
  *(1ª Juan 3:2-3)*

- **¿Peco menos ahora de lo que pecaba antes de ser cristiano?**

  *"Todo aquel que permanece en Él, no peca; todo aquel que peca,*
  *no le ha visto, ni le ha conocido".*
  *(1ª Juan 3:6)*

- **¿Experimento oposición por causa de mi amor por Cristo?**

  *"Hermanos míos, no os extrañéis si el mundo os aborrece".*
  *(1ª Juan 3:13)*

- **¿Amo genuinamente a otros cristianos?**

  *"Nosotros sabemos que hemos pasado de muerte a vida, en que amamos*
  *a los hermanos. El que no ama a su hermano, permanece en muerte".*
  *(1ª Juan 3:14)*

- **¿Creo verdaderamente en Jesús, confío en Él mi salvación y mi futuro?**

  *"El que cree en el Hijo de Dios, tiene el testimonio en sí mismo;*
  *el que no cree a Dios, le ha hecho mentiroso, porque no ha creído en el testimonio*
  *que Dios ha dado acerca de su Hijo. Y este es el testimonio: que Dios*
  *nos ha dado vida eterna; y esta vida está en su Hijo".*
  *(1ª Juan 5:10-11)*

- **¿Contesta Dios a mis oraciones?**

  *"Amados, si nuestro corazón no nos reprende, confianza tenemos en Dios;*
  *y cualquiera cosa que pidiéremos la recibiremos de Él, porque guardamos*
  *sus mandamientos, y hacemos las cosas que son agradables delante de Él...*
  *Y esta es la confianza que tenemos en Él, que si pedimos alguna cosa conforme a su*
  *voluntad, Él nos oye. Y si sabemos que Él nos oye en cualquiera cosa que pidamos,*
  *sabemos que tenemos las peticiones que le hayamos hecho".*
  *(1ª Juan 3:21-22; 5:14-15)*

- **¿Tengo discernimiento de las verdades espirituales?**

  *"Nosotros somos de Dios; el que conoce a Dios, nos oye; el que no es de Dios,*
  *no nos oye. En esto conocemos el espíritu de verdad y el espíritu de error".*
  *(1ª Juan 4:6)*

**Pregunta:** "Creo que fui salvo hace algunos años, pero he perdido todo interés en la Iglesia y las cosas de Dios. Mi vida cambió por seis meses, pero luego volví a mi estilo de vida pasado. ¿Podría ser que perdí mi salvación, o en realidad nunca fui salvo?"

**Repuesta:** Las palabras religiosas no son mágicas. El hecho de repetir palabras que expresan su deseo de aceptar a Cristo en su vida no significa que en realidad haya experimentado la verdadera salvación. Cuando usted se humilla delante de Dios, confía en Jesucristo y le pide que venga a su vida, Dios dice que le dará un nuevo corazón... un corazón que acepta las cosas de Dios. Esto no significa que usted nunca va a pecar, pero sí que experimentará un cambio de vida. Si usted no está seguro, entonces acuda al Señor y confirme su deseo de confiar en Él y de darle el control total de su vida. Escriba la fecha en su Biblia como un recordatorio de la verdad de que es un auténtico hijo de Dios. Luego comience a hacer las cosas que hacía cuando aceptó a Cristo la primera vez.

*"Os daré corazón nuevo, y pondré espíritu nuevo dentro de vosotros;*
*y quitaré de vuestra carne el corazón de piedra, y os daré un corazón de carne.*
*Y pondré dentro de vosotros mi Espíritu, y haré que andéis en mis estatutos,*
*y guardéis mis preceptos, y los pongáis por obra".*
*(Ezequiel 36:26-27)*

## DE LA FALACIA A LA REALIDAD

**Falacia:** "Sé que ahora soy salvo, pero podría perder mi salvación si cometo un pecado horrible".

**Realidad:** La muerte de Cristo pagó el precio de todos mis pecados —pasados, presentes y futuros. Por tanto, el pecado sí puede afectar mi comunión con Dios, pero no puede destruir mi relación con Él.

*"Porque también Cristo padeció una sola vez por los pecados,*
*el justo por los injustos, para llevarnos a Dios,*
*siendo a la verdad muerto en la carne, pero vivificado en espíritu".*
*(1ª Pedro 3:18)*

**Falacia:** "Dios me salva, pero debo poner de mi parte para salvaguardar mi salvación".

**Realidad:** No hicimos obras para ganar nuestra salvación, y no podemos hacer ninguna obra para conservarla. Más bien, las obras son el fruto y la evidencia de nuestra salvación.

*"Porque por gracia sois salvos por medio de la fe; y esto no de vosotros,*
*pues es don de Dios; no por obras, para que nadie se gloríe.*
*Porque somos hechura suya, creados en Cristo Jesús para buenas obras,*
*las cuales Dios preparó de antemano para que anduviésemos en ellas".*
*(Efesios 2:8-10)*

**Falacia:** "Ya no soy parte de la familia de Dios".

**Realidad:** El creyente ha sido adoptado en la familia de Dios. En los tiempos bíblicos, alguien que era adoptado, no podía "des-adoptarse".

*"Pues no habéis recibido el espíritu de esclavitud para estar otra vez en temor, sino*
*que habéis recibido el espíritu de adopción, por el cual clamamos: ¡Abba, Padre!"*
*(Romanos 8:15)*

**Falacia:** "Fui salvo algún día, pero ahora he caído de la gracia de Dios".

**Realidad:** Dios es lo suficientemente poderoso para salvarlo y guardarlo. Sin embargo, el pecado no confesado en la vida de un creyente trae convicción de pecado y podría hacerle dudar de su salvación. Los verdaderos creyentes no pueden perder su salvación porque Dios protege a los que son suyos con todo Su poder. Sin embargo, como hijo de Dios, usted necesita confesar y arrepentirse de todo pecado.

> *"Y a aquel que es poderoso para guardaros sin caída,*
> *y presentaros sin mancha delante de su gloria con gran alegría".*
> *(Judas 24)*

**Falacia:** "Fui salvo, pero me siento perdido y no amado cuando peco".

**Realidad:** La salvación está basada en hechos reales, no en sentimientos.

> *"¿Quién nos separará del amor de Cristo? ¿Tribulación, o angustia, o persecución, o*
> *hambre, o desnudez, o peligro, o espada?... Antes, en todas estas cosas somos más que*
> *vencedores por medio de aquel que nos amó. Por lo cual estoy seguro de que*
> *ni la muerte, ni la vida, ni ángeles, ni principados, ni potestades, ni lo presente,*
> *ni lo por venir, ni lo alto, ni lo profundo, ni ninguna otra cosa creada nos*
> *podrá separar del amor de Dios, que es en Cristo Jesús Señor nuestro".*
> *(Romanos 8:35, 37-39)*

**Falacia:** "Aunque nací de nuevo, puedo perder mi salvación".

**Realidad:** Cualquiera que nace de nuevo no puede "des-nacer".

> *"Bendito el Dios y Padre de nuestro Señor Jesucristo,*
> *que según su grande misericordia nos hizo renacer para una esperanza viva,*
> *por la resurrección de Jesucristo de los muertos".*
> *(1ª Pedro 1:3)*

**Falacia:** "Siento que Cristo me ha dejado".

**Realidad:** Cristo nunca deja a nadie que sea de su familia.

> *"Y Jehová va delante de ti; Él estará contigo, no te dejará,*
> *ni te desamparará; no temas ni te intimides".*
> *(Deuteronomio 31:8)*

**Falacia:** "Tuve la vida eterna, pero ahora la he perdido".

**Realidad:** Eterna significa eterna... que nunca termina.

> *"De cierto, de cierto os digo: El que oye mi Palabra, y cree al que me envió,*
> *tiene vida eterna; y no vendrá a condenación, mas ha pasado de muerte a vida".*
> *(Juan 5:24)*

**Falacia:** "Creo en Jesús, pero no puedo ser perfecto".

**Realidad:** Dios no espera que sea perfecto, pero sí que confíe en Jesús, el perfecto. La razón por la que Jesús se hizo hombre, por la que vivió una vida perfecta, por la que murió una muerte sacrificial y resucitó, fue para que pudiéramos apropiarnos de Su perfección como si fuera nuestra.

*"Porque con una sola ofrenda hizo perfectos para siempre a los santificados".*
*(Hebreos 10:14)*

Confiar su vida a Cristo resulta en tres gloriosos regalos de gracia...

es salvo por el Salvador...
es sellado por el Espíritu...
y está asegurado por el Padre
hasta el día que reciba la herencia
de su hogar en el cielo y vea a su Salvador cara a cara.
Esta es la garantía de Dios para usted.

June Hunt

*"En Él también vosotros, habiendo oído la Palabra de verdad,*
*el evangelio de vuestra salvación, y habiendo creído en Él,*
*fuisteis sellados con el Espíritu Santo de la promesa,*
*que es las arras de nuestra herencia hasta la redención*
*de la posesión adquirida, para alabanza de su gloria".*
*(Efesios 1:13-14)*

## "BENDITA SEGURIDAD"

(En español se titula: "En Jesucristo, el Rey de Paz")

Este himno clásico de la fe cristiana declara la seguridad definitiva de la salvación.

En Jesucristo, el Rey de paz,
En horas negras de tempestad,
Hallan las almas dulce solaz,
Grato consuelo, felicidad.

Cuando luchamos llenos de fe,
Y no queremos desfallecer,
Cristo nos dice: "Siempre os daré
Gracia divina, santo poder".[9]

• Acepte a Jesucristo como su Señor y Salvador personal.

*"Que si confesares con tu boca que Jesús es el Señor,*
*y creyeres en tu corazón que Dios le levantó de los muertos,*
*serás salvo. Porque con el corazón se cree*
*para justicia, pero con la boca se confiesa para salvación".*
*(Romanos 10:9-10)*

• Esté firme en las promesas de Dios.

*"Y esta es la promesa que Él nos hizo, la vida eterna".*
*(1ª Juan 2:25)*

• Sométase a la vida de Cristo que mora en usted y actúa a través de usted.

*"Con Cristo estoy juntamente crucificado, y ya no vivo yo,*
*mas vive Cristo en mí; y lo que ahora vivo en la carne, lo vivo en la fe*
*del Hijo de Dios, el cual me amó y se entregó a sí mismo por mí".*
*(Gálatas 2:20)*

• Entienda que cuando usted tiene la vida de Cristo en usted, tiene vida eterna.

*"Y este es el testimonio:*
*que Dios nos ha dado vida eterna; y esta vida está en su Hijo".*
*(1ª Juan 5:11)*

• Confíe en que Dios terminará lo que ha empezado.

*"Estando persuadido de esto, que el que comenzó en vosotros la buena obra,*
*la perfeccionará hasta el día de Jesucristo".*
*(Filipenses 1:6)*

• Esté a la expectativa de que el Espíritu Santo confirme a su espíritu la verdad.

*"Pues no habéis recibido el espíritu de esclavitud para estar otra vez en temor, sino que*
*habéis recibido el espíritu de adopción, por el cual clamamos: ¡Abba, Padre! El Espíritu*
*mismo da testimonio a nuestro espíritu, de que somos hijos de Dios. Y si hijos, también*
*herederos; herederos de Dios y coherederos con Cristo, si es que padecemos juntamente*
*con Él, para que juntamente con Él seamos glorificados".*
*(Romanos 8:15-17)*

• Descubra la certeza de la seguridad eterna.

*"En Él también vosotros, habiendo oído la Palabra de verdad, el evangelio de vuestra*
*salvación, y habiendo creído en Él, fuisteis sellados con el Espíritu Santo de la*
*promesa, que es las arras de nuestra herencia hasta la redención*
*de la posesión adquirida, para alabanza de su gloria".*
*(Efesios 1:13-14)*

## "El plan de Dios para usted"

¿Sabe usted cómo tener una relación auténtica con Dios? Dios tiene un plan personal para usted.

- **El propósito de Dios es... Su salvación.**

  Lo salva al ofrecerle una relación íntima con Él. El quiere que responda a Él como un hijo confiado para satisfacer las necesidades más profundas de su corazón. Él quiere cumplir el propósito para el cuál le creó.

  *"Porque yo sé los pensamientos que tengo acerca de vosotros,*
  *dice Jehová, pensamientos de paz, y no de mal, para daros el fin que esperáis".*
  *(Jeremías 29:11)*

- **Su problema... El pecado**

  Todos hemos pecado. Todos hemos escogido hacer lo que sabíamos que era incorrecto. La Biblia dice que nuestro pecado nos separa de Dios. La paga del pecado es muerte —muerte espiritual— separación eterna de Dios.

  *"Por cuanto todos pecaron, y están destituidos de la gloria de Dios...*
  *Porque la paga del pecado es muerte, mas la dádiva de Dios*
  *es vida eterna en Cristo Jesús Señor nuestro".*
  *(Romanos 3:23; 6:23)*

- **La provisión de Dios es... el Salvador**

  Jesucristo, Dios el Hijo, quien vino a la tierra con el propósito de morir en la cruz para pagar la pena de nuestros pecados. Luego Dios el Padre lo resucitó de los muertos en forma sobrenatural. Jesús el Salvador murió por usted; Él lo ama y no quiere que viva separado de Él toda la eternidad.

  *"Porque de tal manera amó Dios al mundo, que ha dado a su Hijo unigénito,*
  *para que todo aquel que en Él cree, no se pierda, mas tenga vida eterna'.*
  *(Juan 3:16)*

- **Su responsabilidad es... Rendirse**

  Debe rendir su voluntad a la voluntad de Dios para que pueda recibir lo mejor que Él tiene para usted. Necesita una relación amorosa con el Señor. ¿Quiere creer que Jesucristo es Dios el Hijo y confiar en Él solamente como su Señor y Salvador personal y entregarle el control total de su vida?

  *"Mas a todos los que le recibieron, a los que creen en su nombre,*
  *les dio potestad de ser hechos hijos de Dios".*
  *(Juan 1:12)*

Si el Señor le está dirigiendo en este momento para entrar en una relación personal con Él, puede decirle lo que siente en su corazón.

## Oración de salvación

"Dios, acepto que con frecuencia escojo hacer el mal siguiendo
mis propios caminos en lugar del tuyo. Te pido que me perdones
por mis pecados. Le pido a Jesucristo que venga a mi vida para
tomar el control de ella y me haga la persona que Él quiere que yo
sea. Gracias, Jesús, por lo que harás en mí y a través de mí.

En el nombre de Cristo hago esta oración.

Amén".

*[Jesús dice] "De cierto, de cierto os digo:*
*El que oye mi Palabra, y cree al que me envió, tiene vida eterna;*
*y no vendrá a condenación, mas ha pasado de muerte a vida".*
*(Juan 5:24)*

¡Bienvenido a la familia de Dios!

Si ha confiado en Jesús como su Salvador y Señor, ahora es parte de la familia de Dios y...

- Usted ha sido perdonado completamente y limpiado de todos sus pecados.

  *"Si confesamos nuestros pecados, Él es fiel y justo para perdonar*
  *nuestros pecados, y limpiarnos de toda maldad".*
  *(1ª Juan 1:9)*

- Usted es una nueva criatura.

  *"De modo que si alguno está en Cristo, nueva criatura es;*
  *las cosas viejas pasaron; he aquí todas son hechas nuevas".*
  *(2ª Corintios 5:17)*

- Usted ha sido declarado justo por Dios... justo ante Él.

  *"Al que no conoció pecado, por nosotros lo hizo pecado,*
  *para que nosotros fuésemos hechos justicia de Dios en Él".*
  *(2ª Corintios 5:21)*

- Usted ha recibido el regalo de la vida eterna.

*"Estas cosas os he escrito a vosotros que creéis en el nombre del Hijo de Dios, para que*
*sepáis que tenéis vida eterna, y para que creáis en el nombre del Hijo de Dios".*
*(1ª Juan 5:13)*

- Usted ha recibido al Espíritu Santo, quien ahora vive dentro de usted, dándole la fortaleza para no pecar, y para amar a los demás en forma nueva.

*"Y la esperanza no avergüenza; porque el amor de Dios ha sido derramado en nuestros corazones por el Espíritu Santo que nos fue dado".*
*(Romanos 5:5)*

- Usted tiene paz con Dios.

*"Justificados, pues, por la fe, tenemos paz para con Dios por medio de nuestro Señor Jesucristo".*
*(Romanos 5:1)*

- Usted nunca será condenado por Dios.

*"Ahora, pues, ninguna condenación hay para los que están en Cristo Jesús".*
*(Romanos 8:1)*

- Usted nunca se separará del amor de Dios.

*"Por lo cual estoy seguro de que ni la muerte, ni la vida, ni ángeles, ni principados, ni potestades, ni lo presente, ni lo por venir, ni lo alto, ni lo profundo, ni ninguna otra cosa creada nos podrá separar del amor de Dios, que es en Cristo Jesús Señor nuestro".*
*(Romanos 8:38-39)*

## Versículos bíblicos para memorizar

2ª Corintios 13:5

Efesios 2:8-9

1ª Juan 1:13

1ª Juan 1:9

Filipenses 1:6

1ª Juan 2:19

Romanos 8:1

Judas 24

Efesios 1:13-14

**Notas**

1. C. Donald Cole, How to Know You're Saved, "Cómo saber si somos salvos" (Chicago: Moody, 1988), 10, 54.

2. Cole, How to Know You're Saved, "Cómo saber que somos salvos", 10, 54.

3. W. E. Vine, Vine's Complete Expository Dictionary of Biblical Words,, ed. Electrónica. (Nashville: Thomas Nelson, 1996).

4. Vine, Vine's Complete Expository Dictionary. "Diccionario Expositivo completo de Palabras bíblicas de Vine"

5. Vine, Vine's Complete Expository Dictionary. "Diccionario Expositivo completo de Palabras bíblicas de Vine"

6. Vine, Vine's Complete Expository Dictionary. "Diccionario Expositivo completo de Palabras bíblicas de Vine"

7. See Norman L. Geisler, Baker Encyclopedia of Christian Apologetics, Baker Reference Library (Grand Rapids: Baker, 1999), 174.

8. Para esta sección vea H. L. Roush, Sr., Sounds of the Heart "Sonidos del corazón" (Belpre, Ohio: H. L. Roush, Sr., 1990), 107-9.

9. Fanny Crosby, "En Jesucristo, el Rey de Paz" Himnario Bautista (Casa Bautista de Publicaciones)


**Bibliografía**

Cole, C. Donald. How to Know You're Saved, "Cómo saber si somos salvos". Chicago: Moody, 1988.

Crosby, Fanny. "En Jesucristo el Rey de Paz", Himnario Bautista.

Geisler, Norman L. Christian Apologetics "Apologética cristiana". Grand Rapids: Baker, 1976.

Ironside, H. A. Full Assurance, "Seguridad total". Ed. rev. Chicago: Moody, 1968.

Lutzer, Erwin W. How Can You Be Sure that You Will Spend Eternity with God "Cómo estar seguro de que pasará la eternidad con Dios". Chicago: Moody, 1996.

Roush, H. L., Sr. Sounds of the Heart "Sonidos del corazón". Belpre, OH: H. L. Roush, Sr., 1990.

# Su identidad:
## ¿Sabe Usted Quién es en Realidad?

¿Cuál es su verdadera identidad? ¿Qué es la identidad? ¿Es la identidad algo con lo que usted nace? ¿Se puede cambiar o no? Desde el día en que Adán decidió desobedecer deliberadamente a Dios en el jardín de Edén, él y sus descendientes se identifican con el pecado. Esa "declaración de independencia", explica la naturaleza rebelde que todos nosotros heredamos. Por causa de que nacimos dentro de la familia de Adán, todos poseemos la inclinación natural a vivir en forma egoísta. Pero debido a su amor eterno, Dios el Padre celestial ha tratado continuamente de atraer a cada persona a que acepte su oferta de adopción. Él desea adoptarnos en su familia y darnos su naturaleza; es decir, la misma naturaleza moral de su hijo Jesucristo. Cuando nos convertimos en cristianos verdaderos al recibir a Cristo como nuestro Salvador y Señor personal, también recibimos una nueva identidad. Como hijos de Dios, nuestra naturaleza pecaminosa se transforma en una nueva identidad gloriosa en Cristo.

> *"De modo que si alguno está en Cristo, nueva criatura es;*
> *las cosas viejas pasaron; he aquí todas son hechas nuevas".*
> *(2ª Corintios 5:17)*

## DEFINICIONES

Si alguien le preguntara, "¿Quién es usted?" ¿Qué contestaría? Muchos de nosotros nos describimos por lo que hacemos, y contestamos "soy maestro de escuela" o, "soy contador". Otros tal vez pasen varios años estudiando su genealogía para trazar sus raíces y determinar quiénes son por su linaje familiar. Pero un gafete de identidad no es suficiente cuando una situación de vida o muerte nos obliga a estudiar nuestro ser interior para descubrir quiénes somos en realidad en relación con Dios nuestro Creador.

> *"Porque tú formaste mis entrañas;*
> *tú me hiciste en el vientre de mi madre".*
> *(Salmo 139:13)*

## ¿Qué es su identidad?

- La identidad de una persona se basa en sus características distintivas.

- Su identidad incluye tanto su carácter como el comportamiento externo que lo hacen diferente a cualquier otro ser humano.

- La palabra identidad viene del latín *ídem*, que significa *"igual"*.

- La conducta externa refleja en forma consistente el carácter. Esto es lo que conforma su identidad.

> *"Como en el agua el rostro corresponde al [reflejo del] rostro,*
> *así el corazón del hombre [refleja] al del hombre.*
> *(Proverbios 27:19)*

## ¿Cuál es la diferencia entre sus identidades interna y externa?

- **El usted visible**

  — Como es conocido por otros.

  — Su personalidad.

  — Sus máscaras, sus fingimientos, su presencia externa.

  — Sus acciones.

> *"Aun el muchacho es conocido por sus hechos,*
> *si su conducta fuere limpia y recta".*
> *(Proverbios 20:11)*

- **El usted verdadero**

  — Como es conocido por Dios.

  — Su naturaleza básica.

  — Su carácter.

  — Su sistema de valores.

> *"Todo camino del hombre es recto en su propia opinión;*
> *pero Jehová pesa los corazones".*
> *(Proverbios 21:2)*

## ¿Qué es una crisis de identidad?

- Una crisis de identidad es un período de transición, tan difícil como la adolescencia, cuando el usted visible entra en conflicto con su verdadero yo produciendo dolor, desesperación y el deseo de cambiar. La persona trata de responder a las preguntas:

— "¿Quién soy?".

— "¿En qué creo?".

— "¿Cuáles son los valores que deben guiar mi vida?".

— "¿Qué quiero hacer con mi vida?".

> *"La necedad es alegría al falto de entendimiento;*
> *mas el hombre entendido endereza sus pasos".*
> (Proverbios 15:21)

- Una crisis de identidad es un período de desilusión severa en que su identidad se basa en un papel o relación que ha cambiado o desaparecido.

— Pérdida del empleo: Su identidad se basaba en su carrera (un papel).

— La pérdida del cónyuge debido a divorcio o muerte: La identidad se basaba en el cónyuge (una relación).

— El "nido vacío": Su identidad se basaba en ser padre (un papel).

— El cambio de un ambiente seguro a otra ciudad: La identidad se basaba en los amigos y familiares (una relación).

— El inicio de una discapacidad: Identidad basada en su capacidad de ser productivo (un papel).

— Pérdida de una amistad íntima: Su identidad estaba puesta en un compañero querido (una relación).

— Pérdida financiera: Su identidad estaba puesta es su posición social (un papel).

> *"¿No es así que ni aun a mí mismo me puedo valer,*
> *y que todo auxilio me ha faltado?"*
> (Job 6:13)

- Una crisis de identidad puede ser una forma grave de confusión de identidad producida por traumas o abuso sexual en la infancia. Como:

— Homosexualidad: (rechazo de la sexualidad dada por Dios).

— Usar ropa extravagante o del otro sexo: (representar una identidad distinta para sentirse importante).

— Mentalidad de víctima: (sentirse incapaz de tener buenas relaciones).

— Desórdenes disociativos: Amnesia: (pérdida temporal de memoria).

— Evasión:(tratar de iniciar con una nueva identidad).

— Personalidades múltiples: (adoptar dos o más personalidades para poder enfrentar la vida).

## SÍNTOMAS

¿Qué sucede si usted está atrapado en una crisis de identidad? De alguna forma, le gustaría escapar por medio de la amnesia, porque no quiere saber quién es usted en realidad y no puede encontrar la solución por usted mismo. ¡Qué situación tan amenazadora! Si se siente temeroso, si parece que no se conoce a sí mismo, ni sabe qué hacer, debe saber que Dios sí lo sabe. Él tiene todas las respuestas, y sólo espera que usted lo busque para encontrarlas.

*"Busqué a Jehová, y Él me oyó,*
*y me libró de todos mis temores".*
*(Salmo 34:4)*

## Conflictos emocionales internos

Los conflictos emocionales de los que luchan por establecer su identidad personal se presentan en cualquier edad. Esos sentimientos se relacionan tanto con los eventos externos como con las preocupaciones y pensamientos internos.

- **Ansiedad:** "No sé quién soy en realidad".

- **Depresión:** "No tengo esperanza del futuro".

- **Dudas:** "No sé comportarme".

- **Inseguridad:** "Nadie me acepta o me ama".

- **Baja auto estima:** "No sirvo para nada".

*"¿Hasta cuándo pondré consejos en mi alma,*
*con tristezas en mi corazón cada día?"*

*(Salmo 13:2)*

## Evidencias externas de conflicto

La lucha interna por descubrir nuestra identidad generalmente resulta en patrones de conducta inconsistentes.

- Actitudes y acciones contradictorias.

- Dificultad para tomar una decisión espiritual positiva.

- Amistades inconvenientes.

- Incapacidad de tomar decisiones, o tomar decisiones impulsivas.

- Rechazo de los valores familiares o aceptación ciega de los valores de otros.

- Lucha con la inmoralidad sexual.

- Dificultad para establecer relaciones íntimas.

- Lucha desmedida por elegir su carrera.

- Incapacidad de establecer metas a largo plazo.

*"El hombre de doble ánimo es inconstante en todos sus caminos".*
*(Santiago 1:8)*

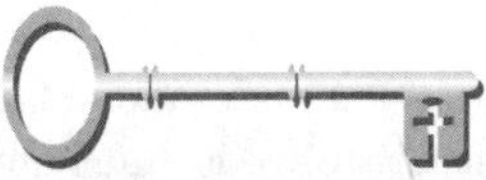

## CAUSAS

## La causa principal de los problemas de identidad

La mayoría de la gente experimenta confusión en cuanto a cuál es su identidad porque carece de conocimiento bíblico en cuanto a lo que determina el carácter básico. El comportamiento es resultado de la identidad. Por pertenecer a la familia de Adán todos nacemos espiritualmente muertos. Carecemos de lo que se necesita para vivir como Dios quiere.

Pero es posible tener una nueva vida espiritual por medio de la persona del Señor Jesucristo. Cuando lo aceptamos como nuestro Salvador y Señor personal, adquirimos una nueva identidad "en Cristo", y con ella, empezamos a desarrollar un carácter piadoso. Además, aprendemos a confiar en Él para resolver nuestros problemas cotidianos.

*"Porque así como en Adán todos mueren,*
*también en Cristo todos serán vivificados".*
*(1ª Corintios 15:22)*

### • La familia de Adán

Todas las personas nacen dentro de la familia de Adán, se identifican con él, y exhiben el carácter de Adán. Él representa el estilo de vida humanista.

— El que está en Adán considera que el ser humano controla los acontecimientos y circunstancias.

— El que está en Adán cree que no hay una verdad absoluta, y que todo es relativo.

— El que está en Adán cree que cada cual puede definir sus propios parámetros morales.

— El que está en Adán cree que el propósito más alto de la vida es alcanzar la auto realización.

Estar en Adán significa que heredamos todo lo que él fue.

*"Por tanto, como el pecado entró en el mundo por un hombre, y por el pecado la muerte, así la muerte pasó a todos los hombres, por cuanto todos pecaron".*
*(Romanos 5:12)*

### • La familia de Cristo

Dios hace posible que tengamos una nueva identidad. Él nos saca de la familia de Adán y adopta en la familia de Cristo. Todo aquél que está "en Cristo"experimenta un nuevo nacimiento: *"Respondió Jesús y le dijo: De cierto, de cierto te digo, que el que no naciere de nuevo, no puede ver el reino de Dios" (Juan 3:3)*. Recibe un nuevo corazón: *"Os daré corazón nuevo, y pondré espíritu nuevo dentro de vosotros; y quitaré de vuestra carne el corazón de piedra, y os daré un corazón de carne" (Ezequiel 36:26)*. Y es conformado al carácter de Cristo: *"Porque a los que antes conoció, también los predestinó para que fuesen hechos conformes a la imagen de su Hijo, para que Él sea el primogénito entre muchos hermanos" (Romanos 8:29)*.

— El que está en Cristo sabe que Dios tiene el control de los acontecimientos y las circunstancias.

*"Todas las cosas ha hecho Jehová para sí mismo, y aun al impío para el día malo".*
*(Proverbios 16:4)*

— El que está en Cristo es libre por el conocimiento de la verdad.

*"Dijo entonces Jesús a los judíos que habían creído en Él:*
*Si vosotros permaneciereis en mi Palabra, seréis verdaderamente mis discípulos;*
*y conoceréis la verdad, y la verdad os hará libres".*
*(Juan 8:31-32)*

— El que está en Cristo sabe que hay absolutos morales que rigen el comportamiento piadoso.

*"Tú encargaste que sean muy guardados tus mandamientos".*
*(Salmo 119:4)*

— El que está en Cristo sabe que el propósito más valioso de la vida es cumplir con la voluntad de Dios.

*"No todo el que me dice: Señor, Señor, entrará en el reino de los cielos,*
*sino el que hace la voluntad de mi Padre que está en los cielos".*
*(Mateo 7:21)*

Estar en Cristo significa que heredamos todo lo que Él es.

*"Y si vosotros sois de Cristo, ciertamente linaje*
*de Abraham sois, y herederos según la promesa".*
*(Gálatas 3:29)*

## La causa principal de las crisis de identidad

Los incrédulos carecen de una vida plena debido a su decisión de permanecer en la familia de Adán... tratando de llenar sus necesidades por sí mismos y dependiendo sólo de ellos mismos. Los creyentes pueden estar en la misma situación porque desconocen que su identidad se encuentra en la persona de Cristo. Siguen tratando de servir a Dios y llenar sus necesidades con su esfuerzo propio.

**Creencia falsa:** "Mi identidad se basa en los roles y relaciones de mi vida. Viviré plenamente cuando vean que tengo la imagen del éxito".

**Creencia correcta:** "Estoy satisfecho porque mi vida refleja la imagen de Dios y dejo que Cristo viva en mí y a través de mí. Encuentro mi identidad no en los papeles y relaciones terrenales, sino en Cristo".

*"Porque en Él habita corporalmente toda la plenitud de la Deidad,*
*y vosotros estáis completos en Él, que es la cabeza*
*de todo principado y potestad".*

*(Colosenses 2:9-10)*

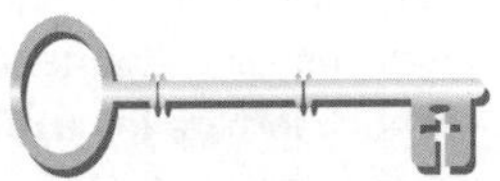

## Águilas y Perdices

Una vez, un aguilucho cayó a tierra desde su nido que colgaba de un alto acantilado. Mientras caminaba tropezando de un lado a otro, el aguilucho se topó con una parvada de perdices. Puesto que eran criaturas amables y generosas, las perdices tomaron al indefenso aguilucho bajo sus alas y le enseñaron todo lo que necesitaba saber para sobrevivir. Las sensibles perdices le enseñaron a picotear la tierra para buscar gusanos cuando su estómago estuviera vacío. Aun así, aunque comía hasta saciarse, todavía sentía un gran vacío y hambre en su corazón.

Ignoraba que tenía la capacidad de volar por lo que aleteaba y se movía con mucha dificultad. Por supuesto que se veía grotesco, y las perdices no podían evitar reírse de él. Cuando sus alas se hicieron ridículamente grandes y pesadas, no podía doblarlas correctamente como hacían las perdices. Cuanto más crecía, menos se parecía a ellas. Las perdices hembras expresaban su preocupación materna y se preguntaban por qué era tan raro, haciendo que él se sintiera cada vez más apenado y confundido.

En ocasiones, el cada vez mayor aguilucho miraba hacia el cielo y veía a las águilas volando y elevándose muy alto en los cielos. Su pequeño corazón latía con el deseo de seguirlas, pero una perdiz anciana le decía: "¡No, no! ¡Tú no puedes ser como ellas! Esos que ves son buitres". Aplastado y derrotado, el aguilucho llegó a la madurez sin poder despegar de la tierra. Trataba con todas sus fuerzas de ser una buena perdiz, pero siempre estaba triste y no sabía por qué.

Un día, cuando arrastrando sus inútiles y enormes alas, se encontraba buscando comida picoteando en la tierra, un sabio búho lo miró desde su alta percha y le dijo: "¿Quién eres tú? ¿Y qué haces picoteando el suelo?" El águila respondió: "Soy una mala perdiz aunque siempre trato con todas mis fuerzas de ser buena. Pero por alguna razón, nunca puedo hacer nada bien". El viejo búho le respondió. "Tu problema es que no sabes en realidad quién eres. Te han convencido de que eres una perdiz. Pero eres un águila y las águilas fueron creadas para surcar los aires. Nunca serás feliz viviendo pegado a la tierra".

Los ojos del águila fueron abiertos. Por fin supo quién era en realidad. Descubrió aquello para lo cual fue hecho. Encontró el valor para hacer algo que nunca había hecho antes. Extendió sus alas y subió hasta el pico de un alto árbol para ver cómo podía volar por el cielo. Las perdices gritaron con asombro. Algunas pensaron que iba a caer estrepitosamente a tierra. Pero el águila levantó sus alas y se elevó con las corrientes de aire. Nunca volvió sus ojos atrás. Por fin pudo hacer aquello para lo cual fue hecha... porque sabía quién era en realidad.

Adaptación de una historia de Peter Lord

# PASOS PARA ENCONTRAR LA SOLUCIÓN

## Versículo Clave para Memorizar

*"Con Cristo estoy juntamente crucificado, y ya no vivo yo,*
*mas vive Cristo en mí; y lo que ahora vivo en la carne,*
*lo vivo en la fe del Hijo de Dios, el cual me amó*
*y se entregó a sí mismo por mí".*
*(Gálatas 2:20)*

## Pasaje Clave para Leer y Meditar

*Efesios 5:8-17*

Adán decidió desobedecer a Dios. Por tanto, todos sus descendientes heredamos una naturaleza rebelde hacia Dios que busca satisfacerse a sí misma. Puesto que Dios nos ofrece la posibilidad de ser sus hijos, nos otorga una nueva naturaleza que se somete a Dios y desea hacer su voluntad.

### La Herencia de su Nueva Familia

*Efesios 5:8-17*

- Ha pasado de las tinieblas a la luz.

   *"Porque en otro tiempo erais tinieblas,*
   *mas ahora sois luz en el Señor; andad como hijos de luz"(v. 8)*

- Usted refleja la bondad, justicia y verdad de Dios.

   *"Porque el fruto del Espíritu es en toda bondad, justicia y verdad" (v. 9)*

- Su deseo es hacer la voluntad de Dios.

   *"Comprobando lo que es agradable al Señor". (v. 10)*

- Usted se opone al mal y a la impiedad.

   *"Y no participéis en las obras infructuosas de las tinieblas,*
   *sino más bien reprendedlas" (v. 11)*

- Usted recibe la bendición de la sabiduría.

   *"Mirad, pues, con diligencia cómo andéis,*
   *no como necios sino como sabios" (v. 15)*

- Usted aprovecha bien las oportunidades.

   *"Aprovechando bien el tiempo, porque los días son malos" (v. 16)*

- Usted desea conocer la voluntad de Dios.

> *"Por tanto, no seáis insensatos, sino entendidos de cuál*
> *sea la voluntad del Señor" (v. 17)*

## Cambie el sistema falso de creencias que tenía en el pasado

¿Es usted como el aguilucho de la historia, que acepta las mentiras y falsedades del pasado? Pase tiempo a solas con su Padre celestial y elimine las falsas creencias que le impiden surcar los cielos como el águila.

> *"No ceso de dar gracias por vosotros, haciendo memoria de vosotros*
> *en mis oraciones... alumbrando los ojos de vuestro entendimiento,*
> *para que sepáis cuál es la esperanza a que Él os ha llamado,*
> *y cuáles las riquezas de la gloria de su herencia en los santos".*
> *(Efesios 1:16, 18)*

- **Si fue hijo adoptivo.**

  **Creencia falsa:** "A nadie le importó criarme".

  **Creencia correcta:** "Dios no sólo se preocupa por mí, sino que me adoptó y nunca me dejará".

> *"...habiéndonos predestinado para ser adoptados hijos suyos por medio de Jesucristo,*
> *según el puro afecto de su voluntad,*
> *(Efesios 1:5)*

- **Si fue hijo de divorciados.**

  **Creencia falsa:** "Yo causé el divorcio de mis padres".

  **Creencia correcta:** "No soy responsable de las acciones de los demás. Cada cual dará cuentas a Dios de sí mismo".

> *"De manera que cada uno de nosotros dará a Dios cuenta de sí.*
> *(Romanos 14:12)*

- **Si fue hijo de embarazo múltiple (gemelo, triate).**

  **Creencia falsa:** "Me sentía perdido entre tanto barullo".

  **Creencia correcta:** "Dios me creó individualmente y me conoció antes de nacer".

> *"Porque tú formaste mis entrañas; tú me hiciste en el vientre de mi madre.*
> *Te alabaré; porque formidables, maravillosas son tus obras;*
> *estoy maravillado, y mi alma lo sabe muy bien".*
> *(Salmo 139:13-14)*

- **Si fue huérfano.**

  **Creencia falsa:** "Nunca tuve un padre que me amara y se preocupara por mí".

  **Creencia correcta:** "Dios es mi ayudador, mi defensor y el que me anima, porque Él es padre de huérfanos".

  *"Tú lo has visto; porque miras el trabajo y la vejación, para dar la recompensa*
  *con tu mano; a ti se acoge el desvalido; tú eres el amparo del huérfano.*
  *El deseo de los humildes oíste, oh Jehová; tú dispones su corazón,*
  *y haces atento tu oído, para juzgar al huérfano y al oprimido,*
  *A fin de que no vuelva más a hacer violencia el hombre de la tierra".*
  *(Salmo 10:14, 17-18)*

- **Si nació en la pobreza.**

  **Creencia falsa:** "No tuve un comienzo justo en la vida".

  **Creencia correcta:** "Dios no se olvida de mí porque Él defiende a los necesitados".

  *"Yo sé que Jehová tomará a su cargo la causa del afligido,*
  *y el derecho de los necesitados.*
  *(Salmo 140:12)*

## La Fórmula de Siete Días para Reclamar su Identidad en Cristo

¿Alguna vez ha escuchado estas palabras dichas en tono de disgusto: "Sigues siendo el mismo"? La implicación evidente es que usted siempre se ha identificado con esa falla o defecto de carácter. Cuando usted se hace un cristiano verdadero, usted tiene a Cristo morando en usted. Por tanto, tiene una nueva identidad. A los ojos de Dios ya no puede identificarse con ese defecto, el cual ya ha sido olvidado por el Señor. Debe empezar a verse como Dios lo ve.

*"No os conforméis a este siglo, sino transformaos por medio de la renovación*
*de vuestro entendimiento, para que comprobéis cuál sea la*
*buena voluntad de Dios, agradable y perfecta".*
*(Romanos 12:2)*

- Busque los pasajes que se indican cada día.
- Escriba los versículos en tarjetas.
- Escriba el título arriba de cada pasaje. ("Mi nueva familia", etc.)
- Lea cada tarjeta tres veces en voz alta.
- Agradezca a Dios que Su Palabra confirma la verdad acerca de usted ¡aunque usted no lo crea!
- Repase diariamente las tarjetas durante tres semanas más.

## Primer Día

### Mi nueva familia

**Mentira:** "Mi vida tendrá significado cuando mi familia y las personas que son importantes para mí me amen y acepten".

**Verdad:** "Mi vida tiene significado porque he sido colocado en una familia nueva donde soy amado y aceptado incondicionalmente por Dios".

- **Fui escogido(a) por Dios.**

  *"Según nos escogió en Él antes de la fundación del mundo,*
  *para que fuésemos santos y sin mancha delante de Él"*
  *(Efesios 1:4)*

- **Fui adoptado(a) por Dios.**

*"Según nos escogió en Él antes de la fundación del mundo, para que fuésemos santos y sin mancha delante de Él, en amor habiéndonos predestinado para ser adoptados hijos suyos por medio de Jesucristo, según el puro afecto de su voluntad".*
*(Efesios 1:4-5)*

- **Soy hijo(a) de Dios.**

  *"Mas a todos los que le recibieron, a los que creen en su nombre,*
  *les dio potestad de ser hechos hijos de Dios".*
  *(Juan 1:12)*

- **He nacido de nuevo.**

  *"Siendo renacidos, no de simiente corruptible, sino de incorruptible,*
  *por la Palabra de Dios que vive y permanece para siempre".*
  *(1ª Pedro 1:23)*

- **Estoy en la familia de Dios.**

*"Pues no habéis recibido el espíritu de esclavitud para estar otra vez en temor,*
*sino que habéis recibido el espíritu de adopción, por el cual clamamos:*
*¡Abba, Padre! El Espíritu mismo da testimonio*
*a nuestro espíritu, de que somos hijos de Dios".*
*(Romanos 8:15-16)*

# Segundo Día

## Mis Nuevas Características

**Mentira:** "Así soy yo. No puedo cambiar".

**Verdad:** "Dios me ha cambiado por dentro y me ha dado nuevas características.

- **Soy una nueva criatura.**

*"De modo que si alguno está en Cristo, nueva criatura es;*
*las cosas viejas pasaron; he aquí todas son hechas nuevas".*
*(2ª Corintios 5:17)*

- **Tengo una nueva naturaleza.**

*"En Él también fuisteis circuncidados con circuncisión no hecha a mano,*
*al echar de vosotros el cuerpo pecaminoso carnal, en la circuncisión de Cristo".*
*(Colosenses 2:11)*

- **Tengo un corazón nuevo.**

*"Os daré corazón nuevo, y pondré espíritu nuevo dentro de vosotros;*
*y quitaré de vuestra carne el corazón de piedra, y os daré un corazón de carne".*
*(Ezequiel 36:26)*

- **Tengo un nuevo espíritu.**

*"Y pondré dentro de vosotros mi Espíritu, y haré que andéis en mis estatutos,*
*y guardéis mis preceptos, y los pongáis por obra".*
*(Ezequiel 36:27)*

- **Tengo una mente renovada.**

*"Porque ¿quién conoció la mente del Señor? ¿Quién le instruirá?*
*Mas nosotros tenemos la mente de Cristo"*
*(1ª Corintios 2:16)*

# Tercer Día

## Mis nuevos vestidos

**Mentira:** "Mi vida tiene significado si me cambio al vecindario conveniente, si me compro un auto costoso y me visto con la ropa adecuada".

**Verdad:** Mi vida tiene significado porque tengo una nueva morada en el reino de Dios y los vestidos nuevos de Cristo.

- **He sido vestido(a) por Cristo.**

*"Porque todos los que habéis sido bautizados en Cristo,
de Cristo estáis revestidos".*
*(Gálatas 3:27)*

- **He sido bautizado(a) en Cristo.**

*"Porque somos sepultados juntamente con Él para muerte por el bautismo,
a fin de que como Cristo resucitó de los muertos por la gloria del Padre,
así también nosotros andemos en vida nueva".*
*(Romanos 6:4)*

- **Estoy escondido(a) en Cristo.**

*"Porque habéis muerto, y vuestra vida está escondida con Cristo en Dios".*
*(Colosenses 3:3)*

- **Estoy sellado(a) con el Espíritu de Cristo**

*"En Él también vosotros, habiendo oído la Palabra de verdad,
el Evangelio de vuestra salvación, y habiendo creído en Él,
fuisteis sellados con el Espíritu Santo de la promesa,
que es las arras de nuestra herencia hasta la redención
de la posesión adquirida, para alabanza de su gloria".*
*(Efesios 1:13-14)*

- **Dios me ha entregado una armadura completa.**

*"Por tanto, tomad toda la armadura de Dios, para que podáis resistir en el día
malo, y habiendo acabado todo, estar firmes. Estad, pues, firmes, ceñidos vuestros
lomos con la verdad, y vestidos con la coraza de justicia, y calzados los pies
con el apresto del Evangelio de la paz. Sobre todo, tomad el escudo de la fe,
con que podáis apagar todos los dardos de fuego del maligno.
Y tomad el yelmo de la salvación, y la espada del Espíritu,
que es la Palabra de Dios"*
*(Efesios 6:13-17)*

# Cuarto Día

## Mi nueva Vida

**Mentira:** "He cometido tantos errores, que he arruinado mi vida".

**Verdad:** "Mi vida tiene significado, porque tengo una nueva vida en Jesucristo.

- **He sido redimido(a).**

*"En quien tenemos redención por su sangre,
el perdón de pecados según las riquezas de su gracia".*
*(Efesios 1:7)*

- **He sido lavado(a).**

*"Y esto erais algunos; mas ya habéis sido lavados,
ya habéis sido santificados, ya habéis sido justificados
en el nombre del Señor Jesús, y por el Espíritu de nuestro Dios".*
*(1ª Corintios 6:11)*

- **He sido purificado(a).**

*"Pero si andamos en luz, como Él está en luz,
tenemos comunión unos con otros,
y la sangre de Jesucristo su Hijo nos limpia de todo pecado."*
*(1ª Juan 1:7)*

- **He sido justificado(a).**

*"Justificados, pues, por la fe, tenemos paz para con Dios
por medio de nuestro Señor Jesucristo"*
*(Romanos 5:1)*

- **He sido santificado(a).**

*"Y esto erais algunos; mas ya habéis sido lavados,
ya habéis sido santificados, ya habéis sido justificados
en el nombre del Señor Jesús, y por el Espíritu de nuestro Dios".*
*(1ª Corintios 6:11)*

## Quinto Día

### Mi Nueva Imagen

**Mentira:** "Mi vida tendrá significado si quedo bien con los demás".

**Verdad:** "Mi vida tiene significado a pesar de que caí en el pasado o de que pueda tropezar en el futuro. Dios me ha dado una nueva imagen.

- **He sido totalmente aceptado(a) por Cristo.**

> *"Por tanto, recibíos los unos a los otros,*
> *como también Cristo nos recibió, para gloria de Dios".*
> *(Romanos 15:7)*

- **Delante de Cristo no tengo culpa.**

> *"En su cuerpo de carne, por medio de la muerte,*
> *para presentaros santos y sin mancha e irreprensibles delante de Él".*
> *(Colosenses 1:22)*

- **En Cristo he sido totalmente justificado(a).**

> *"Al que no conoció pecado, por nosotros lo hizo pecado,*
> *para que nosotros fuésemos hechos justicia de Dios en Él".*
> *(2ª Corintios 5:21)*

- **Estoy completo(a) en Cristo.**

> *"Porque en Él habita corporalmente toda la plenitud*
> *de la Deidad, y vosotros estáis completos en Él,*
> *que es la cabeza de todo principado y potestad".*
>
> *(Colosenses 2:9-10)*

- **Por Cristo soy totalmente perfecto(a).**

> *"Porque con una sola ofrenda hizo perfectos*
> *para siempre a los santificados".*
> *(Hebreos 10:14)*

## Sexto Día

### Mi Nueva Libertad

**Mentira:** "Si fallo, merezco el castigo. Mi vida perderá su significado".

**Verdad:** "Debido a que mi importancia no radica en mi productividad sino en Cristo, tengo libertad para confiar en Él y no en mi esfuerzo personal".

- **Estoy libre de acusaciones.**

> *"En su cuerpo de carne, por medio de la muerte,*
> *para presentaros santos y sin mancha*
> *e irreprensibles delante de Él".*
> *(Colosenses 1:22)*

- **Estoy libre de condenación.**

> *"Ahora, pues, ninguna condenación hay para los que están*
> *en Cristo Jesús, los que no andan conforme*
> *a la carne, sino conforme al Espíritu".*
> *(Romanos 8:1)*

- **Estoy libre de la ley.**

> *"Así también vosotros, hermanos míos,*
> *habéis muerto a la ley mediante el cuerpo de Cristo,*
> *para que seáis de otro, del que resucitó de los muertos,*
> *a fin de que llevemos fruto para Dios".*
> *(Romanos 7:4)*

- **Estoy libre del pecado.**

> *"Así también vosotros consideraos muertos al pecado,*
> *pero vivos para Dios en Cristo Jesús, Señor nuestro".*
> *(Romanos 6:11)*

- **He sido librado(a) de la ira de Dios.**

> *"Pues mucho más, estando ya justificados en su sangre,*
> *por Él seremos salvos de la ira".*
> *(Romanos 5:9)*

# Séptimo Día

## Mi Nueva Herencia

**Mentira:** "Mi vida tendrá importancia y estaré seguro si tengo éxito financiero y dejo una herencia considerable".

**Verdad:** "Tengo una herencia nueva que me da toda la significación y seguridad que requiero.

- **Soy heredero(a) de Dios.**

*"Así que ya no eres esclavo, sino hijo; y si hijo,*
*también heredero de Dios por medio de Cristo".*
*(Gálatas 4:7)*

- **He heredado todo lo que necesito para vivir en santidad.**

*"Como todas las cosas que pertenecen a la vida y a la piedad*
*nos han sido dadas por su divino poder, mediante el conocimiento*
*de aquel que nos llamó por su gloria y excelencia".*
*(2ª Pedro 1:3)*

- **He heredado una naturaleza divina.**

*"Por medio de las cuales nos ha dado preciosas y grandísimas promesas,*
*para que por ellas llegaseis a ser participantes de la naturaleza divina,*
*habiendo huido de la corrupción que hay en el*
*mundo a causa de la concupiscencia".*
*(2ª Pedro 1:4)*

- **He heredado todas las bendiciones espirituales.**

*"Bendito sea el Dios y Padre de nuestro Señor Jesucristo,*
*que nos bendijo con toda bendición espiritual en*
*los lugares celestiales en Cristo".*
*(Efesios 1:3)*

- **Soy heredero(a) de la vida eterna.**

*"Porque de tal manera amó Dios al mundo,*
*que ha dado a su Hijo unigénito, para que todo aquel*
*que en Él cree, no se pierda, mas tenga vida eterna".*
*(Juan 3:16)*

## A la imagen de Dios

Si su verdadero yo tiene a Cristo morando en su interior, entonces su identidad visible reflejará el carácter de Cristo.

*"Para que andéis como es digno del Señor, agradándole en todo,
llevando fruto en toda buena obra, y creciendo en el conocimiento de Dios;
fortalecidos con todo poder, conforme a la potencia de su gloria,
para toda paciencia y longanimidad; con gozo dando gracias al Padre
que nos hizo aptos para participar de la herencia de los santos en luz;
el cual nos ha librado de la potestad de las tinieblas, y trasladado al reino de
su amado Hijo, en quien [Cristo] tenemos redención por su sangre,
el perdón de pecados. Él es la imagen del Dios invisible,
el primogénito de toda creación. Porque en Él fueron creadas todas las cosas,
las que hay en los cielos y las que hay en la tierra, visibles e invisibles;
sean tronos, sean dominios, sean principados, sean potestades;
todo fue creado por medio de Él y para Él".*

(Colosenses 1:10-16)

La Biblia dice:

*"Él [Jesucristo] es la imagen
del Dios invisible".*

*(Colosenses 1:15)*

Por tanto, si Cristo vive en usted,
Él lo capacitará para reflejar la imagen
de Dios. ¡Esa es su verdadera identidad!

Su nueva identidad en Cristo

*"Porque así como en Adán todos mueren,
también en Cristo todos serán vivificados"*

*(1ª Corintios 15:22)*

| EN ADÁN | EN CRISTO |
|---|---|
| **Antigua creación** | **Nueva creación** |
| *"De modo que si alguno está en Cristo, nueva criatura es; las cosas viejas pasaron; he aquí todas son hechas nuevas".* | *"De modo que si alguno está en Cristo, nueva criatura es; las cosas viejas pasaron; he aquí todas son hechas nuevas".* |
| *(2ª Corintios 5:17)* | *(2ª Corintios 5:17)* |

| EN ADÁN | EN CRISTO |
|---|---|

### Un corazón no arrepentido

*"Pero por tu dureza y por tu corazón no arrepentido, atesoras para ti mismo ira para el día de la ira y de la revelación del justo juicio de Dios",*

*(Romanos 2:5)*

### Un nuevo corazón

*"Os daré corazón nuevo, y pondré espíritu nuevo dentro de vosotros; y quitaré de vuestra carne el corazón de piedra, y os daré un corazón de carne".*

*(Ezequiel 36:26)*

### Esclavo del pecado

*"Sabiendo esto, que nuestro viejo hombre fue crucificado juntamente con Él, para que el cuerpo del pecado sea destruido, a fin de que no sirvamos más al pecado".*

*(Romanos 6:6)*

### Libre del pecado

*"Porque el que ha muerto, ha sido justificado del pecado".*

*(Romanos 6:7)*

### Muerte

*"Porque la paga del pecado es muerte, mas la dádiva de Dios es vida eterna en Cristo Jesús Señor nuestro".*

*(Romanos 6:23)*

### Vida

*"Mas ahora que habéis sido libertados del pecado y hechos siervos de Dios, tenéis por vuestro fruto la santificación, y como fin, la vida eterna".*

*(Romanos 6:22)*

### Débil

*"Porque Cristo, cuando aún éramos débiles, a su tiempo murió por los impíos".*
*(Romanos 5:6)*

### Fuerte

*"Todo lo puedo en Cristo que me fortalece".*

*(Filipenses 4:13)*

### Enemigo(a) de Dios

*"Porque si siendo enemigos, fuimos reconciliados con Dios por la muerte de su Hijo, mucho más, estando reconciliados, seremos salvos por su vida".*

*(Romanos 5:10)*

### Reconciliado(a) con Dios

*"Porque si siendo enemigos, fuimos reconciliados con Dios por la muerte de su Hijo, mucho más, estando reconciliados, seremos salvos por su vida".*

*(Romanos 5:10)*

| EN ADÁN | EN CRISTO |
|---|---|
| **Condenado(a)** | **Sin condenación** |
| *"Y con el don no sucede como en el caso de aquel uno que pecó; porque ciertamente el juicio vino a causa de un solo pecado para condenación, pero el don vino a causa de muchas transgresiones para justificación".* | *"Ahora, pues, ninguna condenación hay para los que están en Cristo Jesús, los que no andan conforme a la carne, sino conforme al Espíritu"* |
| *(Romanos 5:16)* | *(Romanos 8:1)* |
| **Esclavo(a)** | **Hijo(a)** |
| *"Ciertamente, en otro tiempo, no conociendo a Dios, servíais a los que por naturaleza no son dioses".* | *"Sabed, por tanto, que los que son de fe, éstos son hijos de Abraham".* |
| *(Gálatas 4:8)* | *(Gálatas 3:7)* |
| **Esclavo(a) de la inmundicia** | **Esclavo(a) de la justicia** |
| *"Hablo como humano, por vuestra humana debilidad; que así como para iniquidad presentasteis vuestros miembros para servir a la inmundicia y a la iniquidad, así ahora para santificación presentad vuestros miembros para servir a la justicia.* | *"Hablo como humano, por vuestra humana debilidad; que así como para iniquidad presentasteis vuestros miembros para servir a la inmundicia y a la iniquidad, así ahora para santificación presentad vuestros miembros para servir a la justicia".* |
| *(Romanos 6:19)* | *(Romanos 6:19)* |
| **Pobre** | **Rico(a)** |
| *"Porque ya conocéis la gracia de nuestro Señor Jesucristo, que por amor a vosotros se hizo pobre, siendo rico, para que vosotros con su pobreza fueseis enriquecidos".* | *"Porque ya conocéis la gracia de nuestro Señor Jesucristo, que por amor a vosotros se hizo pobre, siendo rico, para que vosotros con su pobreza fueseis enriquecidos".* |
| *(2ª Corintios 8:9)* | *(2ª Corintios 8:9)* |
| **Acusado(a)** | **Irreprensible** |
| *"...Ahora os ha reconciliado en su cuerpo de carne, por medio de la muerte, para presentaros santos y sin mancha e irreprensibles delante de Él".* | *"... Ahora os ha reconciliado en su cuerpo de carne, por medio de la muerte, para presentaros santos y sin mancha e irreprensibles delante de Él".* |
| *(Colosenses 1:21-22)* | *(Colosenses 1:22)* |

| EN ADÁN | EN CRISTO |
|---|---|

### Bajo la ley

*"Porque el pecado no se enseñoreará de
vosotros; pues no estáis bajo la ley,
sino bajo la gracia".*

*(Romanos 6:14)*

### Bajo la gracia

*"Porque el pecado no se enseñoreará de
vosotros; pues no estáis bajo la ley,
sino bajo la gracia".*

*(Romanos 6:14)*

### Bajo el juicio

*"Y con el don no sucede como en el caso de
aquel uno que pecó; porque ciertamente el
juicio vino a causa de un solo pecado para
condenación, pero el don vino a causa de
muchas transgresiones para justificación".*

*(Romanos 5:16)*

### Justificado(a)

*"Y con el don no sucede como en el caso de
aquel uno que pecó; porque ciertamente el
juicio vino a causa de un solo pecado para
condenación, pero el don vino a causa de
muchas transgresiones para justificación".*

*(Romanos 5:16)*

### Bajo maldición

*"Cristo nos redimió de la maldición de la
ley, hecho por nosotros maldición
(porque está escrito: Maldito todo
el que es colgado en un madero)".*

*(Gálatas 3:13)*

### Libre de la maldición

*"Cristo nos redimió de la maldición de la
ley, hecho por nosotros maldición
(porque está escrito: Maldito todo
el que es colgado en un madero)".*

*(Gálatas 3:13)*

### Bajo la ira

*"Entre los cuales también todos nosotros
vivimos en otro tiempo en los deseos de
nuestra carne, haciendo la voluntad
de la carne y de los pensamientos,
y éramos por naturaleza hijos de ira,
lo mismo que los demás".*

*(Efesios 2:3)*

### Libre de la ira

*"Pues mucho más,
estando ya justificados en su sangre,
por Él seremos salvos de la ira".*

*(Romanos 5:9)*

### En oscuridad

*"Porque en otro tiempo erais tinieblas,
mas ahora sois luz en el Señor;
andad como hijos de luz".*

*(Efesios 5:8)*

### En la luz

*"Porque en otro tiempo erais tinieblas,
mas ahora sois luz en el Señor;
andad como hijos de luz".*

*(Efesios 5:8)*

## Versículos bíblicos para memorizar

1ª Juan 3:1

Efesios 1:5

Salmo 27:10

1ª Corintios 6:11

2ª Corintios 5:17

1ª Pedro 1:3

Colosenses 1:22

1ª Corintios 6:19-20

2ª Corintios 5:20

Mateo 5:14,16

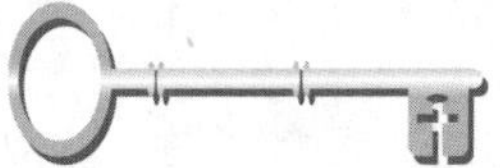

# Ateísmo y agnosticismo
## El gran debate

En agosto de 1939, Hitler formuló un plan maestro para dominar el mundo olvidando que la vida es sagrada e invadió Polonia, su vecino oriental. La hostilidad alemana fue el detonador de la Segunda Guerra Mundial. En la actualidad, "otra guerra mundial" ha entrado al escenario y es la relacionada con las creencias. Se le llama "El gran debate: ¿Existe Dios?" Esta guerra no tiene un cerebro militar supremo que la dirige, sino un comandante espiritual supremo. Esta guerra se pelea con portafolios en vez de balas, con trajes elegantes en vez de uniformes de soldado, con argumentos académicos en lugar de artillería pesada. ¿Es la vida humana creación divina o, como la concebía Hitler, no vale nada? ¿En verdad existe un Dios personal que interviene en la vida? En pocas palabras ¿existe Dios? La manera en que los líderes actuales responden a esta pregunta determina las decisiones morales más importantes de nuestro tiempo. La Biblia, expone la pregunta, *"¿Por qué se amotinan las gentes, y los pueblos piensan cosas vanas?"* Su respuesta es reveladora...

*"Se levantarán los reyes de la tierra, y príncipes consultarán unidos*
*contra Jehová y contra su ungido"*
*(Salmo 2:2)*

## DEFINICIONES

A fines del s. XVIII surgió el movimiento de razonamiento alemán llamado "escuela superior de la crítica". Ese movimiento empezó a estudiar profundamente las Escrituras. En el s. XIX "la crítica superior" atacó la autenticidad de la Biblia con saña. De dicha época surgieron las mentes más influyentes del mundo: Karl Marx, Charles Darwin, Sigmund Freud y Friedrich Nietzsche. Lo que esos eruditos tenían en común era un desdén y rechazo absolutos hacia la deidad. Todavía en la actualidad, lo que esos ateos proclamaron influye en nuestra cultura.[1]

*"Porque la sabiduría de este mundo es insensatez para con Dios;*
*pues escrito está: Él prende a los sabios en la astucia de ellos".*
*(1ª Corintios 3:19)*

## ¿Qué es ateísmo?

- La palabra griega que se traduce como ateísmo es *atheos*, que significa *"sin Dios"* y se deriva de *a*, que significa *"sin"* y *theos*, que significa *"Dios"*.[2]

- El ateo cree con convicción firme que Dios no existe.

> *"Dice el necio en su corazón: No hay Dios".*
> *(Salmo 14:1)*

- Un "ateo práctico" es la persona que no niega la existencia de Dios, pero vive como si no existiera.[3]

Algunos que se llaman "cristianos" se comportan como si Dios no existiera. Lo conocen intelectualmente, pero no confían en su presencia y poder en la vida. Esta postura no es de sorprender, pues en la Biblia se describe a estas personas como...

> *"Que tendrán apariencia de piedad, pero negarán la eficacia de ella".*
> *(2ª Timoteo 3:5)*

- El ateísmo es la doctrina o creencia que niega la existencia de Dios. A este punto de vista mundano también se le llama naturalismo filosófico y humanismo secular.

## Naturalismo Filosófico...

Es la filosofía atea que sólo entiende la realidad que se encuentra dentro de los confines del universo físico y las leyes de la naturaleza (por ejemplo, la ley de la gravedad). El naturalista no acepta lo sobrenatural ni los milagros, en especial, el mensaje maravilloso del perdón completo por medio de la muerte de Cristo en la cruz.

> *"Porque la Palabra de la cruz es locura a los que se pierden;*
> *pero a los que se salvan, esto es, a nosotros, es poder de Dios".*
> *(1ª Corintios 1:18)*

## Humanismo Secular (o Secularismo)...

Es una cosmovisión atea que se enfoca en la auto-suficiencia y la satisfacción del ser humano a través de la razón (o auto-racionalización). El humanista secular tampoco cree en lo sobrenatural.

> *"El malo, por la altivez de su rostro, no busca a Dios;*
> *no hay Dios en ninguno de sus pensamientos".*
> *(Salmo 10:4)*

**Pregunta: "¿Cuál es la diferencia entre estas dos cosmovisiones?"**

**Respuesta:** Alguien puede ser tanto naturalista filosófico como humanista secular. Sin embargo, un naturalista que cree que una persona no vale más que un gusano, no puede ser humanista. El humanista secular pone el valor supremo en el individuo.

**Pregunta: "¿Qué término se usa normalmente?"**

**Respuesta:** La mayoría de los ateos no se llaman a sí mismos ateos, pues el término tiene connotaciones negativas. Muchos tienden a usar en su lugar el término humanista secular.

## Creencias Principales del Humanismo

En 1963, la Suprema Corte de los Estados Unidos decretó que ciertas organizaciones ateas podían ser clasificadas como religiones.[4] Una de ellas es el humanismo secular. De esa "religión" surgió el Manifiesto Humanista I y II, que contiene las siguientes creencias:

- El universo existe por sí mismo y no fue creado.

- Los seres humanos son resultado de la evolución.

- No existe la deidad ni los propósitos divinos.

- Los valores morales son determinados por la experiencia humana (ética situacional), no por valores morales absolutos.

- Los valores morales y sexuales se desarrollan a través de la educación secular.

- El individuo tiene derecho a determinar la vida y la muerte. Este punto de vista permite el aborto, la eutanasia y el suicidio.

La Biblia presenta creencias muy diferentes…

> *"A los cielos y a la tierra llamo por testigos hoy contra vosotros,*
> *que os he puesto delante la vida y la muerte, la bendición y la maldición;*
> *escoge, pues, la vida, para que vivas tú y tu descendencia;*
> *amando a Jehová tu Dios, atendiendo a su voz,*
> *y siguiéndole a Él" porque Él es vida para ti".*
> *(Deuteronomio 30:19-20)*

## ¿Qué es el agnosticismo?

- El agnosticismo es la doctrina o creencia que enseña que es imposible saber si Dios existe.[5] Tomas Huxley acuñó el término y presentó la palabra "agnóstico" en 1869 ante la Sociedad Metafísica en que la mayoría eran panteístas, deístas, teístas o ateos. Los "istas" se identificaban como conocedores de algo que Huxley ignoraba. Por eso, inventó la palabra "agnóstico"—que quiere decir "no conocido". El agnóstico es la antítesis del "gnóstico" de la historia eclesiástica, que profesaba conocer más acerca de las mismas cosas que Huxley ignoraba. Para satisfacción de Huxley, el término "agnóstico" recibió gran aceptación del público.

- La palabra griega que se traduce como agnosticismo es *agnostos*, que significa *"no conocido"*,[6] y viene de *a*, que significa "no" y *gnostos* que significa *"conocimiento"*.

- El agnóstico cree que no existe evidencia suficiente para comprobar la existencia de Dios.

> *"Pero el hombre natural no percibe las cosas que son del Espíritu de Dios,*
> *porque para él son locura, y no las puede entender,*
> *porque se han de discernir espiritualmente".*
> *(1ª Corintios 2:14)*

## ¿Qué es la apologética?

- La apologética es un argumento sistemático y lógico que surge en defensa de una doctrina.[7] La apologética es también una rama de la teología dedicada a la defensa de temas tales como el origen del universo, la existencia de Dios, la autoridad de las Escrituras y la deidad de Cristo.

- La palabra griega para apologética es *apología*, que significa *"defensa o respuesta"*.[8]

- El cristianismo es una fe razonable y no una fe ciega. Los cristianos apologistas presentan razones para creer en el Dios verdadero basándose en Su revelación a través de la creación, la Biblia y del Señor Jesucristo.

### La apologética es una parte importante de la batalla...

- Para refutar las falsas enseñanzas.

- Para desafiar el pensamiento de los incrédulos.

- Para fortalecer la fe de los creyentes.

- Para preservar la teología basada en la Biblia.

> *"Sino santificad a Dios el Señor en vuestros corazones,*
> *y estad siempre preparados para presentar defensa  con mansedumbre y*
> *reverencia ante todo el que os  demande razón*
> *de la esperanza que hay en vosotros".*
> *(1ª Pedro 3:15)*

### La revelación es la defensa fundamental para la fe en Dios

## Revelación general

- **Revelación a través de la creación**

> *"Diciendo: Varones, ¿por qué hacéis esto? Nosotros también somos hombres*
> *semejantes a vosotros, que os anunciamos que de estas vanidades os convirtáis*

*al Dios vivo, que hizo el cielo y la tierra, el mar, y todo lo que en ellos hay...
si bien no se dejó a sí mismo sin testimonio, haciendo bien,
dándonos lluvias del cielo y tiempos fructíferos, llenando de sustento
y de alegría nuestros corazones".*
(Hechos 14:15, 17)

- **Revelación a través de la conciencia**

*"Porque cuando los gentiles que no tienen ley, hacen por naturaleza
lo que es de la ley, éstos, aunque no tengan ley, son ley para sí mismos,
mostrando la obra de la ley escrita en sus corazones, dando testimonio
su conciencia, y acusándoles o defendiéndoles sus razonamientos".*
(Romanos 2:14-15)

## Revelación especial

- **Revelación por medio de las Escrituras... la Palabra inerrante de Dios**

*"Toda la Escritura es inspirada por Dios, y útil para enseñar, para reargüir,
para corregir, para instruir en justicia" (2ª Timoteo 3:16)*

- **Revelación por medio del Salvador... la Palabra encarnada de Dios**

*"En el principio era el Verbo, y el Verbo era con Dios, y el Verbo era Dios.
Este era en el principio con Dios. Todas las cosas por Él fueron hechas,
y sin Él nada de lo que ha sido hecho, fue hecho... Y aquel Verbo fue
hecho carne, y habitó entre nosotros (y vimos su gloria, gloria como
del unigénito del Padre), lleno de gracia y de verdad".*
(Juan 1:1-3, 14)

## Características de los ateos y agnósticos

"La religión es el opio del pueblo"—proclamó Karl Marx. La teoría de la evolución descartaba la creación descrita en Génesis. Freud desafió a Dios y buscó respuestas en la psique humana y en el sexo. Nietzsche veía al cristianismo como una religión inventada y perpetuada por personas demasiado débiles para enfrentar un universo que carece de propósito, verdad o significado final. Sin embargo, durante ese mismo período, Abraham Lincoln, considerado el presidente más amado de Estados Unidos, dijo: "Es fácil imaginar que un hombre mire a la tierra y sea ateo, pero no puedo concebir cómo puede observar los cielos y decir que Dios no existe".

*"Levantad en alto vuestros ojos, y mirad quién creó
estas cosas; Él saca y cuenta su ejército; a todas llama
por sus nombres; ninguna faltará; tal es la grandeza de
su fuerza, y el poder de su dominio".*
(Isaías 40:26)

## Dos Clases de Ateos

### El ateo absoluto

El ateo clásico o tradicional cree que sugerir la existencia de un ser supremo es totalmente ridículo... Dios es simplemente una creación de la imaginación humana.

**Ejemplo:** Jean-Paul Sartre: No hay Dios, nunca hubo Dios y nunca habrá Dios.[9]

**Problema: ¿De dónde vinieron la razón, la lógica y la contradicción? Los ateos sostienen que toda la razón lógica y las leyes científicas son resultado del azar (causas irracionales y evolución). Si no existe un Dios que la imponga, entonces la moralidad tuvo que surgir por casualidad.**

**Conclusión:** La razón que se basa en la casualidad no es digna de confianza. Dios no llama a las personas a vivir por fe ciega, sino razonando, aun acerca de comenzar una nueva vida a través de la fe en el Señor.

*"Venid luego, dice Jehová, y estemos a cuenta: si vuestros pecados*
*fueren como la grana, como la nieve serán*
*emblanquecidos; si fueren rojos como el carmesí,*
*vendrán a ser como blanca lana".*

*(Isaías 1:18)*

### El ateo alegórico

Este ateo adaptable cree que la deidad pudo haber sido útil para los humanos primitivos, pero que ya no es necesaria porque la sociedad ha evolucionado a un nivel muy alto de sofisticación.

**Ejemplo:** Federico Nietzsche: El mito de Dios fue válido durante un tiempo como modelo de vida para el hombre. Sin embargo, ahora ese mito ni es necesario, ni funciona. [10]

Thomas Altizer adoptó la posición de Nietzsche que fundó el movimiento "Dios está muerto", el cual propone que Dios estuvo vivo, pero murió en la crucifixión de Cristo.[11]

**Problema: Esta teoría no puede demostrarse ni justificarse por medio de la razón.**

**Conclusión:** En nuestros días la teoría de que "Dios está muerto" está muerta.

*"Mirad, hermanos, que no haya en ninguno de vosotros corazón*
*malo de incredulidad para apartarse del Dios vivo".*

*(Hebreos 3:12)*

# Dos clases de agnósticos

## El agnóstico antagonista

Este agnóstico "duro" no sabe si Dios existe o no y, por ende, afirma que nadie más puede saberlo.

**Ejemplo:** A. J. Ayer: Dios es intocable e invisible, por tanto, el término Dios no tiene significado. Ayer propuso el principio de verificación: una cosa puede verificarse sólo por medio de los cinco sentidos o por definición. (Ejemplo: Un triángulo tiene tres lados.)[12]

**Problema: El principio de verificación no pasa la prueba de verificación, ya que la prueba misma no puede verificarse por medio de los cinco sentidos, ni su definición es verdadera.**

**Conclusión:** No podemos confiar en la prueba de verificación. La prueba misma de verificación no es confiable y carece de significado.

*"Así dice Jehová Dios, Creador de los cielos, y el que los despliega;*
*el que extiende la tierra y sus productos; el que da aliento al pueblo*
*que mora sobre ella, y espíritu a los que por ella andan".*

*(Isaías 42:5)*

## El agnóstico accesible

El agnóstico "suave" no sabe si Dios existe o no, pero podría estar dispuesto a investigarlo.

**Ejemplo:** Immanuel Kant: No existe suficiente información para saber si Dios existe. Hay demasiadas contradicciones en la vida. No podemos saber cómo es algo en realidad sin importar cómo se vea, ya que hay diferencia entre la apariencia y la realidad. [13]

**Problema: Cuando se le quita el valor a todo conocimiento, se le resta confianza a todo.**

**Conclusión:** No podemos confiar en la teoría de Kant porque dice que no se puede confiar en nada; por tanto, no se puede confiar en su conclusión. El solo hecho de no tener la información completa acerca del cerebro, no significa que deba rechazarse su realidad y que no se pueda confiar en ella. El hecho de no tener la información completa acerca de Dios no significa que debamos rechazar Su existencia y que no podamos confiar en Él.

*"Buscad a Jehová mientras puede ser hallado, llamadle en tanto que está cercano...*
*Porque mis pensamientos no son vuestros pensamientos, ni vuestros caminos mis*
*caminos, dijo Jehová. Como son más altos los cielos que la tierra, así son mis caminos*
*más altos que vuestros caminos, y mis pensamientos más que vuestros pensamientos".*

*(Isaías 55:6, 8-9)*

# CAUSAS DE LA INCREDULIDAD

## De la Duda a la Negación

Madalyn Murray O'Hair, la atea más reconocida del s. XX, que proclamó sus ideas sin restricciones, fue la responsable de que se quitara la oración y la lectura de la Biblia de las escuelas públicas.[14]

¿Qué fue lo que provocó su crítica cáustica y su guerra contra Dios? En 1945, esa madre soltera se enojó cuando el padre de su hijo se negó a casarse con ella. A pesar de ello, usaba el apellido de él. Ocho años más tarde, se embarazó de otro hombre que también la rechazó.

En 1960, Madalyn buscó escapar de la "opresión de los Estados Unidos" con la esperanza de convertirse en ciudadana de la URSS. Pero nuevamente fue rechazada. Al regresar a su país quiso inscribir a sus hijos en escuelas que pedían sus actas de nacimiento. A Madalyn le dio mucha vergüenza entregarlas, ya que las actas tenían apellidos diferentes. Así que atacó el sistema educativo, no por causa de una creencia política, sino por un dilema moral.

Su hijo Bill Murray dijo: "En vez de confrontar su conciencia, decidió negar la existencia de Dios y rehusó aceptar cualquier restricción moral. Si hubiera una deidad, entonces ésta podría dictar las reglas de su vida. De ese punto en adelante, ella estuvo en guerra contra Dios".[15] Las dudas de Madalyn Murray acerca de un Dios amoroso se tornaron en negación cuando ella arrogantemente endureció su corazón y confió únicamente en ella misma.

*"Así ha dicho Jehová: Maldito el varón que confía en el hombre,*
*y pone carne por su brazo, y su corazón se aparta de Jehová".*
*(Jeremías 17:5)*

## El ateísmo y el agnosticismo comienzan con dudas causadas por

- **Daño emocional...** Rechazo, trauma o falta de amor en las primeras etapas de la vida.

- **Desconfianza total...** Falta de confianza en las figuras de autoridad falibles que hablan de Dios y la religión.

- **Expectativas irreales...** Pensamiento equivocado acerca de Dios y la religión.

- **Creencias reprimidas...** No creen en un Dios Todopoderoso y amoroso

- **Verdad torcida...** El éxito proviene de los logros obtenidos...

- **Conciencia cauterizada...** Insensible al toque divino

- **... y ¡termina con la negación!**

*"Pero el Espíritu dice claramente que en los postreros
tiempos algunos apostatarán de la fe, escuchando a espíritus engañadores y
a doctrinas de demonios; por la hipocresía de mentirosos que,
teniendo cauterizada la conciencia,"*
*(1ª Timoteo 4:1-2)*

## LA RAÍZ DEL PROBLEMA

Todos fuimos creados por Dios con tres necesidades internas: amor, reconocimiento o significancia y seguridad.[16] Si se ha experimentado rechazo constante en lugar de amor, crítica constante en lugar de reconocimiento y traición a la confianza en lugar de seguridad, la reacción natural es proteger el corazón de más heridas.

Si a usted le resulta demasiado amenazante rendirse a la sabiduría de una autoridad superior, existe el peligro de que se "convierta" en autoridad para sí mismo con objeto de reforzar su valía. Sin embargo, la Biblia dice:

*"No seas sabio en tu propia opinión;
teme a Jehová, y apártate del mal".*
*(Proverbios 3:7)*

**Creencia equivocada:** "Ver para creer". No veo el suficiente conocimiento moral, intelectual, científico o experimental para probar la existencia de un Dios que controla el universo. "No puedo ceder el control de mi vida a un Dios que no puedo ver".

**Creencia correcta:** "Creer para ver". El diseño del universo debe tener un diseñador. Dios revela Sus cualidades invisibles, Su eterno poder y Su naturaleza divina a todo el que se humilla delante de Él y busca de manera honesta la verdad. He cedido el control de mi vida a Él para que cumpla Su propósito en mí.

*"Porque las cosas invisibles de Él, su eterno poder y deidad,
se hacen claramente visibles desde la creación del mundo,
siendo entendidas por medio de las cosas hechas,
de modo que no tienen excusa".*

*(Romanos 1:20)*

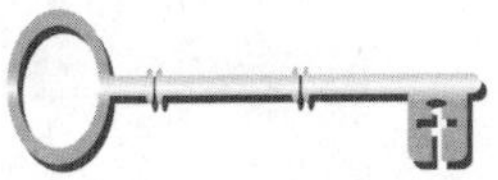

# PASOS PARA ENCONTRAR LA SOLUCIÓN

## Versículo clave para memorizar

*"Y me buscaréis y me hallaréis, porque me buscaréis de todo vuestro corazón".*
*(Jeremías 29:13)*

## Pasaje clave par leer y meditar

*Romanos 1:18-2:29*

## La verdad puesta a prueba

Imagine un tribunal donde se está llevando a cabo un juicio. El cargo es alta traición contra el rey del universo. El acusado declara ser "inocente" alegando ignorancia. A medida que el juicio continúa, la evidencia revela que Dios se ha dado a conocer a todas las personas a través de la naturaleza y de la conciencia humana. Todos han sido expuestos a la verdad acerca de Dios, aun los paganos. ¡Rechazar esa verdad tiene consecuencias devastadoras! Tome un tiempo para contestar este pequeño, pero importante estudio bíblico de los dos primeros capítulos del libro de Romanos.

• ¿Qué hace Dios cuando rechazamos la verdad? v. 1:18

**Respuesta:** ______________________________________________

______________________________________________

• ¿De qué maneras rechaza la gente la verdad? v. 1:18

**Respuesta:** ______________________________________________

______________________________________________

• ¿Qué verdad es evidente para toda persona? v. 1:19

**Respuesta:** ______________________________________________

______________________________________________

• ¿Quién hizo que esta verdad fuera fácil de entender? v. 1:19

**Respuesta:** ______________________________________________

______________________________________________

• ¿Desde cuándo se ha visto esta verdad claramente? v. 1:20

**Respuesta:** _______________________________________________

_______________________________________________

• ¿Cómo se ha dado a conocer Dios? v. 1:20

**Respuesta:** _______________________________________________

_______________________________________________

• ¿Qué le sucede a aquellos que deciden ignorar la verdad de Dios? v. 1:21

**Respuesta:** _______________________________________________

_______________________________________________

• ¿Cómo se perciben a sí mismos aquellos que niegan la existencia de Dios? v. 1:22

**Respuesta:** _______________________________________________

_______________________________________________

• ¿Qué son en realidad? v. 1:23

**Respuesta:** _______________________________________________

_______________________________________________

• ¿Cuál es la reacción de Dios hacia los que rechazan la verdad? v. 1:24

**Respuesta:** _______________________________________________

_______________________________________________

• ¿Qué prefieren en lugar de aceptar la verdad? v. 1:25

**Respuesta:** _______________________________________________

_______________________________________________

• ¿Cómo responde Dios a los que cambian la verdad por la mentira? vv. 1:26, 28

**Respuesta:** _______________________________________________

_______________________________________________

• ¿Cuáles son las veinte características de los que no aceptan que Dios existe? vv. 1:29-31

**Respuesta:** _______________________________________________

_______________________________________________

• ¿Qué verdad sí conocen los que no aceptan la existencia de Dios? v. 1:32

**Respuesta:** _______________________________________________

_______________________________________________

• ¿En qué se basa el juicio de Dios? v. 2:2

**Respuesta:** _______________________________________________

_______________________________________________

• ¿Qué clase de corazón provoca la ira de Dios? v. 2:5

**Respuesta:** _______________________________________________

_______________________________________________

• ¿Qué recibirán los que rechazan la verdad? v. 2:8

**Respuesta:** _______________________________________________

_______________________________________________

• Aunque los gentiles paganos viven sin ley, ¿qué verdad les ha revelado Dios? v. 2:14-15

**Respuesta:** _______________________________________________

_______________________________________________

# DEFENDIENDO LA FE

Si Dios es Dios, ¿por qué necesita que lo defiendan simples mortales? La defensa no es para beneficio de Dios, sino para iluminar la mente de los que andan en tinieblas. Muchos ateos y agnósticos se aferran a su incredulidad porque no pueden comprender que Dios es el diseñador Maestro del universo. ¿Cómo puede alguien concebir que pueda existir una temperatura de 15 millones de grados centígrados? Sólo porque no podemos comprender que exista tal temperatura, no significa que podemos rechazar que esa es la temperatura del sol.

> *"Los cielos cuentan la gloria de Dios, y el firmamento anuncia*
> *la obra de sus manos... Por toda la tierra salió su voz, y hasta*
> *el extremo del mundo sus Palabras... en ellos puso tabernáculo*
> *para el sol; de un extremo de los cielos es su salida, y su curso*
> *hasta el término de ellos; y nada hay que se esconda de su calor".*
>
> *(Salmo 19: 1, 4, 6)*

**Pregunta: "¿No es el universo producto de la generación espontánea?"**

**Respuesta:** Si algo existe, sólo podemos llegar a una de las siguientes tres conclusiones:[17]

- Es eterno.

- Fue creado por alguien eterno.

- Es producto de la espontaneidad.

Durante el siglo de la Ilustración (s. XVIII), los escépticos declararon que la "hipótesis de Dios" ya no era necesaria, que el universo existe gracias a la generación espontánea. Los científicos creían que las bacterias proliferaban en los alimentos por esa razón. Sin embargo, cuando los microscopios tuvieron más potencia, la generación espontánea fue rechazada, porque se descubrió el origen de las bacterias. En la actualidad, la comunidad científica reconoce que algo no puede venir de la nada. Por tanto, para que algo se cree a sí mismo, primero tiene que existir. Es imposible que algo exista si no existe. La única explicación para la existencia del universo es que Dios que es eterno, lo creó. Dios existe en sí mismo—siempre ha existido y siempre existirá.

> *"Tú, oh Señor, en el principio fundaste la tierra,*
> *y los cielos son obra de tus manos".*
>
> *(Hebreos 1:10)*

**Pregunta: "¿Cómo puede una persona lógica creer en la existencia de Dios?"**

**Respuesta:** Una persona lógica no puede hacer declaraciones ilógicas como las siguientes.

- Si alguien dice, "sé que Dios no existe" en realidad quiere decir, "conozco todo lo que se puede conocer, no hay nada que yo no sepa". Sin embargo, sabemos que nadie conoce todas las cosas. Así que aquello que desconocemos, tiene que ver con la existencia de Dios.

- Declarar, "Dios no existe" comunica lo siguiente: "He estado en cada rincón del universo". Pero nadie ha estado en todas partes. Como no ha estado en todas partes, no puede afirmar que Dios no existe en algún lugar.

> *"¿Se ocultará alguno, dice Jehová, en escondrijos que yo no lo vea?*
> *¿No lleno yo, dice Jehová, el cielo y la tierra?"*
>
> *(Jeremías 23:24)*

**Pregunta: "¿Cómo puedo creer en algo que no se ve y que nunca se ha visto?"**

**Respuesta:** Nadie ha visto la gravedad, pero ella nos rige. La ley de la gravedad atrae a todos los objetos hacia el centro de la tierra. Sin la gravedad, flotaríamos continuamente en el espacio.

> *"Es, pues, la fe la certeza de lo que se espera,*
> *la convicción de lo que no se ve".*
>
> *(Hebreos 11:1)*

**Pregunta: "¿En verdad existe Dios, o sólo es producto de nuestra imaginación?"**

**Respuesta:** Aunque no hay evidencia empírica, los eruditos y apologistas utilizan cuatro líneas de pensamiento en el gran debate.[18]

- El argumento del ser (llamado el argumento ontológico)

  Todas las culturas, primitivas y avanzadas, han tenido conciencia de Dios, e incluyen un sistema de adoración y de pago por el pecado. El hecho de que cada persona ha pensado alguna vez en un ser supremo presupone que tal ser existe.

- El argumento de la causa primera (llamado argumento cosmológico)

  Puesto que científicamente hablando, algo que existe no puede venir de la nada, nuestro mundo tuvo que haber sido creado. Por tanto, tuvo que existir un creador que originara la creación del mismo.

- El argumento del hombre (llamado el argumento moral)

  Ya que los seres humanos, en contraste con otras formas de vida, somos únicos en inteligencia y moralidad, Dios debió ser el que puso en nosotros esas características.

- El argumento de diseño (llamado el argumento teológico)

  De la misma manera que un relojero hace un reloj que funciona dentro de su complejidad, el diseño del universo es complejo y funciona. Así que, el Maestro diseñador tuvo que haberlo planeado

  *"Porque así dijo Jehová, que creó los cielos; Él es Dios, el que formó la tierra,*
  *el que la hizo y la compuso; no la creó en vano, para que fuese habitada la creó:*
  *Yo soy Jehová, y no hay otro".*

  *(Isaías 45:18)*

Una de las leyes inmutables de la ciencia declara: "¡Algo no puede venir de la nada!" Por tanto, si Dios no creó la materia de la nada, entonces la nada no creó la materia de la nada— ¡esto es científicamente absurdo!

**Pregunta: "¿Qué clase de Dios existe?"**

**Respuesta:** Con base en las cuatro líneas de pensamiento clásicas:[19]

- El argumento del ser

  Debido a que todos llevamos en nuestro interior la idea de un Dios, Dios es esencial.

- El argumento de la causa primera

  Debido a que el Creador creó el universo de la nada, Dios es todopoderoso.

- El argumento del hombre

  Debido a que los seres humanos toman decisiones morales y sacrificiales para su beneficio y el de otros, Dios es moral.

- El argumento del diseño

  Debido a que Dios diseñó al mundo con toda su complejidad (por ejemplo, el equilibrio entre el frío y el calor, y el intercambio de gases entre las plantas y los humanos), Dios es inteligente en gran manera.

  *"Él es la Roca, cuya obra es perfecta, porque todos sus caminos son rectitud;*
  *Dios de verdad, y sin ninguna iniquidad en Él. Es justo y recto".*

  *(Deuteronomio 32:4)*

**Pregunta: "La existencia del mal ¿no prueba que el Dios de amor no existe?"**

**Respuesta:** Sólo porque la gente utiliza cuchillos para cometer actos malvados y homicidios, no significa que la maldad es inherente a los cuchillos. En la Biblia, Dios revela lo que aguarda a los que hacen maldad.[20]

> *"Porque los malignos serán destruidos,*
> *pero los que esperan en Jehová, ellos heredarán la tierra.*
> *Pues de aquí a poco no existirá el malo;*
> *observarás su lugar, y no estará allí".*
> *(Salmo 37:9-10)*

**Pregunta: "¿Realmente importa que Dios exista?"**

**Respuesta:** Si a Dios no le importara su existencia, o fuera tan débil que no pudiera hacer nada al respecto, entonces, no importaría. Sin embargo, Dios es todopoderoso, y a la vez personal y se preocupa por usted y todo lo que le sucede. Tiene un plan personalizado para su vida y sí, claro que es importante.

> *"El corazón del hombre piensa su camino;*
> *mas Jehová endereza sus pasos".*
> *(Proverbios 16:9)*

**Pregunta: "¿Cómo puede usted creer en la Biblia y por lo tanto, en el Dios de la Biblia, si no puede probar científicamente que las Escrituras son verdad?"**

**Respuesta:** Esta línea de pensamiento es una falacia común. La evidencia científica se basa en eventos repetibles. Es claro que los eventos históricos no son repetibles, así que se debe utilizar otro método para determinar su confiabilidad. La evidencia legal e histórica demuestra sin lugar a dudas que algo es un hecho real. En un tribunal, se determina el veredicto por el peso de evidencias, pruebas y testimonios escritos u orales. La Biblia se sostiene en estas tres evidencias:

- Evidencias arqueológicas:[21]

  Se han descubierto más de 25,000 sitios arqueológicos citados en la Biblia,[22] todos apoyan la evidencia histórica de la Biblia. El arqueólogo judío Nelson Glueck dijo, "ningún hallazgo arqueológico ha contradicho las referencias bíblicas"[23] Jesús dijo, *"Si éstos* [Sus discípulos] *callaran, las piedras clamarían"* (*Lucas 19:40*). A pesar de que muchos críticos pensaron que los sitios bíblicos eran ficticios, las piedras arqueológicas han clamado a gritos, confirmando la veracidad de la Biblia.

## Crítica

Los críticos declararon que Nabónido fue el último rey de Babilonia—no Belsasar, como se menciona en Daniel capítulo 5.

Los críticos declararon que los heteos era un pueblo ficticio a pesar de que se menciona 40 veces en la Biblia. (Josué 1:4; 2 Reyes 7:6)

Los críticos declararon que el rey Sargón de Asiria, que se menciona una vez en la Biblia, fue un gobernante ficticio cuyo nombre se insertó para llenar un vacío cronológico.

Los críticos declararon que Sodoma, Gomorra, Adma, Zeboim y Zoar, las cinco ciudades construidas en las planicies que menciona Génesis 14, eran ficticias, así como sus reyes.

## Confirmación

En 1853, los arqueólogos descubrieron un cilindro describiendo a dos reyes babilonios (padre e hijo) que reinaron simultáneamente (Nabónido y Belsasar).[24]

En la década de 1870, los arqueólogos descubrieron evidencias de la civilización hetea cerca del río Éufrates. En 1906, se descubrió la capital hetea en lo que hoy es Turquía.

En 1842, los arqueólogos descubrieron el palacio del rey Sargón.

En 1975 los arqueólogos descubrieron miles de tablas en la ciudad de Ebla. Algunos académicos sugieren que los nombres que se encontraron escritos en esas tablas son los mismos que se mencionan en Génesis capítulo 14.[25]

## Testimonio escrito:

Entre los libros sagrados de las religiones de todo el mundo, solo la Biblia contiene profecías específicas y detalladas de acontecimientos futuros. Se han cumplido en la historia secular aproximadamente 2,000 de las profecías del Antiguo Testamento, y dichas profecías, que pueden verificarse en la historia, no se encuentran en ninguna otra religión del mundo.

*"Profeta les levantaré de en medio de sus hermanos, como tú;*
*y pondré mis Palabras en su boca, y Él les hablará todo lo que yo le mandare".*
*(Deuteronomio 18:18)*

## Profecia

Cerca del año 701 a.C. se anunció que Babilonia sería conquistada. (*Isaías 13:17; 19; Jeremías 51:11*).
Dada cerca del año 571 a.C. Egipto perdería su superioridad y poder. (*Ezequiel 29:1-2,15*).

## Cumplimiento en la historia

La caída de Babilonia en 539 a.C. *Daniel capítulo 5.*

Verdad a partir del año 332 a.C.

| Profecia | Cumplimiento en la historia |
|---|---|
| Dada cerca del año 650-655 a.C. La ciudad de Nínive sería destruida. Vea el libro de *Nahúm*. | 612 a.C. |
| Dada alrededor del año 571 a.C. La ciudad de Tiro sería destruida. *(Ezequiel 26:3-4)*. | 332 a.C. |
| Dada alrededor del año 1405 a.C. Israel sería dispersado por todas las naciones. *(Deuteronomio 28:37)*. | En el año 70 d.C., durante la dispersión después de la destrucción de Jerusalén, Israel fue esparcido a todas las naciones. |
| Dada alrededor del año 1405 a.C. Israel retornaría a Palestina en los últimos días. *(Deuteronomio 30:3-5)*. | Después de cinco generaciones de que su territorio fuera ocupado por otra nación, el pueblo perdió su identidad nacional. Sin embargo, en mayo de 1948, los judíos experimentaron un evento sin precedentes en toda su historia. Nuevamente Israel se convirtió en una nación ¡un cumplimiento perfecto de la profecía! |

### Testimonio oral:

Muchos testifican que la Biblia tiene poder para transformar vidas.

*"Porque la palabra de Dios es viva y eficaz,*
*y más cortante que toda espada de dos filos;*
*y penetra hasta partir el alma y el espíritu, las coyunturas y los tuétanos,*
*y discierne los pensamientos y las intenciones del corazón".*
(Hebreos 4:12)

**Abraham Lincoln**, presidente de los Estados Unidos de América:

"La Biblia es el mejor regalo que Dios ha hecho al hombre... pues si no fuera por ella, no podríamos distinguir la verdad del error".

**Winston Churchill**, líder mundial:

"Descansamos con confianza sobre la roca inquebrantable de las Escrituras".

**Daniel Webster**, abogado:

"Creo que las Escrituras del Antiguo y Nuevo Testamento son la voluntad y Palabra de Dios".

**Charles Dickens**, escritor:

"Es el mejor libro que ha existido o que existirá en el mundo..."

**Benjamín Franklin**, estadista:

"Mi consejo para ustedes es que se familiaricen y profundicen su creencia en la Sagrada Escritura".

**Pregunta: "¿No son todas las religiones básicamente iguales?"**

**Respuesta:** No. Las religiones no son como veredas que llevan a la cima de una montaña partiendo de su base.[26] Afirmar que todas las religiones son igualmente válidas demuestra ignorancia de las muchas contradicciones que hay entre ellas o bien, que se da poca importancia a esas diferencias por considerarlas insignificantes. Los budistas niegan la existencia de un Dios personal, los musulmanes afirman que Judas, no Jesús, murió en la cruz, los hinduistas creen que Jesús no era más divino que cualquier otro hombre. Sin embargo, Jesús enseñó que hay un solo Dios personal y que es trino en su naturaleza. Para entrar en una relación con Dios, Jesús explicó la forma:

> *"Jesús le dijo: Yo soy el camino, y la verdad, y la vida;*
> *nadie viene al Padre, sino por mí".*
>
> *(Juan 14:6).*

**Pregunta: "¿Cómo puedo aceptar intelectualmente a Dios por la fe?"**

**Respuesta:** En la vida diaria, usted vive por fe. Usted no conoce personalmente al conductor del autobús que aborda. No sabe nada acerca de su carácter, pero usted ejerce la fe pensando en que hará su trabajo correctamente. Cuando se sube a un elevador, no inspecciona primero el piso y los cables. Se sube y presiona el botón del piso al que desea ir. ¿Cuánto más fiel es el que lo creó? Usted tiene la opción de ejercer la fe. Puede tomar un paso de fe para confiar su vida al Señor.

> *"Porque por fe andamos, no por vista".*
> *(2ª Corintios 5:7)*

## RESPUESTAS A LOS ARGUMENTOS ATEOS

Los ateos dicen: "el hombre creó a Dios", pero los teístas dicen "Dios creó al hombre". ¿Cuál es la verdad? Cuando usamos un radio, un teléfono, una cámara o un auto, naturalmente deducimos que dicho objeto fue diseñado por una persona con inteligencia. Es lógico pensar que cosas tan complejas como el mundo marino, el reino animal y el cerebro humano, fueron ideados por un Creador inteligente.[27]

> *"¡Cuán innumerables son tus obras, oh Jehová!*
> *Hiciste todas ellas con sabiduría; la tierra está llena de tus beneficios".*
>
> *(Salmo 104:24)*

## Causa y efecto

Si todo necesita una causa, entonces también la necesita Dios. Si Dios no necesita una causa, tampoco la necesita el mundo, entonces no hay necesidad de Dios.[28]

—Bertrand Russell

**Respuesta:** Sólo los efectos necesitan una causa. Si usted teoriza que Dios es un efecto y necesita una causa, entonces nunca podrá encontrar una "causa primera" para la creación del universo.

*"En el principio creó Dios los cielos y la tierra".*
*(Génesis 1:1)*

## Incompatibilidades morales

Si Dios es todo bondad y todopoderoso, Él podría vencer y erradicar el mal. Si el mal no es vencido, entonces Dios no existe. —Pierre Bayle.[29]

**Respuesta:** Dios no creó marionetas sin poder de decisión sobre sus actos. Él permite que todos tengan la libertad de elegir entre el bien y el mal ahora. Sin embargo, garantiza que al final, el mal será destruido.

*"Enjugará Dios toda lágrima de los ojos de ellos; y ya no habrá muerte,*
*ni habrá más llanto, ni clamor, ni dolor; porque las primeras cosas pasaron.*
*Pero los cobardes e incrédulos, los abominables y homicidas, los fornicarios*
*y hechiceros, los idólatras y todos los mentirosos tendrán su parte en el lago*
*que arde con fuego y azufre, que es la muerte segunda".*
*(Apocalipsis 21:4, 8)*

## Sufrimiento injustificable

El sufrimiento injustificable es incompatible con un Dios justo. —Albert Camus.[30]

**Respuesta:** Nuestra perspectiva de la justicia es muy deficiente a la luz del propósito redentor de Dios, el cual produce algo bueno de lo malo. Ejemplo: la madre cuyo hijo pierde la vida por culpa de un conductor ebrio se involucra activamente en un programa que salva miles de vidas (MADD, "Madres en contra de conductores ebrios").

*"Hermanos míos, tened por sumo gozo cuando os halléis en diversas pruebas,*
*sabiendo que la prueba de vuestra fe produce paciencia. Mas tenga la paciencia*
*su obra completa, para que seáis perfectos y cabales, sin que os falte cosa alguna".*
*(Santiago 1:2-4)*

## Atributos incompatibles

¿Cómo es posible que Dios posea atributos tales como el amor y la ira, que son incompatibles?

**Respuesta:** El amor y la ira no son incompatibles. El amor es un atributo de Dios que nunca cambia. Dios nunca deja de tener amor ágape por usted. Él siempre busca el mayor bien para nosotros. La ira es la respuesta de Dios al pecado. Su ira, como fuego purificador, surge de Su amor puro.

*"Y se sentará para afinar y limpiar la plata;*
*porque limpiará a los hijos de Leví, los afinará como a oro*
*y como a plata, y traerán a Jehová ofrenda en justicia".*
*(Malaquías 3:3)*

## La teoría de la explosión

El universo es resultado de la combinación casual de las partículas en movimiento. La teoría del azar también explica el surgimiento de la vida humana. —David Hume

**Respuesta:** Un universo completamente aleatorio que funciona por casualidad contradice el complejo diseño, confiabilidad e inteligencia evidentes. Ejemplo: Si todas las partes de su reloj se pusieran en una caja y se agitaran durante un millón de años, no formarían un reloj.

*"¿Dónde estabas tú cuando yo fundaba la tierra? Házmelo saber, si tienes inteligencia.*
*¿Quién ordenó sus medidas, si lo sabes? ¿O quién extendió sobre ella cordel?*
*¿Sobre qué están fundadas sus bases? ¿O quién colocó su piedra angular,*
*cuando alababan todas las estrellas del alba, y se regocijaban todos los hijos de Dios?"*
*(Job 38:4-7)*

## Deseos bien intencionados

La fe en Dios se basa en el anhelo de cumplir un deseo, una neurosis infantil que busca a un protector. —Freud y Sartre

**Respuesta:** El hecho de que la gente de todas las culturas, ya sean primitivas o avanzadas, sienta la gran necesidad de tener un Dios a quién adorar es prueba universal de su existencia.

*"Porque la ira de Dios se revela desde el cielo contra toda impiedad e injusticia*
*de los hombres que detienen con injusticia la verdad; porque lo que de Dios*
*se conoce les es manifiesto, pues Dios se lo manifestó. Porque las cosas invisibles de Él,*
*su eterno poder y deidad, se hacen claramente visibles desde la creación del mundo,*
*siendo entendidas por medio de las cosas hechas, de modo que no tienen excusa".*
*(Romanos 1:18-20)*

## Limitaciones físicas

Dios no se puede ver, escuchar o tocar.

**Respuesta:** Dios nos está limitado a darse a conocer a través de atributos físicos Él se revela personalmente cada vez más por medio de la conciencia en la medida en que una persona crece en su fe.

> *"Es, pues, la fe la certeza de lo que se espera, la convicción de lo que no se ve.*
> *Porque por ella alcanzaron buen testimonio los antiguos.*
> *Por la fe entendemos haber sido constituido el universo por la Palabra*
> *de Dios, de modo que lo que se ve fue hecho de lo que no se veía".*
> *(Hebreos 11:1-3)*

Ciega, sorda y muda—vivió como un animal salvaje en una oscura jungla. No la disciplinaron de niña y no tenía forma de comunicarse. Sus padres no sabían que hacer. Pero una maestra joven llamada Ana Sullivan respondió a sus súplicas. Una y otra vez, abría la mano de Helen Keller y escribía la palabra A-G-U-A, enseguida ponía su mano debajo de la llave del agua. Finalmente, el milagro ocurrió un día. ¡La luz penetró en la mente de Helen! Comprendió la relación entre la palabra agua y el líquido. Ante ella, se abrió un mundo nuevo. El mundo de la comunicación. Llegó el día en que Helen comprendió D-I-O-S. Su respuesta escrita fue que ella ya conocía a Dios. ¿Cómo? Era imposible. ¿De dónde obtuvo el conocimiento de Dios? La Biblia dice que Dios colocó tal conocimiento dentro de ella, así como en toda la gente del mundo.

> *"Porque lo que de Dios se conoce les es manifiesto, pues Dios se lo manifestó.*
> *Porque las cosas invisibles de Él, su eterno poder y deidad,*
> *se hacen claramente visibles desde la creación del mundo,*
> *siendo entendidas por medio de las cosas hechas, de modo que no tienen excusa".*
> *(Romanos 1:19-20)*

Para el escéptico que dice, "Nunca he visto o escuchado a Dios", ofrezco el siguiente pensamiento: Sólo porque los sordos o los ciegos nunca han visto las estrellas o han escuchado el sonido de un arpa, no significa que las estrellas y las arpas no existen.

Con fe es posible ver las huellas del Señor que camina a nuestro lado. Con un corazón abierto, es posible escuchar su voz.

June Hunt

# EL PENSAMIENTO CIRCULAR
## DEL ATEO

En cierta ocasión, el coronel Robert Ingersoll, conocido como el "gran agnóstico" visitó al escritor cristiano Henry Ward Beecher. En su oficina miró fascinado el globo interestelar de Ward que incluía estrellas y constelaciones. "Esto es lo que había estado buscando" declaró Ingersoll. "¿Quién lo hizo?" Beecher contestó: "¿Qué quién lo hizo? Bueno coronel, nadie lo hizo. ¡Surgió de la nada!"[31]

Las palabras escogidas cuidadosamente con lógica, pueden invitar a un ateo a reconsiderar su postura. El siguiente acróstico de la palabra círculo puede ayudarle a presentar con lógica las buenas nuevas a los que no conocen a su Creador.

*"Andad sabiamente para con los de afuera, redimiendo el tiempo.*
*Sea vuestra palabra siempre con gracia, sazonada con sal,*
*para que sepáis cómo debéis responder a cada uno".*
*(Colosenses 4:5-6)*

**C**ree una atmósfera de respeto y aceptación.

- "¿Escuché correctamente que dijo que no cree en un Dios inteligente y personal que creó el universo?"
- "Comprendo, pero en realidad hay muy pocos ateos que en verdad lo son".

**I**ntroduzca ideas alternativas acerca del conocimiento.

- "¿Se considera una persona de criterio amplio o estrecho?"
- "¿Qué porcentaje del conocimiento de mundo cree que posee?"

**R**epresente todo el conocimiento del mundo con un círculo grande.

**C**uestione sus conclusiones.

- "Dijo que tenía un criterio amplio. ¿Es posible que Dios exista fuera del círculo que abarca su conocimiento?"

**U**tilice su propia experiencia... su testimonio personal.

- "Dios se hizo real en mi vida cuando..."
- "Nunca conocí personalmente a Dios, hasta que…"

**Ll**egue a algunas conclusiones alternativas.

- Ya que reconoce que Dios puede existir fuera de su círculo de conocimiento, en realidad usted es un agnóstico, no un ateo. Simplemente no sabe si Dios existe o no".

• Si fuera posible conocer a Dios, ¿estaría dispuesto a considerar que sí existe?"

**O**frezca los siguientes pasos para conocer a Dios.

• "Si existiera Dios, ¿para qué cree que lo hizo?" Para darle significado y propósito a su vida. (Lea *Jeremías 29:11*.)

• "¿Por qué piensa que no ha tenido un conocimiento personal de Dios y de Su propósito para su vida?" Dios ha dicho que debemos reconocer una capacidad intelectual más alta que la nuestra antes de que podamos llegar a conocerle. (Lea *Proverbios 9:10*.)

• "¿Qué piensa que le está impidiendo reconocer Su necesidad de Dios y experimentar Su amor?" El pecado del orgullo endurece su corazón y ciega los ojos del espíritu a la realidad de Dios y de su amor por usted. (Lea *Hebreos 3:12-13*.)

• "¿Sabía que la solución para abrir los ojos del espíritu es reconocer y entender quién es Él?"

— Acepte que ha pecado deliberadamente. *Romanos 3:23*

— Reconozca que su pecado lo separa de Dios. Por eso usted no conoce a Dios. *Isaías 59:2*

— Acepte que la muerte de Jesús pagó por su pecado. *Romanos 5:8*

— Reconozca que Jesús es el único camino para recibir el conocimiento de Dios. *Juan 14:6*

— Reciba a Jesús como su Señor y Salvador personal. *Juan 1:12*

## Versículos bíblicos para memorizar

| | |
|---|---|
| Eclesiastés 8:15 | Eclesiastes 5:10 |
| Esclesiastes 3:1 | 1ª Corintios 6:12 |
| Gálatas 3:3 | Filipenses 2:3 |
| Mateo 6:33 | Salmo 127:2 |
| Salmo 30:2 | Salmo 34:18 |

## Notas

1. Para esta sección vea Paul Enns, The Moody Handbook of Theology, "Manual Moody de teología" (Chicago: Moody Press, 1989), 185.

2. Enns, The Moody Handbook of Theology, "Manual Moody de teología"185.

3. Enns, The Moody Handbook of Theology, "Manual Moody de teología"185.

4. Para esta sección vea Norman L. Geisler y Ronald M. Brooks, When Skeptics Ask, "Cuando preguntan los escépticos" (Wheaton, Ill.: Victor, 1990), 37.

5. Para esta sección vea Leith Samuel, The Impossibility of Agnosticism, "La imposibilidad del agnosticismo" (Downers Grove, Ill.: InterVarsity, 1972), 1-2.

6. Merriam-Webster Collegiate Dictionary, "Diccionario colegial Merriam Webster" (2001); disponible en http://www.m-w.com.

7. Merriam-Webster Collegiate Dictionary. "Diccionario colegial Merriam Webster"

8. W. E. Vine, Vine's Complete Expository Dictionary of Biblical Words, "Diccionario expositivo completo de palabras bíblicas de Vine" ed. electrónica (Nashville: Thomas Nelson, 1996).

9. John Blanchard, Does God Believe in Atheists? "¿Cree Dios en los ateos?" (Darlington, England: Evangelical, 2000), 130-36.

10. Blanchard, Does God Believe in Atheists? "¿Cree Dios en los ateos?" 73-7.

11. William E. Hordern, A Layman's Guide to Protestant Theology, "Guía de teología protestante para laicos" ed. revisada (New York: Macmillan, 1968), 238-41.

12. Norman L. Geisler y Paul D. Feinberg, Introduction to Philosophy: A Christian Perspective "Introducción a la filosofía: Una perspectiva cristiana" (Grand Rapids: Baker, 1980), 50, 89-90.

13. Geisler y Feinberg, Introduction to Philosophy, "Introducción a la filosofía: Una perspectiva cristiana" 88-9, 296-7; Blanchard, Does God Believe in Atheists? "¿Cree Dios en los ateos?" 53-7; Hordern, A Layman's Guide to Protestant Theology, "Guía de teología protestante para laicos" 31-2, 38-9.

14. Para esta sección vea William J. Murray, The Church Is Not for Perfect People "La Iglesia no es para gente perfecta" (Eugene, Ore.: Harvest House, 1987).

15. Murray, The Church Is Not for Perfect People, "La iglesia no es para gente perfecta" 36.

16. Acerca de las tres necesidades íntimas dadas por Dios, vea Lawrence J. Crabb, Jr., Understanding People: Deep Longings for Relationship, "Entendiendo a la gente, el profundo anhelo de relacionarse" Ministry Resources Library (Grand Rapids: Zondervan, 1987), 15-6; Robert S. McGee, The Search for Significance, "La búsqueda de reconocimiento" 2d ed. (Houston, Tex.: Rapha, 1990), 27-30.

17. Para esta sección vea R. C. Sproul, Reason to Believe "Razón para creer" (Grand Rapids: Lamplighter, 1982), 105-11.

18. Para esta sección vea Geisler y Brooks, When Skeptics Ask, "Cuando preguntan los escépticos" 15-26.

19. Para esta sección vea Geisler y Brooks, When Skeptics Ask, "Cuando preguntan los escépticos" 26-8.

20. Para esta sección vea Geisler y Brooks, When Skeptics Ask, "Cuando preguntan los escépticos" 59-74; Sproul, Reason to Believe, "Razón para creer" 117-29.

21. Para esta sección vea Randall Price, The Stones Cry Out "Las piedras hablan" (Eugene, Ore.: Harvest House, 1997), 82-3, 109-24, 248-9; Josh McDowell, The New Evidence that Demands a Verdict "Evidencia que exige un veredicto" (Nashville: Thomas Nelson, 1999), 93-4, 111, 381.

22. Price, The Stones Cry Out, "Las piedras hablan" 25

23. Nelson Glueck, Rivers in the Desert: A History of the Negev "Ríos en el desierto: Historia del Neguev" (New York: Farrar, Strauss and Cudahy, 1959), 31. Citado en Price, The Stones Cry Out, "Las piedras hablan" 323.

24. Price, The Stones Cry Out, "Las piedras hablan" 249.

25. Vea Alfred J. Hoerth, Archaeology and the Old Testament "La arqueología del Antiguo Testamento" (Grand Rapids: Baker, 1998), 72-4.

26. Sproul, Reason to Believe, "Razón para creer" 37-40.

27. Para esta sección vea Norman L. Geisler, Baker Encyclopedia of Christian Apologetics, "Enciclopedia Baker de apologética cristiana" Baker Reference Library (Grand Rapids: Baker, 1999).

28. Geisler, Baker Encyclopedia of Christian Apologetics, "Enciclopedia Baker de apologética cristiana"292.

29. Geisler, Baker Encyclopedia of Christian Apologetics, "Enciclopedia Baker de apologética cristiana"275-6.

30. Geisler, Baker Encyclopedia of Christian Apologetics, "Enciclopedia Baker de apologética cristiana"113-14.

31. Edmund Fuller, ed., 2500 Anecdotes for All Occasions, "Anécdotas para toda ocasión" (New York: Avenel, 1980), 292.

## Bibliografía

Blanchard, John. Does God Believe in Atheists? "¿Cree Dios en los ateos?"Darlington, England: Evangelical, 2000.

Crabb. Lawrence J., Jr. Understanding People: Deep Longings for Relationship. "Entendiendo a la gente, el profundo anhelo de relacionarse" Biblioteca de recursos para el ministerio. Grand Rapids: Zondervan, 1987.

Enns, Paul. The Moody Handbook of Theology. "Manual Moody de teología" Chicago: Moody, 1989.

Fuller, Edmund. 2500 Anecdotes for All Occasions. "Anécdotas para toda ocasión" New York: Avenel, 1980.

Geisler, Norman L. Baker Encyclopedia of Christian Apologetics. "Enciclopedia Baker de Apologética cristiana" Biblioteca de Referencia Baker. Grand Rapids: Baker, 1999.

Geisler, Norman L., y Paul D. Feinberg. Introduction to Philosophy: A Christian Perspective. "Introducción a la filosofía: Una perspectiva cristiana" Grand Rapids: Baker, 1980.

Geisler, Norman L., y Ronald M. Brooks. When Skeptics Ask. "Cuando preguntan los escépticos" Wheaton, Ill.: Victor, 1990.

Hoerth, Alfred J. Archaeology and the Old Testament. "La arqueología del Antiguo Testamento" Grand Rapids: Baker, 1998.

Hordern, William E. A Layman's Guide to Protestant Theology. "Guía de teología protestante para laicos" Ed. revisada. New York: Macmillan, 1968.

McDowell, Josh. The New Evidence that Demands a Verdict. "Evidencia que exige un veredicto" Nashville: Thomas Nelson, 1999.

McGee, Robert S. The Search for Significance. "En busca de reconocimiento" 2a ed. (Houston, Tex.: Rapha, 1990.

Murray, William J. The Church Is Not for Perfect People. "La iglesia no es para personas perfectas" Eugene, Ore.: Harvest House, 1987.

Price, Randall. The Stones Cry Out. "Las piedras hablan" Eugene, Ore.: Harvest House, 1997.

Samuel, Leith. The Impossibility of Agnosticism. "La imposibilidad del agnosticismo" Downers Grove, Ill.: InterVarsity, 1972.

Sproul, R. C. Reason to Believe. "Razón para creer" Grand Rapids: Lamplighter, 1982.

# Consejería Bíblica

*Colección en 10 Volúmenes*

## VÓLUMEN 1  Victoria sobre las Emociones

**La Ira**
*Cómo actuar en vez de reaccionar*
**Anorexia y Bulimia**
*Control que se sale de control*
**La Depresión**
*Cómo salir del abismo de la desesperación*
**La Envidia y los Celos**
*Domando a los indomables*
**El Temor y las Fobias**
*Del pánico a la paz*

**La Culpa**
*Cómo vivir libre de remordimiento*
**La Soledad**
*Cómo estar solo sin sentir soledad*
**Exceso en el Comer**
*Libertad de la obsesión de comer*
**El Suicidio**
*Cuando parece que no hay esperanza*
**La Preocupación**
*La ladrona del gozo*

## VÓLUMEN 2  Victoria sobre los Problemas Familiares

**El Aborto**
*No es una opción, es un hijo*
**La Adopción**
*Un hijo que nace en el corazón*
**La Familia Mixta**
*La receta de Dios para su éxito*
**El Divorcio**
*Un nuevo comienzo después de la ruptura*
**La Infertilidad**
*Esperanza para los sueños frustrados*

**La Crianza de los Hijos**
*Cómo ser buenos padres*
**Familias con un solo Padre**
*Al éxito con Dios como líder*
**Embarazos no Deseados**
*Aprendiendo a amar a su hijo*
**La Rebeldía**
*Encauzando al rebelde*
**La Adolescencia**
*Cómo ayudar a los jóvenes a superar los tiempos difíciles*

## VÓLUMEN 3  La Violencia y Sus Víctimas

**Abuso Sexual Infantil**
*El torbellino interior*
**Abuso Verbal y Emocional**
*El lenguaje del control*
**Alcoholismo y Drogadicción**
*Cómo reconstruir su vida después de haber tocado fondo*
**La Codependencia**
*De la esclavitud al equilibrio*
**La Familia Disfuncional**
*Haciendo las paces con el pasado*

**El Rechazo**
*Sanando el corazón herido*
**Su valor personal**
*Una cuestión de visión*
**Las Víctimas**
*Cómo vencer la mentalidad de víctima*
**Violación**
*Rescatada y restaurada*
**Violencia Doméstica**
*Ataque contra la dignidad del ser humano*

## VÓLUMEN 4  Victoria Sobre los Problemas de Carácter

**La Crítica**
*Anime, no critique*
**Ética e Integridad**
*La misma conducta en la oscuridad que en la luz*
**Hábitos**
*Cómo practicar el dominio propio*
**El hurto**
*Atrape al ladrón que se esconde en su corazón*
**La Manipulación**
*Cómo romper las cadenas del control*

**La Mentira**
*Cómo evitar que se distorsione la verdad*
**Negligencia y Entusiasmo**
*Evitando la enfermedad de la procrastinación*
**Orgullo y Humildad**
*La medicina contra el egoísmo*
**El Perfeccionismo**
*La presión por lograr la perfección*
**Los Prejuicios**
*Cómo desarraigar el orgullo*

## VÓLUMEN 5  Los Retos de la Vida Íntima

**Adicción Sexual**
*Cómo salir de sus redes*
**Adulterio**
*La trampa de una relación prohibida*
**La comunicación**
*El meollo del asunto*
**Consejería Prematrimonial**
*¿Está listo para el compromiso?*
**El Cónyuge Incrédulo**
*El poder de un testimonio silencioso*

**Fomentando la Cercanía**
*Aprendiendo el lenguaje del amor*
**Homosexualidad**
*Un caso de identidad equivocada*
**El Matrimonio**
*Para bien o para mal*
**La Sumisión**
*Cómo sujetarse con un espíritu fortalecido*
**Integridad Sexual**
*Las decisiones y desafíos de la pasión sexual*

# Consejería Bíblica

*Colección en 10 Volúmenes*

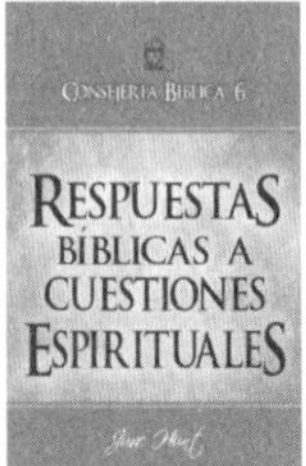

## VÓLUMEN 6  Respuestas Bíblicas a Cuestiones Espirituales

**Ateísmo y Agnosticismo**
*El gran debate*
**La Biblia: ¿es confiable?**
*La verdad puesta a prueba*
**Dios, ¿quién es Él?**
*¿Quién dice usted que es Dios?*
**El Espíritu Santo**
*¿Quién controla su alma?*
**La Evangelización de los Niños**
*Cómo hablar del Salvador con los niños*

**Jesús, ¿es Dios?**
*¿Se puede demostrar la deidad de Cristo?*
**La Maldad y el Sufrimiento, ¿Por qué?**
*¿Es Dios justo?*
**La Salvación**
*Compartiendo a Cristo con los incrédulos*
**La Seguridad de la Salvación**
*Salvos, sellados y seguros*
**Su Identidad**
*¿Sabe usted quién es en realidad?*

## VÓLUMEN 7  Cómo Enfrentar la Enfermedad y la Muerte

**La Crisis de la Vida Media**
*Una etapa de transición*
**Cuidando a Otros**
*No es prisión sino privilegio*
**Las Enfermedades Crónicas**
*Cómo tener la paz de Dios en medio del dolor*
**Enfermedades Fatales**
*¿Cómo puedo resignarme?*
**La Esperanza**
*El ancla del alma*

**La Eutanasia**
*El mito de matar por misericordia*
**El Luto**
*Cómo recobrar la paz después de perder a un ser querido*
**La Muerte**
*La puerta a su destino eterno*
**La Vejez**
*Sabiduría para los últimos años*
**La Viudez**
*Sabiduría para vivir solos*

## VÓLUMEN 8  Administración Personal

**Adicción al Trabajo**
*La senda al colapso nervioso*
**La Administración del Tiempo**
*Cómo sacar el máximo provecho a cada minuto*
**Decisiones**
*Descubra la voluntad de Dios*
**Cómo Ser un Mentor**
*¿Está pastoreando a las ovejas?*
**El Empleo**
*Usted puede ser extraordinario en lo ordinario*

**El Stress**
*Cómo impedir un colapso nervioso*
**El Éxito a Través del Fracaso**
*La escalera del éxito*
**Libertad Financiera**
*Secretos para administrar el dinero sabiamente*
**Propósitos para Vivir**
*Cómo establecer sus prioridades*
**La Prosperidad**
*Estrategias para el éxito*

## VÓLUMEN 9  Lo que Usted Debe Saber de las Religiones y Sectas

**El Abuso Espiritual**
*Afligido por la autoridad*
**Cumplimiento de las Profecías Judaicas**
*Encontrando la paz que Dios ha prometido*
**La Guerra Espiritual**
*Estrategias para la Batalla*
**El Islamismo**
*La perspectiva detrás del velo*
**El Mormonismo**
*Un evangelio y un Dios diferente*

**La Espiritualidad de la Nueva Era**
*Una máscara nueva para un mensaje antiguo*
**El Ocultismo**
*Desmitificando las obras de las tinieblas*
**Satanás, los demonios y el satanismo**
*Una siniestra realidad*
**Las Sectas**
*Los que tuercen la verdad*
**Los Testigos de Jehová**
*Cautivos del reino*

## VÓLUMEN 10  Cómo Mejorar sus Relaciones

**Las Aflicciones**
*Las etapas del sufrimiento*
**La Amistad**
*Hierro con hierro se aguza*
**Cómo Resolver los Conflictos**
*Solucionando los problemas con otros*
**Confrontación**
*Cómo restaurar las relaciones quebrantadas*
**Consejería**
*Esperanza bíblica con ayuda práctica*

**El Noviazgo**
*Aprendiendo a esperar*
**El Perdón**
*Cómo liberar a otros*
**La Reconciliación**
*Restaurando las relaciones rotas*
**La Soltería**
*Soltero pero contento*
**La Tentación**
*Atraídos por la mentira*